JN206237

Minerva Shobo Librairie

表現文化の社会学入門

粟谷佳司/太田健二

[編著]

ミネルヴァ書房

は じ め に

　本書は，表現について人々が行う芸術文化活動をメディアや文化産業が交差する領域からとらえ，社会学・文化研究による方法論から考えることを目的としている。そして，表現が文化として生成する事例をさまざまな対象から考察する。

　本書の第1部は，表現文化の社会学に関連する理論を紹介しながら，文化，芸術，メディアを考えるための方法論を学んでいく。表現と文化を，社会学・メディア文化研究の領域で考察していた思想家・研究者の理論・方法から現代社会と文化について取り上げていこう。

　第1章では表現と文化の諸問題を社会学・文化研究のいくつかの方法論から解説し，第2章ではヴァルター・ベンヤミン，テオドール・W・アドルノ，ジャン・ボードリヤールから「ホンモノ」らしさを考察する。第3章はピエール・ブルデューの文化社会学におけるキーとなる概念を紹介し，第4章はリチャード・ピーターソンの議論から表現文化研究の広がりを概観する。第5章ではマーシャル・マクルーハンのメディア論，第6章は日本の文化研究として鶴見俊輔を中心に取り上げ，第7章では，都市におけるサブカルチャーから表現と文化を考えていく。これらの表現文化研究の方法論から，私たちが身近に感じている文化現象をいかに考えることができるのか，というツールを手に入れることができるだろう。

　本書の第2部は，現代文化の諸相として，さまざまな対象についての分析を行なっている。特に，音楽文化を中心とした表現としての文化の諸相が挙げられている。第8章ではクラブカルチャー，第9章ではカワイイカルチャー（Kawaii Culture），第10章ではネットレーベル，第11章ではコンテンツ産業，第12章では1970年大阪万博での表現文化をそれぞれ取り上げて考察を行なっている。これらのテーマは，戦後日本における表現文化として，どれも現代のアクチュアルな現象につながるトピックとなるものである。

本書が，表現を中心に社会といかに関係しながら文化を作り出しているのか，ということを考えるツールとしてみなさんの学びに役立てば幸いである。

　最後に，株式会社ミネルヴァ書房の担当編集者である浅井久仁人氏には，本書の企画から編集において大変お世話になった。心よりお礼申し上げたい。

執筆者一同

目　次

はじめに

〈執筆者紹介〉 執筆順，執筆担当

粟谷佳司（あわたに・よしじ） 編著者，第1章・第5章・第6章・第12章
　同志社大学大学院文学研究科博士後期課程満期退学。博士（社会学）。立命館大学立命館アジア・日本研究機構客員研究教員（准教授）
　『音楽空間の社会学』青弓社，2008年。『限界芸術論と現代文化研究』ハーベスト社，2018年。『グローバル・コミュニケーション』（共編著）ミネルヴァ書房，2013年。"Media Space and 'Users'," *Keio Communication Review*, No. 32, 2010.

太田健二（おおた・けんじ） 編著者，第2章・第8章・第11章
　大阪大学大学院人間科学研究科博士後期課程修了。博士（人間科学）。四天王寺大学准教授。
　『社会学ベーシックス7　ポピュラー文化』（共著）世界思想社，2009年。『現代社会への多様な眼差し──社会学の第一歩』（共著）晃洋書房，2017年。

平石貴士（ひらいし・たかし） 第3章・第4章
　立命館大学大学院社会学研究科博士後期課程修了。博士（社会学）。専門社会調査士。立命館大学大学院社会学研究科研究生。
　『ブルデューの〈界〉の方法論と対応分析──現代日本のポピュラー音楽の構造分析を事例にして』（立命館大学大学院社会学研究科2018年博士学院論文），2019年。「日本のポピュラー音楽の界の構造分析──多重対応分析を用いた構造の客観化」『立命館産業社会論集』2016年，56(2)。

大山昌彦（おおやま・まさひこ） 第7章
　東京工業大学大学院社会理工学研究科博士課程単位取得満期退学。東京工科大学教養学環准教授。
　『日本近代における〈国家意識〉形成の諸問題とアジア』（共著）勁草書房，2019年。『若者の現在　文化』（共著）日本図書センター，2012年。『ポピュラー音楽へのまなざし』（共著）2003年。

西村明美（にしむら・あけみ） 第9章
　大阪市立大学大学院文学研究科人間行動学専攻心理学専修 博士後期課程院生

日高良祐（ひだか・りょうすけ） 第10章
　東京藝術大学大学院音楽研究科博士後期課程修了。博士（学術）。首都大学東京システムデザイン学部インダストリアルアート学科助教。
　『私たちは洋楽とどう向き合ってきたのか』（共著）花伝社，2019年。『アフターミュージッキング』（共著）東京藝術大学出版会，2017年。「オフラインで流通する音楽ファイル：パソコンユーザーによる同人イベントの利用」『現代風俗学研究』(16)，2015年。

第1部
表現文化の社会学入門

表現と文化の研究へ

　これから，現代文化の諸相についてメディアや文化研究の議論を中心に考えていく。本書では，表現する／されるものとしての文化，表現文化を扱う。

　表現文化とは何か。本書では人々が行う表現行為，特に芸術文化に関わる活動を表すものととらえる。カルチュラル・スタディーズの研究者ポール・ギルロイは，英国を中心としたブラック・ミュージックを取り上げる際に「黒人の表現文化（black expressive culture）」「文化表現（cultural expression）」（Gilroy 1993, 1994）というように述べているが，ここでは表現文化を音楽文化を中心としながらも人々が行う表現と文化的な諸実践に関わるものとして想定している。そして表現文化を，社会やメディア，文化産業などの関係とともに扱う。特に大衆文化，メディア文化，音楽文化を広く考察するが，このような文化は，私たちの身近な文化ともいえるし，またそれはメディアや産業のなかからも生成するという相互の関わりとしてもとらえられる。

　表現文化をめぐる理論やその対象についてはこれからの章で述べられるが，この章では，文化研究や文化の社会学の観点から表現文化へアプローチするための方法論を考える。現代文化の研究は，カルチュラル・スタディーズという英国発祥の学問があり，これは文化をさまざまな観点から分析していて本書でも言及していく。以下では，表現文化を考察する方法として文化の定義と関連する議論を参照しながら見ていこう。

1　文化とは何か

文化の定義

　表現と関わる文化の定義について見ていこう。まず最初に参照されるのが，

カルチュラル・スタディーズの議論である。文化とは culture の訳語であり，英国カルチュラル・スタディーズを代表するレイモンド・ウィリアムズ（Ramond Williams）は英語のなかでも「ややこしい語」（Williams 1976=2011：138）のひとつであるという。

　ウィリアムズは『長い革命』において「文化」の概念には 3 つの定義があると指摘する（Williams 1961=1983）。第一には「文化」を「理想」とする考えである。これは絶対的で普遍的な価値による人間の状況を，生活や作品から発見し記述することである（同：43）。第二は，文化を「記録」とする考えである。この定義では，「文化は，知性と構想力を働かせて作られたものの全体であって，細かなところまで，人間の考えや体験のさまざまな姿が記録されているものである。」（同：43）とされる。そして，「理想の分析に非常によく似た過程，即ち，『この世で考えられ，語られた一番良いもの』を見つけだ」（同：43）して記述するということも含まれる。第三は，文化を「社会生活のあり方」とするものである。文化は，「特定の生活の仕方を記すということ」（同：43）となり，「特定の生活の仕方は，芸術や学ぶということのなかだけでなくて，さまざまな制度や日常の行動のなかにもその特定の意味と価値とを表現する」（同：43）ということである。

　そしてウィリアムズは，ある時代・世代がもつといわれる「感覚の構造」についても述べている。ウィリアムズは，それを「一つの時代の文化」と定義し，そこではたとえば，ある時代の芸術作品でさえも，社会から超越したところに位置づけられるのではなく，コミュニケーションの媒体としての働きをもつということである（同：49）。

　ウィリアムズはその後『文化とは』（Williams 1981=1985）で，現代の文化社会学として制度や編成，生産といった複合的な観点から文化を考察している。ここでウィリアムズは，文化をヘゲモニックな「支配的」なもの，「残余的」なもの（「より早くしばしば異なった社会と時期に作られた今でも利用可能で意味のある作品」），「創発的」なもの（「さまざまな新しい作品」）に分類し，複合的な社会における社会文化変動のダイナミズムをとらえている（同：260-261，訳は変更）。

文化の区分

　文化は時として，人々を区別するものとして機能してきた。たとえば，文化が人々の趣味によって区別されるというとき，いわゆる上流階級はクラシックや純粋芸術，純文学を好み，美術館に行く。対して，中流，下層階級は，ポピュラー音楽や漫画，大衆小説を好み，あるいは，音楽は聴かない，というようにもいわれるだろう（→第3章，第4章。日本における文化の問題は，第6章，第7章，第2部の各章）。

　文化の区別としては，高級文化，大衆文化，ポピュラー文化というように分類されることがある。

　高級文化とは，いわゆる絵画や舞踊，彫刻といった芸術，純文学，クラシック音楽などである。音楽文化においては，高級文化として言及されるものとして，クラシック音楽があり，これはピアノ，バイオリンなどの楽器に顕著であるが，子どもの頃から習う必要がある。ここで含意されていることは，技術（テクニック）を身体化してくということである。そして，音楽を習得するということは両親の経済資本や文化資本が関係するのである（→第3章）。

　大衆文化は，mass culture の訳語である。それを「人々（people）」の文化とは分ける議論がある。たとえば，アラン・スウィングウッド（Alan Swingwood）は大衆文化をポピュラー文化と分けながら，大衆文化が高級文化を脅かす堕落したものと述べている。これは大衆文化を「文化産業」としてとらえたフランクフルト学派の社会学者，テオドール・W・アドルノ（Theodor W. Adorno）の議論からも参照されているものである。しかし，スウィングウッドは「ポピュラー文化」ということによって，そこに人々の中から浮上する文化のかたちを見ようとした（Swingewood 1977=1982）。

文 化 産 業

　アドルノは，「文化産業」という有名な議論を『啓蒙の弁証法』（1944=2007）において行っている。文化産業とは何か。それは，元々は大衆文化のことであった。文化産業については，ある論者によって次のようにまとめられている。

　　文化産業は商品フェティシズムを強化し，交換価値の支配と国家独占資
　本主義の優勢を反映する。それは大衆の趣味や嗜好を形成し，そのために
　彼らの欲望をニセの欲求にとりこんで，その意識を鋳型にはめてしまう。

（Strinati 1995＝2003：84，訳は一部変更）

　ここで大衆は，アドルノによれば「主要なものではなく，従属的なものであ
り，計算に入れられたものであり，機械装置の付属物である」（Adorno
1968＝2017：74）ということなのである。

　またアドルノは，「音楽における物神的性格と聴取の退化」（Adorno
1963＝1998）において，資本主義社会では音楽が商品として物象化されるとい
うことを，マルクス（Karl Marx）のいう商品がはらむ物神的（フェティッシ
ュ）な性格についての分析を参照しながら考察している。そして商品になって
しまった音楽を享受するオーディエンスを批判したのである。

文化における自律性

　また，文化には下位文化とも訳されるサブカルチャー（subculture）という領
域があり，これはカルチュラル・スタディーズが研究しているものの一つであ
る（→第7章）。それは，アメリカ・シカゴ学派の社会学からヴァーチャル文
化の研究にまで広がりがあるといわれる（Gelder, Thonton 1997）。ここで含意し
ていることの一つとして，文化による区別（ディスタンクシオン）（→第3章）
の問題がある。

　これまでの文化の議論では，「高級文化／大衆（あるいはポピュラー）文化」
という固定され区別された観点から，ポピュラーなもの（ポピュラー文化や音
楽）は取り上げられることが少なかった。そしてポピュラー文化を楽しむオー
ディエンスは，判断能力のない単なる「商品」を買う消費者としてメディアや
企業の操り人形として登場することもあった。しかし現代の文化研究では，文
化はさまざまな意味付与実践のなかから作り出されているという認識が必要で
ある。これから述べていくように，メディアの受容者であるオーディエンス，
あるいはユーザーについては，メディアを単純に受容することよりも，それを

「使用」することによる意味の「創造」，または「文化」という空間がどのよう
に作り出されるのかという問題が扱われる。そして，文化を表現されたものと
して考察しながら，それを文化産業が作り出したもの，あるいは「人々」が情
報やメディアを「使用」しながら作り上げていくという相互に関わるものとし
て考えられる。

　表現文化について，シカゴ学派の社会学者ハワード・ベッカー（Haward S.
Becker）のアートワールド論を参照しよう。ベッカーはアートという現象を，
集合的行為（collective action）による人々の協同的なネットワーク（cooperative
networks）から考察している。それは「人々の協同的な行為が，ものごとを行
う（doing thing）規則になった手段についての人々の連携しあった知識によっ
て組織化する」（Becker 1984, 2008=2016：xxiv）ことであるとされる。アートが
社会的に構築されることで，そこでアートたらしめているものが分析されるの
である。このようにアートを集合行動としてとらえると，アーティスト，作品，
言説と分配のシステムとも絡みながらアートワールドが作られていると考えら
れる。

　アートワールドの議論では，アートの創造のプロセスによる自律したワール
ドの構成を分析しているため，市場や文化産業との結びつきが強調されている
わけでは必ずしもないが，表現文化のなかには市場の意向が強いものがあり，
それに強く関係する媒体もあるので，文化産業とアートや文化の自律的な創造
性の双方を考察することも必要となるだろう。ウィリアムズも『文化とは』に
おいて芸術文化の歴史社会学研究において，市場やメディアとの関係を考慮し
て分析している（Williams 1981＝1985）。

2　カルチュラル・スタディーズと文化，空間の社会理論

　カルチュラル・スタディーズがとらえている「文化」については，複合的な
社会を構造化された「複合的全体」，あるいは「空間」という契機からそれを
捉える視点がある。以下では，それをいくつかの方法論から見ていこう。

アルチュセールとカルチュラル・スタディーズ

　カルチュラル・スタディーズのフロントであったスチュアート・ホール（Stuart Hall）は，マルクスの資本主義分析（『経済学批判要綱』や『資本論』）を応用しながら文化の問題を考えていた。そして，それはフランスの哲学者，ルイ・アルチュセール（Louis Althusser）を中心とした議論の文化研究への応用と関係していたのである。

　アルチュセールは，社会を「全社会の構造」として，それを単一な中心が想定される「全体性」というよりも構造化された全体である「複合的全体」あるいは「社会的全体」としてとらえられるという（Althusser 1995=2010：176, Althusser 1965=1994, Althusser 1965=1996-97）。この「複合的全体」では社会の編成は「重層的決定」され，「生産様式による最終審級における決定」と「上部構造の相対的自律性とその独自の有効性」があるという（Althusser 1965=1994：182）。

　ホールは，「私にとってアルチュセールは独特な方法で差異を考えさせることを可能にした」（Hall 1985：92，傍点は原文イタリック）と述べるように，「複合的な統一体における差異」という社会の「複合的全体」のような状況を考察するためにアルチュセールを読解していた（Hall 1985：93）。ホールは，「私は［アルチュセールの］「矛盾」と「重層的決定」はとても豊かな理論的概念であると考える。」（Hall 1985：94，［　］内は引用者の補足）とアルチュセールを評価している。これが文化と社会の問題を考える上で重要になっているのである。

　そしてアルチュセールから受け取った考え方について，ホールは「エンコーディング／デコーディング」（Hall 1980）において，メッセージをイデオロギーの「相対的自律性」という観点から分析している。ホールの「エンコーディング／デコーディング」においては，コミュニケーションにおいてメッセージやコードなどがやりとりされる「コード化（エンコーディング）」と「脱コード化（デコーディング）」の契機の分析のなかで「相対的な自律（relatively autonomous）」「相対的自律性（the relative autonomy）」というようにアルチュセールの議論が応用されている（Hall 1980：129, 131, 136）。そして，ホールはこの論考において，オーディエンスによるメッセージの「読解」の過程に注目している。それをホールは，受容者（オーディエンス）の読解には３つのポジション，あ

るいはコードがあるとして，それぞれ「支配的コード」「交渉的コード」「対抗的コード」と呼び（同：136-138），そこからオーディエンスによるメッセージの読解の可能性を見いだしたのである。

このようにカルチュラル・スタディーズにおけるアルチュセールの議論は，1980年代のホールによる文化研究の問題圏の一つとしてあった。それは社会を構造化された「複合的全体」として捉える視点であり，そしてその内部での「矛盾」や「差異」の契機として分析されるのである。ホールによって，カルチュラル・スタディーズにおけるアルチュセールらの「構造主義」は，ウィリアムズらの「文化主義」の潮流とともに2つのパラダイムともいわれている（Hall 1986）。

ルフェーヴルと空間

そして，アルチュセールにおける構造主義的な分析による「空間」の問題は，最近の空間の社会理論においても指摘されている（Massey 2005=2014）。「空間」は，アルチュセールの構造主義以降の社会編成の議論とともに，カルチュラル・スタディーズの分析においても応用されていくのである。

ここでは「空間」をとらえることで，メディアという空間を考えることもできるであろう（→第5章）。また，「空間」における「差異」の運動としての「ひとびと」の行為を理論的にとらえることもできる。それは，「都市空間」における文化と運動を考える時にも役立つものである。

フランスの社会学者，アンリ・ルフェーヴル（Henri Lefebvre）は「社会空間」によって，従来まで数学や物理学に属する空虚なものと考えられていた自然的な「空間」から，「社会空間は社会的生産物である」（Lefebvre 1974=2000：66）というように，それが社会的に生産されるところに注目している。そして，ルフェーヴルは『空間の生産』の中で，「空間的実践」「空間の表象」「表象の空間」という概念から，「空間」とその諸関係について考察している。

「空間的実践」とは，「生産と再生産を，そしてそれぞれの社会構成体を特徴づける特定の場所と空間配置をふくんでいる」（Lefebvre 1974=2000：75）とされ，これは，聴覚から視覚が優位となる近代社会における「知覚されるもの」

「知覚された空間」（同：82）ともいわれている。「空間の表象」は「思考される
もの」（同：82）であり，それは，科学者や社会・経済計画の立案者の空間であ
る（同：82）。「表象の空間」は「生きられるもの」として，「住民」「ユーザー」
あるいは「芸術家」「作家」「哲学者」などそこに住む人々の空間であるといわ
れている（同：83）。

　これら 3 つは「（相対的な）自律化 autonomisation（relative）」により「新
しい諸矛盾をもたらす」（同：83）といわれ，「知覚されるもの」「思考されるも
の」「生きられるもの」は弁証法的関係にあるということである（同：83）。

　ルフェーヴルの言う「表象の空間」は，「住民」や「ユーザー」，作家や芸術
家，哲学者などの空間ということであり，ここでは次に見る議論（Mitchell
1995＝2002）にもあるように「ひとびと」がこの空間を利用するという活動の
契機を捉える視点が注目される。

3　公共圏，オーディエンス，空間

公共圏と空間

　「空間」を社会理論や文化研究のテーマとして取り上げることは，都市空間
の問題からメディア環境など，私たちを取り巻く社会環境を考えることでもあ
る。そこで取り上げられるのが，表現活動が行われる「空間」「場所」につい
ての考え方である。

　ユルゲン・ハーバーマス（Jürgen Habermas）の「公共圏」について見ていこ
う。ハーバーマスは『公共性の構造転換』（Harbermas 1962＝1994）において
「市民的公共圏」について述べている。それは議論する「私人」たちによって
構成されるということであり，ここで想定されているのは，議論をすることを
可能にした文芸的公共圏から，コーヒーハウス（喫茶店），サロンや会食クラ
ブという「施設化」された空間であった。また，アメリカの政治哲学者，ナン
シー・フレイザー（Nancy Flaser）はハーバーマスの「公共圏」が「ブルジョ
ア階級」に限定されているのではないかとの観点から，それを「サバルタン公
共圏」と呼ぶことでブルジョアのみではないサブカルチャーの公共圏に言及し

た（Fraser 1993=1999）。もちろん，ハーバーマスも『公共性の構造転換』の新しい版の序文でサブカルチャーの公共圏については語っている（Harbermas 1962=1994）。

　この「公共圏」の議論は，空間の社会理論に応用される。ドン・ミッチェル（Don Mitchell）はルフェーヴルの「表象の空間」と「空間の表象」から，公共空間の問題について考察している（Mitchell 1995=2002）。ここで「表象の空間」は「ひとびと」による活動の領域であるととらえることもできる。そして，ミッチェルは，裁判所広場や記念広場といった公共の空間は「空間の表象」に由来しているが，それは人々が利用することによって「表象の空間」にもなりうるという（同：94）。

　また，ミッチェルは「公共圏」について言及しながら，ハーバーマスの「公共圏」は「規範的」なものであるのだが，「公共圏の一部としての空間は，一般大衆のあらゆるメンバーの社会的相互交流と政治活動が生じる物的な場所である」（同：95）という指摘を行っている。つまり，ミッチェルは「公共圏」を「空間」的で具体的な「場所」として取り上げているのである。

空間におけるオーディエンスの能動性

　カルチュラル・スタディーズにおけるオーディエンスの能動性の議論では，「空間」は言及され応用される概念のひとつでもある。ここでは社会や文化をある構造としてとらえ，その領域から「矛盾」や「差異」の契機を見ていくことが課題として浮かび上がる。それが「能動的」な行為者のモデルである。これを「空間」へ展開したジョン・フィスク（John Fiske）は，構造主義からポスト構造主義の理論とともにミシェル・ド・セルトー（Michel de Certeau）の議論を取り上げて，「ショッピング・モール」における人々の実践について考察している。フィスクはセルトーの議論から，ショッピング・モールにおける「ウィンドウ・ショッピング」という若者たちの行為を，「商品のかわりにイメージや空間を消費し，これは利益を創造するのではないある種の感覚的な消費である」（Fiske 1989=1991：31）という実践ととらえて，イメージを消費することで「空間」を別の場に変えていくものと考えたのである。

セルトー，「ユーザー」，空間

　フィスクによって言及されていたセルトー（Certeau 1980=1987）は，文化の消費者である「ユーザー」の位相に関して，自らの研究を「使用者（ユーザー）」による「ひとつの『文化』を構成しているさまざまな操作の組み合わせを明るみにだすこと」（同：12）であると述べている。そして「ユーザー」は「消費者」という「遠回しな名」で呼ばれているという。ここで「ユーザー」とは，消費者として，政治・経済・文化・イデオロギーというような社会のシステムを再生産するために持ち出される予定調和の存在ではなくて，「もののやりかた」（同：10）という日常的な生活の行為実践において，ある「操作」を行う存在として捉えられるのである。つまり「ユーザー」は，支配的な社会のシステムによる意味や定義に対して，意味を再付与して生産してゆく存在として描かれている。

　そしてセルトーが注目するのが，「ユーザー」による「製作」という契機である。従来までは消費は，能動的な生産に対して受動的な消費というように対置され生産の脇に置かれていたのだが，セルトーは，社会の経済システムにおける物の「生産」にもうひとつの生産といわれる「「消費」と形容されている生産」（同：14）を対置した。つまり，「ユーザー」は消費することによって意味を生産し，アイデンティティとして「おのれを現す」（同：14）のである。

　また，セルトーは「空間」について考察している。彼は，「空間」を「場所」と区別している。セルトーによると「場所」とは秩序のことであり，物事の配置が並列的である。そこでは「適正」という法則が支配している。それに対して「空間」とは，「動くものの交錯するところ」（同：242）であり，

　　　要するに，空間とは実践された場所のことである。たとえば都市計画によって幾何学的に出来上がった都市は，そこを歩く者たちによって空間に転換させられてしまう。 　　　　　　　　　　　　　　　　　　　　　　（同：243）

　これはつまり，セルトーの言う「戦略」に対する「戦術」としての空間の実践としてとらえることができるであろう。セルトーは「戦術」について，「戦

略」という「おのれに固有のものとして境界線をひけるような一定の場所を前提と」した「政治的，経済的，科学的な合理性」（同：25）のような領域ではなく，もとは自分の空間ではない，いわば「他者の場」である領域を領有することによってみずからの空間にするという実践であるという。そしてセルトーによれば，「たいていの日常的実践（話すこと，読むこと，道の往来，買い物をしたり料理したりすること，等々）は戦術的なタイプに属している。」（同：26-27）ということである。つまり，セルトーの言う「空間」は日常的実践の場として現れるのである。

　このように，セルトーは，「消費者」が「ユーザー」であるとの視座の転換を行った。そして，「ユーザー」が日常生活において行っているとされる操作のロジックのモデルを提示していたのである。日常生活における行いが「製作」や「生産」につながり，またそのような実践が「場所」を「空間」に変えるというような彼の議論は，「ユーザー」の行為に意味を見出すという論点を提示していて注目される。

4　メディア文化におけるテクノロジーの問題

テクノロジーと文化

　これから本書で取り上げる社会文化状況としては，テクノロジーの発展による諸問題があり，それは現代においては情報化やグローバル化などに関連しながらとらえられる（→第8章，第9章，第10章，第11章）。テクノロジー（技術）と文化の関係としては，アドルノと盟友のヴァルター・ベンヤミン（Walter Benjamin）も議論を行っていた。これは，現代社会におけるメディア文化研究のひとつとして，テクノロジーと関わるマーシャル・マクルーハン（Marshall McLuhan）のメディア論にも見られるものである（→第5章）。このような問題について，アドルノのポピュラー音楽論とベンヤミンの複製技術論から見ていこう。

　アドルノは，「ポピュラー音楽について」（Adorno 1941=2002）でジャズについて論じ，そこではポピュラー音楽であるジャズは「規格化」に性格づけられ

るという（→第2章）。アドルノによれば，音楽が商品として大量生産させる
ためには「規格化」が必要であり，これは耳に馴染むために規格にあうように
音楽を作るということである。アドルノがポピュラー音楽として批判したジャ
ズは，リズムが「機械時代（machine age）」（同：183，訳語は変更）に象徴され
るように，単調で反復的なビートを基調としている。

> 止むことのないジャズのビートに代表される機械礼賛は，必然的に自己
> 断念（self-renunciation）を引き起こし，それは何かに従属せずにはおれな
> い人格として，不安な動揺の中に自分の根を下ろさざるをえない。という
> のは，機械は，与えられた社会状況の中でのみ，それ自体が目的となるか
> ら。またそこでは，人間は機械に張り付いて仕事をするわけだから，機械
> の添え物ということになるのである。機械音楽に適応するということは，
> 必然的に自分自身の人間としての感性を断念することであり，また同時に，
> 機械に対する物神崇拝を意味するから，その適応の道義的性格はそこで覆
> い隠され曖昧にされるのである。　　　　　　　　　　（同：183-184）

　このように，アドルノのポピュラー音楽論にはテクノロジー（機械）に対す
る批判が見られる。そして，同時に社会状況における人間と機械が関わること
で引き起こされる問題にも言及しているのである。また，音楽への受容におい
ては「個人性は，規格化された行動のパターンによって矮小化され，何の具体
的な中身も持たない，単なる抽象的な観念になって」（同：190）しまっている
とその問題点を指摘するのである。

複製芸術論から現代文化へ

　対して，複製技術時代の芸術として映画について分析していたベンヤミンは，
「機械装置」を利用することによってできる余暇の空間について「複製技術時
代の芸術作品」において考察している。それは，現代の文化を考えるときにも，
多木浩二が指摘するように，ベンヤミンは「機械装置」によって人が疎外され
るというのではなく，むしろ「人間と機械装置とのあいだの釣り合いを生み出

すこと」（Benjamin 1936＝2000：175），あるいはそこに余暇や「遊戯」の空間を
見取っていたことが示唆的である（多木 2000）。このようなベンヤミンの示唆
から，必ずしも人間と機械装置が疎外状況に置かれるのではなく，音楽文化を
例に考えてみれば，ターンテーブルなどの機械を使って，商品である音楽を反
復し「遊戯」することの政治性を考える契機にもなり得るであろう。

　ここでは，オーディエンスの美的な聴取の形態というよりは，ポピュラーな
音楽文化の受容のされ方が問題となる。それは，オーディエンスが音楽や文化
をどのように受容し，それをどのように利用，使用するのかが問われるだろう。
専門的な芸術の美的判断のみではポピュラー音楽（文化）は計れない。むしろ，
芸術のオーセンティシティ（authenticity：真正性の価値）からは批判される，文
化産業やテクノロジーを媒介とした表現などとともに現代文化を考えていくこ
とが必要であろう。

　もちろん，現代の文化とはその時の社会状況に大いに関係し，その解釈も多
様なものとして存在している。表現と文化はさまざまに議論されているが，メ
ディアや文化産業によってもたらされるものと人々の創造的活動とを，評価や
あるいは批評しながら考察するというような複合的な視座が必要となるだろう。
本書において理論を事例とともに学ぶことによって，現代社会における文化と
いう現象を理解し評価するための方法を手に入れることができるだろう。

参考文献

Adorno, Theodor W., 1941, "On Popular Music," *Studies in Philosophy and Social Sciences*, Vol.9.（＝村田公一訳，2002,「ポピュラー音楽について」『アドルノ 音楽・メディア論集』平凡社.）

────, 1945, "A Social Critique of Radio Music," *The Kenyon Review*, Vol.7, no.2.（＝吉田寛訳，2002,「ラジオ音楽の社会的批判」）『アドルノ　音楽・メディア論集』平凡社.）

────, 1962, *Einleitung in die Musiksoziologie*.（＝高辻知義・渡辺健訳，1999, 『音楽社会学序説』平凡社.）

────, 1963, *Dissonanzen, Musik in der verwalteten Welt*.（＝三光長治訳，1998, 『不協和音』平凡社.）

————, 1968, *Ohne Leitbild.*（＝竹峰義和訳，2017，『模範像なしに』みすず書房.）

Althusser, Louis, 1965, *Pour Marx,* Maspero.（＝河野健二ほか訳，1994，『マルクスのために』）平凡社

————, 1995, *Sur la reproduction,* PUF.（＝西川長夫ほか訳，2010，『再生産について』（上）（下）平凡社.）

Althusser, Louis, et al., 1965, *Lire le Capital,* PUF.（＝今村仁司訳，1996〜97，『資本論を読む』（上）（中）（下），ちくま学芸文庫.）

Becker, Howard S, 1984, 2008, *Art Worlds,* University of Chicago Press.（＝後藤将之訳，2016，『アートワールド』慶應義塾大学出版会.）

Benjamin, Walter, 1936, "Das Kunstwerk im Zeitalter seiner technischen Reproduzierbarkeit."（＝野村修訳，2000，「複製技術時代の芸術作品」『ベンヤミン「複製技術時代の芸術作品」精読』岩波書房.）

Certeau, Michel de, 1980, *L'Invention du quotidien, 1, Arts de faire,* Gallimard.（＝山田登世子訳，1987，『日常的実践のポイエティーク』国文社.）

Fiske, John, 1989, *Reading the Popular,* Routledge.（＝山本雄二訳，1991，『抵抗の快楽』世界思想社.）

Fraser, Nancy, 1993, "Rethinking the Public Sphere," Craig Calhoun ed., *Habermas and Public Space,* MIT Press.（＝山本啓ほか訳，1999，「公共圏の再考」『ハーバーマスと公共圏』未來社.）

Gelder, Ken, Sarah Thornton eds., 1997, *The Subcultures Reader,* Routledge.

Gilroy, Paul, 1993, *The Black Atlantic,* Polity Press.

————, 1994, *Small Acts: Thoughts on the Politics of Black Cultures,* Serpents Tail.

Hall, Stuart, 1980, "Encoding/decoding," Hall et al. eds., *Culture, Media, Language,* Routledge.

————, 1985, "Signification, Representation, Ideology: Althusser and the Post Structuralist Debate," *Critical Studies in Mass Communication,* 2.

————, 1986, "Cultural Studies: Two Paradigms," *Media Culture and Society: A Critical Reader,* Sage.

Habermas, Jurgen, 1962, *Strukturwandel der Öffentlichkeit.*（＝細谷貞雄ほか訳，1994，『公共性の構造転換』未來社.）

Horkheimer, Max Theodor W. Adorno, 1944, *Dialektik der Aufklarung: Philosophische Fragmente.*（＝徳永恂訳，2007，『啓蒙の弁証法』岩波書店.）

Lefebvre, Henri, 1974, *La Production de l'espace,* Anthulopos.（＝斎藤日出治訳，

2000,『空間の生産』青木書店.）

Massey, Dreen, 2005, *For Space*, Sage.（＝森政人ほか訳, 2014,『空間のために』月曜社.）

Mitchell, Don, 1995, "The End of Public Space? People's Park, Definitions of the Public, and Democracy," *Annals of the Association of American Geographers*, Vol. 85, No. 1.（＝浜谷正人訳, 2002,「公共空間は終焉したか？」『空間・社会・地理思想』大阪市立大学大学院地理学教室.）

Strinati, Dominic, 1995, *An Introduction to Theories of Popular Culture*, Routledge.（＝渡辺潤ほか訳, 2003,『ポピュラー文化論を学ぶ人のために』世界思想社.）

Swingewood, Alan, 1977, *The Myth of Mass Culture*, Palgrave.（＝稲増龍夫訳, 1982,『大衆文化の神話』東京創元社.）

多木浩二, 2000,『ベンヤミン「複製技術時代の芸術作品」精読』岩波書店.

Williams, Raymond, 1961, *The Long revolution*.（＝若松繁信ほか訳, 1983,『長い革命』ミネルヴァ書房.）

────, 1976, *Keywords*.（＝椎名美智ほか訳, 2011,『完訳キーワード辞典』平凡社.）

────, 1978, *Marxism and Literature*, Oxford University Press.

────, 1981, *Culture*.（＝小池民男訳, 1985,『文化とは』晶文社.）

（粟谷佳司）

第 2 章

「ホンモノ」らしさをめぐる理論

——ベンヤミン，アドルノ，ボードリヤール——

　有名なアーティストによる何世紀も前の「ホンモノ」の芸術作品を目の当たりにできる展覧会の長蛇の列。憧れの海外ミュージシャンの来日コンサートで熱狂するファンの失神。そんなことがある一方，今では，インターネットでひとたび画像検索すれば，著名な芸術作品の画像を見ることもできる。YouTube のような動画共有サイトでは，好きなミュージシャンが歌ったり，演奏したりする姿を視聴することも手軽にできてしまう。あるいは，展覧会を開催している美術館でポストカードとして売られている著名な芸術作品や，憧れのミュージシャンによるコンサートが収録されたライブ盤は，どうだろう。それらは，大量複製技術によって「ホンモノ」がコピーされたものであり，「ホンモノ」より価値がないものとして受容される。それでも，私たちはコピーされたものを消費している。

　いったい，「ホンモノ」とコピーとで何が違い，どう変わっていったのだろう。

1　ベンヤミンの「オーラ（aura）」概念

複製技術と「オーラ（aura）」

　「ホンモノ」というべきオリジナルの芸術作品にはあって，複製されたものには失われてしまうものを，ドイツの思想家ヴァルター・ベンヤミン（Walter Benjamin）は「複製技術時代における芸術作品」（1936）という名前で知られる論文のなかで，「aura（ドイツ語ではアウラ，英語ではオーラ）[1]」と呼んだ。

> どれほど完全な複製においても欠けているものがある。それは，芸術作品のもつ「いま，ここ」という特質，つまり，芸術作品の存在するその場所における一回的なあり方である。　　　　　　　　（Benjamin 1939=2011：300)

「オーラ（aura)」というと，後光や目に見えない神秘的なものを想像するかもしれないが，[2] ここでは「ホンモノ」かどうかを決める要素を意味する。「ホンモノ」には真正性（authenticity）があり，「オリジナルのもつ「いま，ここ」という特質が，オリジナルの真正性〔本物であること〕という概念をつくりあげる」(Benjamin 1939=2011：300)。「いまここ」という時間と空間を共有する，ありがたくもはかない一回性の感覚であり，ベンヤミンは「ある遠さ――たとえそれがどれほど近くにあるとしても――が一回限り現れる現象」(Benjamin 1939=2011：305) と「オーラ（aura)」を定義した。

　そして19世紀以降，複製技術時代における芸術作品の「ホンモノ」らしさたる「オーラ（aura)」は，失われていくと論じたのである。

複製技術の展開

　大量複製技術が普及したのは，近代化が進む19世紀のことである。それまでも芸術作品は，写本や模造など，人の手によって不完全ながらも複製することは可能だった。また，鋳造や型押し（ブロンズ像やテラコッタ，硬貨）といった複製技法も古代から存在した。中世には活版印刷技術がヨハネス・グーテンベルクによって発明され，木版から銅版，エッチングへと発展していった。マーシャル・マクルーハン（Marshall McLuhan)（→第 5 章）も指摘するように，これが記号的な文字情報の大量複製を可能にし，宗教改革などの大きな社会的な変化をもたらした。

　19世紀に入って，肉筆の描画をほぼそのまま紙に転写できるリトグラフ（石版印刷）が広まっていく。ベンヤミンは，これをもって複製技術が根本的に新しい段階に到達したと指摘した。つまり平面的な表現において，従来の複製技術よりもはるかに簡潔に，ほぼそのまま大量複製することが可能となったのである。さらに，写真という複製技術によって精緻化され，新たな段階へと進ん

でいき，19世紀の末には映画（moving picture / motion picture）が登場した。

　複製技術が発展し，「ホンモノ」とコピーが近似するようになっていくことで何が変化したのか。ベンヤミンの関心はそこにあったのだろう。

「礼拝価値」から「展示価値」へ

　ベンヤミンは，複製技術時代における「オーラ（aura）」の喪失を指摘したが，ただ喪失を悲観したわけではない。むしろ，芸術的な価値が変化していくことに着目し，むしろそこに大衆社会の到来を看破していた。

　そもそも芸術作品とは，「いまここ」というある時間と空間を限定しなければ享受できないものだ。オリジナルがある，その時その場所以外では享受できないからこそ，その価値が担保できたといえる。ベンヤミンは，その価値を宗教的な儀式になぞらえ「礼拝価値」と呼び，皮肉っぽく次のように述べている。

　　礼拝価値は，今日では芸術作品を隠された状態に保っておくよう要求するものとなっているように思われる。ある種の神々の像には，神像安置所のなかで聖職者しか近づくことができない。ある種の聖母像は，ほとんど一年を通じて，覆いが掛けられたままとなっている。また，中世の大聖堂に据えられたある種の彫刻は，地上から観ようとする者の目には見えないものとなっている。　　　　　　　　　　　（Benjamin 1939=2011：305）

　数年に一度しか御開帳されない秘仏や秘宝は，普段は隠され，目に触れる機会が乏しいからこそ権威づけられる。言い換えれば，「ホンモノ」かどうか誰もわからなくても，空間と時間を限定して「ある」と信じられさえすれば，「オーラ（aura）」は生じる。共有幻想のようなものがベンヤミンの言う「オーラ（aura）」なのである。

　だが，大量複製技術によって芸術作品は，時間や空間に制限されず公開され，「個々の芸術行為が儀式の懐から解放されるにつれて，その製作物を展示する機会が増大する」（Benjamin 1939=2011：305）。

　　技術的複製によって，オリジナルは——写真というかたちであれ，レ
　コードであれ——受容者に歩み寄ることができるようになる。大聖堂（カ
　テドラル）はその場を離れ，芸術愛好家のスタジオで受容されることにな
　る。ホールで，あるいは野外で演奏された合唱曲は，部屋のなかで聴くこ
　とができるようになる。　　　　　　　　　　（Benjamin 1939=2011：301）

　ベンヤミンは写真や映画，音楽を事例にしながら，「礼拝価値」から「展示
価値」へと変化していったと論じた。「いまここ」だけではない，享受の機会[3)]
の拡大は，受け手である大衆にオリジナルの「ホンモノ」を近づけることとな
る。それは呪術的・宗教的権威からの解放であり，近代化を意味する。

　　事物を空間的にも「もっと近く」にすることは，現代の大衆が情熱を注
　いでいる関心事である。しかし，それと同様に，あらゆるものの複製を受
　容することによって一回性を克服しようという大衆の傾向もまた，彼らの
　関心事なのである。　　　　　　　　　　　（Benjamin 1939=2011：305）

　芸術作品は大衆へ展かれ，階層の差異などを埋めようとする近代的な大衆社
会への道筋も開かれた。しかし，それと同時に芸術作品の権威は凋落し，「気
の散った状態〔気晴らし〕で受容することは，芸術のあらゆる領域でますます
明確に現れて」（Benjamin 1939=2011：336）いった。

2　アドルノのポピュラー音楽批判

音楽の複製技術

　音楽における大量複製技術とは，1887年にエミール・ベルリナーが発明した
ディスク（円盤）型レコードの蓄音機「グラモフォン」がそれにあたる。先ん
じて発明されたエジソンのシリンダー（円筒）型レコードの蓄音機「フォノグ
ラフ」とは違い，グラモフォンは再生の安定性は低く，音質の面でも改良がな
されたわけではなかった。けれども，その最大の特徴はディスク型レコードの

複製の簡便さにあった。

　基本的に，再生時間分だけ溝を刻む工程が必要になるシリンダー型レコード
と違って，ディスク型レコードでは原盤[4]さえ制作すれば，プレスすることで大
量に複製することができる。ポピュラー音楽を「大量複製技術を前提とし，大
量生産〜流通〜消費される商品として社会の中で機能する音楽であり，とりわ
け，こうした大量複製技術の登場以降に確立された様式に則った音楽である」
（山田 2003：9）とすれば，まさにポピュラー音楽を成立せしめる技術こそ，グ
ラモフォンというディスク型レコードの蓄音機だったのである。

　さらにその流通を加速させたのがラジオ放送だった。電話の発明より遅れる
ものの，ラジオは20世紀初頭の大きな発明である。レコードが時間を超えた音
声の複製技術とすれば，ラジオは空間を超えた複製技術といえる（吉見 1995）。
こうしたメディア・テクノロジーを背景に，ポピュラー音楽が成立したといえ
る。

「規格化」

　大量複製技術と関わるラジオ放送や映画など「文化産業」を「規格化（stan-
dardization）」という言葉で特徴づけ，批判したのが，テオドール・W・アドル
ノ（Theodor W. Adorno）である。なかでも，ポピュラー音楽（軽音楽）に対す
る批判は有名だ。

　　　軽音楽は先進工業国では規格化（スタンダード）によって定義される。流行曲がその典型
　　　だ。（中略）流行曲の旋律と詩とが苛酷に厳しい提携の範囲を守らねばな
　　　らない。　　　　　　　　　　　　　　　　　　　（Adorno 1962=1999：61）

　作曲家でもあるアドルノは，部分的な特徴にまで規格化を見出す。

　　　もっともよく知られているのは，コーラスと呼ばれる曲の主要部分が三
　　　二小節でできていること，そして，歌の音域も一オクターブと一音までと
　　　決まっていることである。ヒット曲に広く共通する型（タイプ）というのもあり，

これまた規格化されている。ダンス型。その硬直したパターンはよく知られている。歌の内容も次のような「典型^{キャラクター}」が決まっている。母^{マザーソング}もの，ふるさともの，ナンセンスあるいは「ノヴェルティー」・ソング，そして童謡もどきに，失恋の哀歌^{ラメント}。その上に重要なこととして，各ヒット曲の和声の土台をなす和音——曲の各部分の始めと終わりの和音——が，こうした規格化された図式^{スタンダード・スキーム}を踏み固める，ということ。

　　（中略）

曲の細部^{ディティール}それ自体も，全体の形式^{フォーム}に負けず劣らず規格化されていて，そうしたものを表す一群の用語も存在する。例えばブレイク，ブルー・コード，ダーティ・ノート。　　　　　　　　　　　　　（Adorno 1941＝2002：138-139）

　規格化されたポピュラー音楽に対し，「ホンモノ」の芸術音楽は「作曲者に自由で自発的な構成が許されている」（Adorno 1962＝1999：261）。さらに，曲の全体と細部の関係にも大きな違いがあるという。

　　純 音楽^{シリアス}⁵⁾がその概念どおり真面目なものであるなら，各々の細部は全体の音楽の経過から具体的な意味を得るし，全体の方でも，対立し連続しあう個々の部分，からみ合ってはほぐれるそれらの生き生きとした関係^{デタール}から意味をうるものだ。　　　　　　　　　　　　　　　　（Adorno 1962＝1999：67）

　つまり，パターン化され全体と細部とが無関係なポピュラー音楽に対し，芸術音楽では全体と細部とが有機的に連関している。その構造を聴き取るためには，集中力や主体的な聴取態度が求められるという。一方，規格化されたポピュラー音楽はそんな聴取態度を必要としない。むしろ「散漫な聴取」が求められるという。アドルノの理想とする芸術音楽とは，オーディエンスにも主体性が求められるのに対し，ポピュラー音楽は受動的な大衆に心地よく受け入れられるようつくられる。

　　売れる流行曲となり，なんとか聴取者をつかまえるためには，一方では

彼らの注意を刺激し，他の曲とはっきり区別させねばならない。他方では，聴取者に反発を感じさせないために平凡の域を超えないようにしなければならない。つまり奇異な感じを与えるものであってはならないし，生産の側からねらいをつけられているような平均的聴取者に自然だと思われるような音楽語法，すなわちロマン派の調性にせいぜい印象派ないしそれ以後からの借り物を加えて彩りをそえたものを超えないようにしなければならない。

（Adorno 1962=1999：71-72）

　陳腐にならないよう，かつ奇異に感じられないよう工夫が凝らされているのがポピュラー音楽なのである。当時，アメリカではディスク型レコードの蓄音機とラジオ放送という文化産業を通して，大衆的なダンスミュージックとして，ビッグバンドによるスウィング・ジャズが流行していた。現代では，ジャズも高尚な芸術音楽の一端を担うものとして受容されているが，アドルノにとってはポピュラー音楽のあり様そのものを象徴するものであった。

　　軽音楽の構成要素の一つである偽の個性主義（中略）それ自体は規格化の要求に従っているのに，大量生産の文化製品の中にあると，まるで自由意志が造ったかのような商品の放つ後光を，市場で欲求に応じて選べる商品の放つ後光をわたしたちに想い起こさせるが，実はあらかじめ咀嚼してあるものを，そうでないかのように偽るのであり，その極端ともいうべきものが商業ジャズの中の即興演奏であり，ジャズ・ジャーナリズムはこれを食いものにしているのである。

（Adorno 1962=1999：72）

　演奏者の個性を感じさせるようなジャズのアドリブ演奏も，アドルノからすれば，似非「オーラ（aura）」（引用部分における「後光」）とみなされる。

批判の時代背景

　アドルノの主張は，一見すると，蓄音機やラジオといった新しいメディアや，それによる表現に対して，非常に不寛容で保守的にも見える。しかし，その議

論の意義を理解する一助として，彼が生きてきた時代背景を紹介しよう。

　アドルノは，ベンヤミンと同じ時代にドイツで生まれ育ち，同じフランクフルト学派に属する。フランクフルト学派とは，1923年に設立されたフランクフルト大学社会研究所を中心に活躍した研究者や思想家たちのことであり，アドルノやベンヤミンをはじめ，ホルクハイマーやマルクーゼ，フロム，後にはハーバーマスらも含む。彼らがマルクス主義の影響を受けつつ，独自の批判理論を展開した1930年代，ドイツではアドルフ・ヒトラー率いるナチスが台頭し，急進的なファシズムが広がっていったため，否応なくドイツから亡命することになる。ベンヤミンはフランスのパリに亡命しつつ，アメリカへ出国しようと途中で死亡してしまうが，アドルノはイギリスを経由し，アメリカに亡命する。ポピュラー音楽に対する批判の背景には，故郷のドイツから亡命してたどりついたアメリカで目の当たりしたものがあったのだった。

　　　彼（筆者注：軽音楽のファン）は軽音楽の全組織によって訓練され，受
　　　動的態度を身につけさせられるが，これはそれからおそらく彼の思考や社
　　　会での行動方法にも波及してくるだろう。　　　　（Adorno 1962=1999：70）

　ナチス・ドイツが，ラジオ放送や映画といった文化産業を巧みに利用して，大衆を操作したことは有名だが，規格化された軽音楽やそれを無批判に受容する大衆を危惧する思いがアドルノにはあったのだろう。

　現在では，ジャズと同様，ロックをはじめ，ハウスやテクノなどのエレクトロ・ダンスミュージックにおいてすら，表現上の「新しさ」が追求されながらも，芸術的な価値の承認を得ようとする営みが存在する。ベンヤミンやアドルノが指摘したことは，「芸術」と「娯楽」，「高級文化」と「大衆文化」の境界がゆらぎつつ，せめぎ合っている現在だからこそ，振り返る意義があるだろう。

3　ボードリヤールの消費社会論

消費社会と差異化

　20世紀に入ると，先進国では上流階級に限らず多くの人々が商品を消費するようになり，「消費社会」（→第7章）が到来した。第二次世界大戦後には，消費によって他者と差異化を図るようになり，必要もない商品すら消費していくようになっていった。こうした状況に注目したのが，ジャン・ボードリヤール（Jean Baudrillard）である。彼が日本に紹介されたのは1980年代であり，折しもバブル経済が到来する頃だった（日本におけるボードリヤール受容および日本の消費社会論については第6章を参照）。「高度消費社会」として読み解くボードリヤールの議論は，時代にうまくはまった。

　「消費」とは，ある商品が必要だから，有用だからという使用価値で行われるものと思われてきたが，ボードリヤールによれば，それこそが「消費社会の神話」であるという。消費社会のなかで暮らしていると気づきにくいが，使用価値に基づいて消費することはほとんどなくなっている。実際，バブル期の日本では多種多様な商品が氾濫し，しかもそれらは次々と新商品に取って代わられ，人々は必要もないのにむやみに消費していた。それは，現在も変わらないだろう。陳列棚には似たような商品がずらりと並んでおり，どの商品も大して違いはない。どれを消費するのか，選択する基準は機能ではなく，「かわいい」から，「かっこいい」からといったような象徴的な意味なのである。

　そこでボードリヤールは記号論的アプローチを採用した。「記号」とは要するに，区別はつくが有用性はないもののことだ。ボードリヤールの重要な示唆とは，「消費社会」において，商品すら意味を表す記号となり，差異のみが重要となり，「ホンモノ」と複製の区別すらなくなるというものだ。ボードリヤールは，まがいものを意味する「キッチュ」を取り上げ，次のように述べている。

　　　いうまでもなく，キッチュは貴重で珍しいモノ，ひとつしかないモノ

（とはいえこれも工場で製造可能だ）の価値を高める。キッチュと「本当の本モノ」とは，今や絶えず変化し増加している差異表示用具の論理に従って，ともに消費の世界を組織している。　（Baudrillard 1974=2015：177）

　複製技術が登場して間もない頃においては，「ホンモノ」の芸術作品と，その複製としての商品との間には「オーラ（aura）」の有無という点で明確な違いがあったとするならば，あらゆるものごとが記号化された「消費社会」においては，「オーラ（aura）」すら，差異を生み出す要素に過ぎなくなり，時として，複製が「ホンモノ」よりもてはやされることすらあるといえる。「「無制限につくられるオリジナル・コピー」の出現とともに，芸術は産業的生産の時代に入る」のだ（Baudrillard 1974=2015：168）。

「シミュレーション」

　こうした「ホンモノ」と複製の差異をめぐる転倒した状況を，ボードリヤールは「シミュレーション（simulation）」という言葉で説明する。

　「シミュレーションは，現実の表象（たとえば，小説や絵画や地図など）が，まさに表象つまり人工的な表象そのものである」（Lane 2000=2006：146）というように，そもそもシミュレーションとは現実を忠実に反映するイメージであり，たとえば領土を表象する地図がそれにあたる。これを第一の領域とするならば，第二の領域では「シミュレーションは，現実と表象との境界をあいまいにする」（Lane 2000=2006：146）という。さらに第三の領域では「シミュレーションは，「ハイパーリアル」を生産する」。そこでは順序の逆転が生じ，イメージが現実に先立つことになる。いわば，「地図こそ領土に先行」し，「地図そのものが領土を生み出す」のである（Baudrillard 1981=1984：1-2）。現実に先行する「ハイパーリアル」なイメージという第三の領域のシミュレーションを，ボー

表 2-1　シミュレーションの 3 つの領域

第一の領域	第二の領域	第三の領域
イメージは現実を忠実に反映する	現実とイメージとの境界があいまい	イメージが現実に先立つ（シミュラークル）

ドリヤールは「シミュラークル（simulacres）」と呼び，それらが「消費社会」にあふれかえるとする。

　これを音楽文化に置き換えるとすると，第一の領域のシミュレーションとは，アナログレコードやCDなどのレコード音楽であり，生で演奏された音楽を録音したものである。そこにはまだ，生演奏の音楽を「ホンモノ」とし，その複製としてのレコード音楽という考え方が支配的だった。それが，第二の領域のシミュレーションでは，編集技術が発展し，理想の演奏をレコード音楽で表現したり，演奏では再現できないレコード音楽が制作されるようになる。そこでは，生演奏という「ホンモノ」とレコード音楽という複製の境界があいまいになっている。そして，第三の領域のシミュレーションにおいては，初音ミクのようなボーカロイドの音楽のように，現実のオリジナルをもたない歌や音楽があらわれる。とりわけ，初音ミクのコンサートや2.5次元的なライブエンターテインメントなどは，現実に先行するイメージが消費されているという点で，ボードリヤールの「ハイパーリアル」の観点からとらえることが可能だろう。「そこにあるのは現実と表象の双方からの離脱であり，その場合，もはや逆転とは呼べない状況が生じる」（Lane 2000=2006：146）といえるのかもしれない。

　「シミュラークル」にあふれた「ハイパーリアル」な世界の事例として，ボードリヤールはディズニーランドを挙げる。「ディズニーランドは，錯綜したシミュラークルのあらゆる次元を表わす完璧なモデルだ」（Baudrillard 1981=1984：16）という。現実に先行するイメージである「シミュラークル」は，現実の不在を隠す働きもある。

　　ディズニーランドとは，《実在する》国，《実在する》アメリカすべてが，ディズニーランドなんだということを隠すために，そこにあるのだ。（中略）ディズニーランドは，それ以外の場こそすべて実在だと思わせるために空想として設置された。にもかかわらずロサンゼルス全体と，それを取り囲むアメリカは，もはや実在ではなく，ハイパーリアルとシミュレーションの段階にある。　　　　　　　　　　（Baudrillard 1981=1984：17-18）

揺らぐ「ホンモノ」らしさ

　このように，「ホンモノ」をめぐるとらえ方はますます揺らいでいる。ライブ・コンサートこそが「ホンモノ」であるとは言い切れない事例にあふれ，インターネットというメディアを起点とする音楽文化も生まれてきている。オリジナルか複製かという判別基準すら揺らぎつつあるなかで，メディアやテクノロジーの発展だけでなく，価値観の多様化などを背景に，その状況はますます混迷を極めているようにも見える。ベンヤミンが「オーラ（aura）」を共有幻想のようなものであるととらえたように，「ホンモノ」らしさの語りを考える上で，客観的な視点こそ重要なのだろう。

注

1) 従来，日本ではドイツ語読みの「アウラ」で知られてきた概念だが，ここでは学生にも手に取りやすい山口裕之翻訳（2011）で試みられた「オーラ」という表記（誰でも知っている普通の言葉をあえて使うベンヤミンの戦略に寄り添う）を採用する。

2) 2005〜09年まで放映された TV 番組『国分太一・美輪明宏・江原啓之のオーラの泉』は，「オーラ」という概念を「守護霊」や「前世」といったものに誤解させるほど影響力があった。

3) 「写真においては，展示価値が礼拝価値をあらゆる戦線で撃退し始めている。とはいえ，礼拝価値もまったく無抵抗のまま消え去るわけではない，それは最後の砦にこもる。その砦とは人間の顔である」（Benjamin 1939=2011：310）。このようなベンヤミンの示唆は，アイドルファン的な消費とつなげて考えることができるだろう。

4) 実演された音声を録音した原盤は溝が凹状になっているが，プレス用に溝を凸状に反転させたものがスタンパー盤（現在は原盤とは別に，保存用にマスター盤を制作する）であり，材料の塩化ビニールと中央のレーベル用紙を挟んで，上下からプレスすることでレコードが生産される。

5) 「serious music」とは芸術音楽のこと。

参考文献

Adorno, Theodor W., 1941, "On Popular Music: with the assistance of George Simpson,"*Studies in Philosophy and Social Sciences*, 9: 17-48.（＝村田公一訳，2002，「ポピュラー音楽について──ジョージ・シンプソンの支援を得て〔一九四一年〕」渡辺裕編『アドルノ 音楽・メディア論集』平凡社.）

─────, 1962, *Einleitung in die Musiksoziologie*, Suhrkamp Verlag.（＝高辻知義・渡辺健訳，1999，『音楽社会学序説』平凡社.）

Baudrillard, Jean, 1974, *La Société De Consommation: Ses Mythes, Ses Structures*, Gallimard.（＝今村仁司・塚原史訳，1979［2015］，『消費社会の神話と構造』紀伊國屋書店.）

─────, 1976, *L'echange symbolique et la mort, Gallimard*.（＝今村仁司・塚原史訳，1982［1992］，『象徴交換と死』筑摩書房.）

─────, 1981, *Simulacres et Simulation*, Galilee.（＝竹原あき子訳，1984，『シミュラークルとシミュレーション』法政大学出版局.）

Benjamin, Walter, 1936a, "Das Kunstwerk im Zeitalter seiner technischen Reproduzierbarkeit（Zweite Fassung）."（＝浅井健二郎編訳，1995，『ベンヤミン・コレクション（1）』筑摩書房.）

─────, 1936b, "Das Kunstwerk im Zeitalter seiner technischen Reproduzierbarkeit."（＝佐々木基一編，1999，『複製技術時代の芸術』晶文社.）

─────, 1939, "Das Kunstwerk im Zeitalter seiner technischen Reproduzierbarkeit（Drei Fassung）."（＝山口裕之編訳，2011，「技術的複製可能性の時代の芸術作品〔第三稿〕」『ベンヤミン・アンソロジー』河出書房新社.）

Lane, Richard J., 2000, *JEAN BAUDRILLARD*, Routledge.（＝塚原史訳，2006，『ジャン・ボードリヤール』青土社.）

多木浩二，2000，『ベンヤミン「複製技術時代の芸術作品」精読』岩波書店.

山田晴通，2003，「ポピュラー音楽の複雑性」東谷護編『ポピュラー音楽へのまなざし──売る・読む・楽しむ』勁草書房，3-26.

吉見俊哉，1995，『声の資本主義──電話・ラジオ・蓄音機の社会史』講談社.

（太田健二）

第3章

社会階級と文化

―――ブルデュー―――

　フランスの社会学者ピエール・ブルデュー（1930-2002）は，音楽の
好みや意味はただ「人それぞれ」としてあるのではなく，階級ごとに異
なって構造化していると主張した。彼によれば音楽は社会のなかでのさ
まざまな関係性という根拠と理由をもって生産・消費されている。この
ことを説明するために彼は，実践や身体，階級といった切り口で，社会
階級の形成や文化作品の生産と消費を説明する体系的な理論を打ち立て
た。この章では彼の理論を形成する4つの主要概念を説明しながら，彼
の文化生産の場と諸階級の関係論について展開しよう。

1　実践の概念とハビトゥス，場，資本

　ブルデュー（Pierre Bourdieu）の研究対象は，文学，科学，宗教，美術，ジ
ャーナリズム，高級ブランド・ファッションなど多岐に渡る。彼はこれらの諸
領域を「文化生産の場」として研究し，文化資本という観点から一部の人間が
なぜこれらの場に適合するのかを説明した。
　ブルデューは彼の理論の全体を以下のような公式に示す。

　　（ハビトゥス）（資本）＋場＝実践　　（Bourdieu 1979a=1990 I：159)[1]

　これは実践がハビトゥス，資本，場の関係性のなかで生まれてくることを示
した彼の理論図である。彼の理論を提示するためにまずはこの4つの概念につ

いて説明し，次に文化生産の場の理論と階級論について述べよう。

実践とは何か

　ブルデューは人間が行う行動を「実践（プラティーク）」と呼んだ。この内実を説明するには若干仏語や思想史の話をする必要がある。古代ギリシャ以来，観照／理論（テオーリア），倫理／政治／実践（プラクシス）は概念の対とされてきた。実はプラティークは，古語プラクシスが現代フランスの日常語になったものに過ぎない。したがって両者は同じ語源と同じ意味をもつはずである。ところが，プラクシス／プラティークは1950~60年代フランスの思想・政治的文脈（実存主義対構造主義）において独特な意味をもつようになった。

　理論と実践という組み合わせは，第二次世界大戦後のマルクス主義政治運動のなかで，政治理論と政治実践という組み合わせへ，特にプラクシスは意識的な政治変革行為という意味を持つようになった。実存主義のジャン＝ポール・サルトル（Jean-Paul C. A. Sartre）は，日常的な惰性的生活実践をプラティークと呼び，それを打ち破るプラクシスとしての社会・政治改革実践の必要性を訴えた。ところが，構造主義のクロード・レヴィ＝ストロース（Claude Lévi-Strauss）はむしろプラティークの解明こそが重要だと訴え，人間の行動のほとんどは意識的行為ではなく，無意識的な行為であるのだから，その構造を把握すべきだと主張した（山本 1992）。

　ブルデューは，構造主義から影響を受けていた時期もあり，プラティークの実践の方に社会学が解明すべき課題を見出した。彼の実践概念は，『実践感覚』という著作で，実践時間や実践感覚という概念に結実した。私たちは日々の生活のなかで切迫した時間のなかで暮らしており，一部の余暇時間（スコレー）をもった階級を除いて，多くの時間をかけながら合理的に計算して意識的に行為することはできない。たとえば，農民は天気の変化に敏感に，その気候の時間的変化に合わせて，切迫した時間のなかで農業活動を成功させなければならない。そうでなければ農作物は駄目になってしまうのだ。こういった実践時間の切迫さを意識的行為の理論，プラクシスは見逃しているというわけだ。

ハビトゥスとは何か

そこでブルデューはほとんど意識しなくても，日常的な行為をうまく成功さ
せていることを説明するために「ハビトゥス」という概念を導入した。この概
念は，英語のハビチュード（習慣）と同じ語源をもつ言葉である。ハビトゥス
は，古代ギリシャの哲学者アリストテレスの「ヘクシス」というギリシャ語の
概念を古代ローマの哲学者がラテン語に翻訳したものである（稲垣 1981）。

アリストテレスの『形而上学』によると，ヘクシスは「持つこと」「所有」
を原義とする。たとえば，靴や服を身に着けていること，その所有を意味する。
一方でその人の徳に関わると，その人の魂の「状態」「性向」「習性」といった
ものを意味する。特定の性格や能力を「持っている」こともヘクシスは意味す
る。ブルデューは後者の意味でハビトゥスという言葉を使った。

ブルデューが「徳」をめぐるアリストテレス以来の古い議論からもってきた
のは次の点だ。良い徳を実践するにはそれを頭のなかの知識として知っている
というだけでは駄目で，実践を続けることで，習慣化されてくる「習性（ハビ
トゥス）」が必要である。この習慣化された習性はある目的を実現するための，
能動的に行為するための基盤となる。ここで「持つ」という原義がまた生きて
くる。私たちが話したり，歩いたり，演奏したり「できる」ということは，私
達が言語能力や歩行能力，演奏能力をもっていることを意味する。ハビトゥス
には，習慣という言葉に対して現在持たれている受動性や機械的反復という意
味よりも，むしろ能動的に行為するための基盤という積極的な意味がある。

ブルデューは，ハビトゥスとは，経験によって後天的に獲得されたもので，
特定の行為を可能にする知覚・評価・行為・思考の図式（シェム）であると定
義する（Bourdieu 1979a=1990：263, 1980=1988 I：83）。図式（シェム）とはジャ
ン・ピアジェ（Jean Piaget）のフランス発達心理学のなかで研究されてきた概
念で，子どもは一度図式を獲得すると，異なった状況においても同じ行為を行
うことが可能になるとする（Bloch et al. 1999：772）。これは身体に宿った構造
のことで，なぜうまくいくのか理由を説明できないにしても，うまく走れたり，
自転車に乗れたりするように，行為を可能にするもののことである。ブルデ
ューは，勉強したり，仕事したり，絵を描いたり，音楽を演奏したり，政治家

として活動したりすること——人間のあらゆる実践——を説明する原理として行為の図式の概念をハビトゥスの定義のなかに導入した。こういったことができるのは，行為の能動化を可能にするようなタイプの過去の経験をもったことで，能動化を可能にする図式を獲得したからである。言い換えれば，ハビトゥスは経験によって獲得された実践の感覚，センスである。

私たちは日々意識化を必ずしも必要としない行為，プラティークを膨大に繰り返しており，切迫した実践時間のなかで，なんとかやりくりしながら暮らしているが，そのなかからハビトゥスが形成されてくる。

場とは何か

ハビトゥスは，ある具体的な生活環境ないし「生活様式（ライフスタイル）」のなかで獲得される。子どもは特定の生活空間のなかで育つことで，その生活空間に固有のハビトゥスを獲得する。生活様式の違いに由来してハビトゥスの違いが生成されてくる。

ブルデューが「社会空間」と呼ぶとき，その範囲は広く，国全体の規模が想定されている。社会空間という彼の概念は，そのなかで階級ごとに，あるいは階級内集団ごとに，さらにはその集団内の個人ごとにそれぞれの人が異なった生活様式をもち，国全体の規模で互いに影響しあう関係をもっている事態を想定している[2]。子どもはこの社会空間のなかのどこかの位置（ある階級内のどこかの集団内の位置）で，そこでの具体的な生活環境のなかでハビトゥスを獲得する。そのハビトゥスは，話したり，歩いたりという身体動作によって方言のような特定の出身位置の刻印をもつだけでなく，その位置から他の位置（たとえば地方から都市，民衆階級から支配階級など）を見た時の特定の文化的志向性（たとえば地方や民衆階級出身者の都市文化や上流文化への気後れ）もまたもつ。

「場」（仏語では champ，英語では field，日本語では界とも訳される）は，社会空間のなかのある小空間であり，その空間に特有の機能と規則をもった空間である（他の空間とは異なった空間）[3]。これはあるタイプの「職業」の人たちが集合した空間としてとらえられる。たとえば，美術家や美術批評家，美術

鑑賞者たちが集まった空間は,「美術の場」である（これは政治関係者の集まる政治の場とは異なる）。ブルデューは特に文化生産者たちの場の分析に力を入れていたが, 後期には経済の場も研究した。

　少し社会学史の話をすると, ブルデューは, マックス・ウェーバー（Max Weber）の宗教社会学や, 同じくウェーバーに影響を受けたタルコット・パーソンズ（Talcott Parsons）のシステム論などを批判的に摂取しながら場の理論を発案した（Bourdieu 2015：1982年12月14日講義）。パーソンズは, 経済システム, 政治システム, 文化システム, 宗教システムなど, 複数のシステムによって現代社会が構成されていると考えた。[4] 同じようにブルデューは, 現代社会は, 経済の場, 政治の場, 文化の場, 宗教の場……などのそれぞれ機能の異なった複数の場によって構成されていると考えたのだ。

　しかしパーソンズの理論は1968年の学生運動や女性の社会進出など大きな社会の変化を受けて, 各システムの変化やシステム間の関係性の変化が考えられていないと批判されるようになった。ブルデューは, ウェーバーの『宗教社会学』に立ち返り, 預言者・司祭・呪術師の関係性というとらえ方を取り出した。宗教の場では, 預言者が現れ, 司祭から異端とされ追放される危険を抱えながら, 司祭の主張する日常的な宗教実践に対して異議申し立てを行う。この異議申し立ては元々の純粋な宗教的熱情に立ち返ること主張したり, 新しい革新的な教義を生み出したりして, 場そのものを変化させうるのだ。これは場に異端的預言者が出現してそのシステムを変えてしまうという考え方だった。

　場の理論は, 宗教の場だけでなく, 文学, 美術, 科学にも拡張された。科学者たちはこれまでの科学を新発見によって打ち倒そうとして, 永久闘争を行っている。場はこのように預言者の出現を促し, 変化していく。たとえば, ブルデューはそういった美術の場内部での革命家の分析として, 画家のエドゥアール・マネ（Édouard Manet, 1832-1883）を研究している。[5] マネは, ナポレオン三世下における体制派であったアカデミー美術の世界のなかでスキャンダルを引き起こすことになる作品をいくつも制作し, 反アカデミーの立場を取った印象派の教祖にまで祭り上げられることになった。

資本とは何か

「資本」は，哲学者であり社会思想家，経済学者であるカール・マルクス（Karl Marx）が資本主義社会を分析するために練り上げた概念である。マルクスは労働者と資本家間の搾取（労働による剰余価値の生産から資本家が利潤を取得すること）や生産性の上昇による資本のさらなる増大という現象を理論化するために資本の概念を練り上げた。ブルデューはいくらかの点で資本のとらえ方への変更を行った。

第一に，ブルデューは，資本は場との関係によって効果を変えるという観点を導入した（Bourdieu 1979a=1990 I：176-179）。マルクスは，個々の資本家や個々の労働者よりも，階級同士の全体的な関係を追求していたが，ブルデューは諸階級を前提としつつも，社会空間における個々人の位置の違いごとに，また場のなかでの位置の違いごとに資本の効果が異なってくると，視点の修正を行った。資本はどこでも同じように機能するのではなく，時と場所，状況によって機能が変化するということを理論のなかに含ませようとしたのだ。

第二に，生産設備や金銭，資産などの経済資本だけでなく，ブルデューは文化資本および身体化した資本という観点を導入した。[6] ブルデューは文化資本には三種類があるとしている（Bourdieu 1979b=1986）。まず，ハビトゥスのところで見たように，ある行為を可能にする図式を身体化した構造としてもっていることをブルデューは「身体化した文化資本」と呼ぶ。特定のハビトゥスは，特定の場に適合することで「成功」を可能にする資本となる。一方で，「客体化（物化）した文化資本」とは，芸術作品であったり，劇場や美術館などの表現と保存の空間，絵筆や楽器などの道具類，楽譜，本などの記録物といった，物の状態になった文化資本のことである。これは文化的生産行為に必須の道具類であるという点で資本であるだけでなく，芸術作品や楽器などの道具類に長い時間触れて，慣れ親しむことが文化的生産行為を可能にする「身体化した図式」を獲得するためにも必須であるという点でも資本である。「制度化した文化資本」は，大学卒業証明書の付与など，国家などの機関がその人物の文化的能力を正式に承認している状態を指す。この証明書は，能力の証明として信用される場合に，就職市場において役に立つなど，資本として機能する。

　これらの資本の種類のあいだには相互の連関性がある。幼少期の生活環境に楽器があった子どもは楽器に親しみやすいだろうし（家庭で獲得した音楽資本），本がたくさんあった子どもは読書に親しみやすいだろう。また経済的な豊かさがこれらの所有を裏打ちする。このような経験を経て，身体化された文化資本は，後に大学卒業資格などを通じて制度化された文化資本となりうる。

　場とは他の場にはない独自の機能，特性をもった空間としてすでに定義してきた。したがって場によって有効な資本の種類は異なる。たとえば，経済の場と音楽の場では有効な資本は異なる。経済の場は企業の営利活動という目的，資本家と労働者の関係，労働の現場などによって構成され，この場にはこの場に特有の適合的な種類のハビトゥス（ビジネスの抜け目のなさや労働の真面目さなど）や資本（特定の職業資格など）があるだろう。一方で，音楽の場は，音楽演奏や音楽作品，演奏会場や楽器，それらを保存し，音楽教育を行う博物館や大学の設備といった「客体化した文化資本」，またそれらの場所で働く音楽家，批評家，聴衆といった人々の「身体化した文化資本」とハビトゥス（音楽の形式に敏感に反応したり，音楽の時間に関わることを他の領域に関わることよりも重視するなど）によって構成された空間である。

　また音楽の場というひとつの空間のなかにもさまざまなスタイルがあり，複数のタイプのハビトゥスと資本がある。たとえば南田（2001）が示したように，ロックミュージックの場はいくつかのスタイルによって構成されている。場のなかで人々はさまざまな資本を我がものとすることで，それぞれの活動を可能にしている（サブカルチャー研究における文化資本概念を使用した議論については第7章を参照）。

2　美術の場の分析

　このように場のなかには資本やハビトゥスの違いによって，正統や異端，司祭と預言者といったさまざまな立場の違いが生まれてくる。経済の場では新興企業と旧来の企業があるだろうし，美術の場では前衛芸術と後衛化したブルジョア芸術があるだろう。場の理論は，芸術家たちを，場のなかでのそれぞれの

経歴の違い，資本の違い，位置の違いとして分析していく。

ブルデューによるマルセル・デュシャンとアンリ・ルソーの位置の分析

　ブルデューは『芸術の規則』（Bourdieu 1992=1995）で美術の場について論じた。例えば彼は，美術の場のなかでのマルセル・デュシャン（Marcer Duchamp, 1887-1968）とアンリ・ルソー（Henri J. F. Rousseau, 1844-1910）の経歴とハビトゥス，位置の違い，絵画のスタイルを対照的に分析している（Bourdieu 1992=1996 Ⅱ：106-112）。デュシャンは，父は高級官僚という豊かな家庭に生まれ，母方の祖父が画家であり，彼の兄弟は四人とも芸術家になった芸術家一家である。家庭のなかに美術の作品や絵筆，芸術家たちの来訪などがあることも自然な環境だったことだろう。デュシャンは正式に美術大学で教育を受けていない。にもかかわらず，彼は最初から美術の場のなかで生まれて，そこでの実践時間や実践感覚に精通し，場に適合的なハビトゥスを身に着け，当時の最先端であった概念や注釈を多用した前衛芸術家として活躍した（学校以前の家庭で獲得した文化資本，美術資本が場において有効に働いたケース）。

　一方で，対照的なアンリ・ルソーは，正式な美術教育を受けていない点は同じでもその意味合いは異なる。彼はブリキ職人の息子であり，経済的にそれほど豊かでもなく，芸術的な環境で育ったわけではない。パリの税関の職員として働きながら，42歳で画家としてデビューし，素朴派と呼ばれた。素朴派は，美術の歴史が蓄積され，注釈や概念，形式を重視するように複雑化した20世紀の美術の場の基準には適合せず，むしろそこからは遠かったが，この遠さは知的な芸術の複雑さを廃棄して，率直さや純粋さをもった直接に楽しむことのできる芸術として評価されるようになった。ただしその評価は，アポリネールやピカソといった正当性を得た芸術家たちによって晩年にもたらされた。

　こういった特異なスタイルの者たちの経歴の分析に加えて，前衛ではない芸術家として，地方出身者で美術大学で正式に教育を受け，パリの画廊でデビューしたブルジョア芸術家たちの経歴を対比することができる（Bourdieu 1992=1995 Ⅰ：240-242）。彼らは前衛として特異なスタイルを生み出すよりも，正式な教育によって獲得されたアカデミックな美術を生み出すことに向かう。

3　文化生産の場内部の関係構造

　ブルデューは，美術の場内部の個々の芸術家について個々の経歴を鮮やかに分析していくが，この分析の鮮やかさの根底には彼のある理論的方針がある。ここではその方針を見ることで，個々の文化生産者を見ていく際の彼の理論的な視点を見ていく。ブルデューは1971年の論文「象徴財の市場」で文化生産の場の関係構造を理論化して，以下の図3−1のような図に示している[7]。

　ブルデューは，この図で，文学や音楽などの芸術，哲学や数学などの科学まで，同じシステムとして理論的に統一してとらえようとしている。ブルデューは文化生産の場が「限定生産の場」「再生産と保存の諸機関の場」「大量生産の

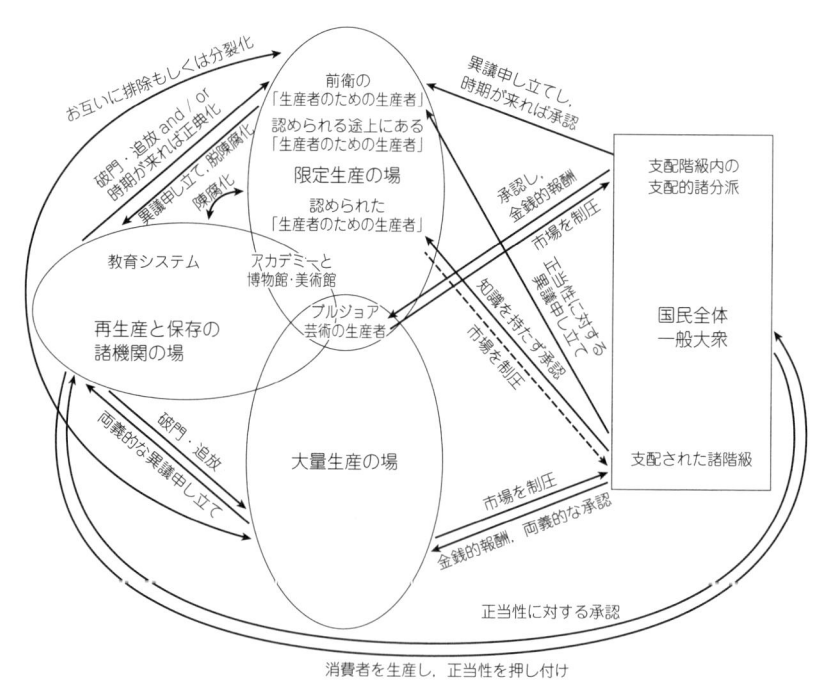

図3−1　文化生産の場の関係図（ブルデュー作成の図から筆者翻訳）

出典：Bourdieu（1971: 114）.

場」の 3 つの場から構成されているとしている。

限定生産の場

　限定生産の場は，一般大衆の消費者をもたず，専門生産者だけが消費者となる場である。そのためこの場は次の 2 つの性質をもつ。① 物としての生産量，売上量は非常に小さい生産の場である。② 市場での売上量以外の専門的な評価が重要であり，この場は専門的評価者（他の生産者もしくは批評家）をもつ。たとえば，数学の先端の知識などは，専門の数学者以外には評価することができない。これは哲学，美術，音楽などにも当てはまるだろう。この場にいる生産者は「消費者のための生産者」ではなく，「生産者のための生産者」であるとブルデューは言う（「芸術のための芸術」という表現をもじっている）。

　場のなかで専門的な評価基準が蓄積されていくことは，「相対的自律性」と呼ばれる現象を引き起こす。経済の場では売上量や経済的利潤だけが評価基準になりやすいのとは対照的に，芸術の場のなかでは過去の作品との比較や過去の作品を越えた革新性などその場の独自な評価の基準が重要となってくる。[8]

　この場は次の 2 つの時間構造をもつ。[9] 第一に，この場における生産活動は，これまでの歴史上の作品と関わらなければいけないという制約のために，大量[10]生産の場の生産者に比べて，「長期事業」であり，「生産周期」が長い（Bourdieu 1992=1995 I ：227-230）。大量生産の文化生産は，ほとんど普通の商品の生産と変わらない，短期周期の生産，短期的利潤追求のための「経済的」生産（ベストセラー小説はその年でしか売れず，短期で経済的価値を失う）である。一方で，限定生産の文化生産は非常に「芸術的」な生産である。投資に対して回収の見込みはより不明瞭で，全く資金回収できない危険もある。それだけ新しい科学，哲学，芸術を生産するには巨大な経済資本と文化資本の投資を必要とする。投資が成功した暁には旧来の生産様式は更新され，生産者個人もまたは（場合によっては死後の）大きな名声や経済的評価を手に入れる。この世界では，短期的利潤のために文化生産を行わず，長期的利潤獲得を前提として，不確実だが新しい可能性をもった投資を行うことが成功する秘訣である。

　第二の時間構造は，成功した前衛芸術やスタイルが社会的普及によって陳腐

化していくという時間プロセスである。前衛的作品は，普及と共に，陳腐化し，ブルジョア芸術へと変化していく（Bourdieu 1992＝1995 I ：248-251）。前衛である「生産者のための生産者」は，これまでの芸術・科学にはなかった最先端のものを生産するが，最初は，場内部の一部の人からしか理解されず，支持されない。この最先端のものは，場の外にいる人たち，特に「支配されている諸階級（大衆）」からは全く意味不明なものであるという理由で，芸術・科学としての正当性に異議申し立てを受けうる。彼らの生産物は最も新しく突飛なものなので，すぐには社会から受け入れられず，承認されるにしても「時期が来た後に」である。

　前衛芸術家たちは，社会から認められ，「有名」になっていく度合いと時間的経過に応じて，ほんの一部にしか全く認められていない「前衛」から，「認められる途上にある」生産者へと，さらに「認められた」生産者へと移行していく。この時間的プロセスは場のなかに「世代」を作り出す。ブルジョア芸術（かつての前衛芸術）の生産者は，現在の限定生産の場の生産者たちのなかではもはや相手にされないが，支配階級のなかの支配的な集団，つまり社会のなかで最も富裕な層に認められ，その層を消費者とすることでかなりの収入を得る。ベートーヴェンやモーツァルトは彼らが現役の時代には前衛音楽家であったが，今日おいてはブルジョア芸術の生産者たちがその演奏を生産し，それを主にブルジョア階級に対して売っている。

再生産と保存の諸機関の場

　前衛の文化生産物が社会的に承認されていく時に大きな役割を果たすのが「再生産と保存の諸機関の場」である。これは前衛的作品を評価する消費者を生み出すのにも貢献する。具体的には大学などの教育機関，あるいは文化作品を保存する美術館や博物館などである。

　ベートーヴェンやモーツァルトの作品が消えずに今でも残っているのは，博物館が彼らの楽譜を保存し，その楽譜の読み方や演奏方法を大学関係者の者たちや学生たちが研究し，それを社会に伝達，普及させているからである。これを文化の「再生産と保存」の機能・役割ということができる。

　再生産の場にいる者たちが限定生産の場の者に対してもつ関係性は，「破門・追放」もしくは「時期が来れば正典化」を与えるという関係性である。再生産の場である大学やアカデミーは，時に最も先端のスタイルや知には，再生産を乱す危険なものとして拒否反応を示す場合がある（今はブルジョア芸術作品となって美術館に保存されているマネの絵画もまた19世紀には前衛絵画であって，アカデミー芸術側からはスキャンダルとみなされ，当時裁判沙汰にまで発展した）。この社会的な圧殺を宗教になぞらえて，ブルデューは「破門・追放」と呼んでいる（これもウェーバーの『宗教社会学』に由来する表現だ）。しかし，その時は破門しても，あるいはその作者が亡くなった後に，アカデミーはその芸術家を教義のなかに受け入れるべき芸術家として認めるかもしれない（「時期が来れば正典化」[12]）。

　限定生産の場が再生産の場に対してもつ関係性は，「異議申し立て」をし，「脱陳腐化」するという関係性である。これはウェーバーの宗教社会学のルーチン化と脱ルーチン化の議論に対応するが，生まれた当初は革新的であった前衛芸術も，再生産機関の日常的な教育に組み込まれることで，当初にもっていた目的や鋭さを徐々に失って日常化していく。限定生産の場の生産者たちは，この「陳腐化」に抗議して，その芸術や科学が当初もっていた理念や情熱を取りもどそうとして「脱陳腐化」を狙う。そしてこの試みには常に破門・追放のリスクがある。

　再生産の場は一般大衆に対して，「消費者を生産し，正当性を押し付ける」という関係性をもつ。大学などの諸機関は，確かに前衛の文化作品を普及させる場であるが，大学に来る学生の立場から見れば，強制的にその作品の正当性を押し付けられる場でもある。この押し付けによって，古典的作品の正当性は再生産されているのである。

　再生産の場と階級の関係性について見ると，支配階級は，経済資本や文化資本の保有量が大きいので再生産の場へのアクセス（たとえば大学進学）は他の階級よりもはるかに容易である。そのため正当性を得た文化や限定生産の知へのアクセスもより容易である。また支配階級は，学校などの再生産の場の働きとは独立に，家庭での継承を通じて就学より以前にすでに文化資本を備え，正

当性を得た文化を理解するハビトゥスを備えている（Bourdieu 1979a=1990 I：37）。

大量生産の場

　大量生産の場は，限定生産の場の少量生産との対立によって定義され，大規模の消費者を目的にした生産が行われる場である。この場では文化生産のなかで金銭的利益や「人気」を示す売上量が最も強く追求され，その生産物は「文化的な」商品よりも「経済的な」商品であるという性質が強まる。その生産の規則は，経済の場と近くなっていき，専門的な評価の重要性といった「相対的自律性」を形成する要因は少なくなっていき，大規模な市場での消費者からの評価といった要因が重要になってくる。

　大量生産の場は，消費者の獲得をめぐって，限定生産の場，再生産の場と競合関係にある。再生産の場は，大学の入学制度や学歴社会の圧力によって消費者（学生）が保証されており，対抗関係にある大量生産の場に対しては承認を与えず（文化的価値を認めず），「破門・追放」という立場を取る。限定生産の場からしても，アドルノ（第1章，第2章）が見るように，大量生産の場で生み出される作品は，文化作品の歴史性を参照しておらず，通俗的で，無個性的ないし疑似個性的に見える。

　したがって大量生産の場は，社会的な承認を他の2つの文化生産の場から得ることはできず，テレビ，CD，YouTube といった大規模市場を通して消費者から承認を調達する以外には承認の手段をもたない。この点において，大量生産の場は，専門的知識や権威を否定することで独自性を主張するか，もしくは学校外にある基準や市場を作り出し，限定生産や再生産の場に対抗する必要がある（Bourdieu 1979a=1990 I：150-151）。

　しかしながら，大規模市場からの承認は，再生産の場が与える正当性の承認には到達できない。というのも，大量生産の場は売上量以外の「文化的」といえる意味・形式・内容面からの評価を確定する手段や専門的批評家をもたないからである。この手段を独占しているのは，限定生産の場と再生産の場だけである。その点において，大量生産の場が内容・形式面での承認を再生産の場に求めたり，あるいは再生産の場が大量生産の場に一部承認を与える場合もある。

4　文化生産の場による生産と諸階級による消費の関係性

　このように理論的に整理された文化生産の場に対して，「消費者」の側である諸階級はどのような関係性を取り結ぶのか。諸階級あるいは階級内の諸集団は，ある作品を購入したり，コンサートに行ったり，日々作品を楽しむことを通じて，生産の場との間に関係性を作り出す。諸階級や階級内緒集団は，互いに対立している 3 つの生産の場のうちどの生産の場を支持するのか，あるいはそれぞれの生産の場のなかのどの作品や作者を支持したり，好むのかを通じて，関係性の構造を作り上げていく。[13]

ブルデューの階級論

　ブルデューの階級論は，マルクスによる「労働の搾取」という経済的基準（経済資本）に基づいた階級規定に加えて，文化資本という基準を加えた見方を取る。これは国民のそれぞれの生活様式を分析の単位とし，社会調査データに基づいてそれぞれの趣味・嗜好（仏語では goût，英語では taste）を統計的に整理して，似通った生活様式の持ち主の集まりをひとつの階級として見る。たとえば，知的な音楽を好む人は，知的な絵画や本を好む可能性も高いだろう。そのような好みの体系は生活のスタイルを作り上げていく。だから誰かの生活様式が誰かと近かったり，遠かったりといったことが起こる。これらを統計データを使って社会全体で比較していき，似た者同士を同じハビトゥスを持ったひとつの階級としてブルデューは見るのだ。

　ブルデューは『ディスタンクシオン』において，1960年代に行った膨大な社会調査のデータに基づきつつも，文化資本と経済資本の合計量の大きさという基準によって，階級を理論的に支配（ブルジョア）階級，中産（プチブルジョア）階級，民衆階級の 3 つに分類した。そしてそれぞれの階級を，経済資本と文化資本という 2 つの軸をもとに，それらの階級内でも経済資本が多い職業なのか，文化資本が多い職業なのかによってさらに諸集団（フラクション）に区分した（Bourdieu 1979a=1990 I ：178-193）。そしてこれらの理論的な階級区分と

音楽，美術，家具，食事などの好みに関するデータを対応させる分析を行った。

1960年代フランスにおける音楽趣味と階級の関係

　ブルデューはいかに音楽趣味と階級ないし文化資本の関係性を分析したのか。たとえばバッハの『平均律クラヴィーア曲集』や『フーガの技法』といった対位法などの音楽形式の「純粋性」によって高く評価される最も正当性を得た音楽は，支配階級内によって好まれ，その階級内でも特に経済資本は少ないが文化資本の多い大学教授・芸術家という職業集団によって好まれていた（Bourdieu 1979a=1990 I：24-28）。より詳しく見ると，ラヴェル『左手のためのピアノ協奏曲』は家庭で楽器に慣れ親しんだ（芸術家や医者でも古くからブルジョア階級であるような家庭で文化資本を継承する）集団によって好まれ，バッハは学校で文化を学び，学校で文化資本を蓄積した集団（大学教授のなかでも学校を通して上昇した集団）に好まれていた（ibid 1990 I：119-120, 1990 II：14-15）。

　文化資本は少ないが経済資本の多い職業集団については，工業・商業経営者のうち最も文化資本の少ない集団は，シュトラウスの華麗なワルツである『美しく青きドナウ』などすでに通俗化したクラシック音楽やハリウッド映画でも活躍した歌手ペトゥラ・クラークやジョルジュ・ゲタリーなどの「芸術的野心をもたない」「大衆的」であるきらびやかな音楽を好んでいた。この階層の音楽趣味は文化資本を持たない民衆階級の趣味にも近い。ただし，この層は高級車，毛皮，香水の所有などのお金がかかる「贅沢趣味」において民衆とは大きく異なっている。

　詩人であり歌手であるジョルジュ・ブラッサンスは知的なシャンソン歌手とされる。ブラッサンスは，クラークやゲタリーのハリウッド映画的なきらびやかさに比べれば，ギターのみの伴奏で質素だが，ヴェルレーヌやユーゴーといった正当性を得た文学者の詩も歌うという高尚さを備えていた。そのため，ブラッサンスは文化資本の多い大学教授や医者などの階層から好まれることもしばしばあり，小学校教員などからも好まれていた（ibid 1990 I：93-94）。

　文化資本も経済資本も中間的にもっている医者・弁護士などの自由業の層や企業の上級管理職には，上記の2つの種類の趣味が文化資本の量に応じて分布

したり，次に見るような中間的趣味が好まれていた。

　ガーシュウィンの『ラプソディー・イン・ブルー』や歌手ジャック・ブレル（画家ではユトリロやルノワール）は文化資本が中くらいである諸集団によって好まれていたり，あるいは社会的評価がまだ定まっておらず「上昇中」である作品という点で，中間的趣味とされる（ibid 1990 I : 27）。ブレルは作詞家としても評価されているが，より英米のポップスに近いサウンドを持ち，世界的にもヒットしている。そして音楽スタイルとしてはブラッサンスほど質素な伴奏ではなく，歌の抑揚も激しくエモーショナルである。

　このように音楽の好みは経済資本にはそれほど影響されず，文化資本に大きく影響される。文化資本が高いほど派手できらびやかな表現よりも質素で高尚なスタイルへと向かう傾向がある。経済的に豊かな層でも文化資本が少なければ派手な音楽を好み，大衆的な趣味をもつのだ。

　ブルデューの分析は，バッハなどの正当性を得た文化作品を好み，その良さを判断する能力を独占しているのは，支配階級のなかでも文化資本を多くもった諸集団であることを明らかにした。バッハの絶大な権威は，公教育のなかで維持されているだけでなく，支配階級の家庭のなかでも伝達されている。そして限定生産の音楽家たちもこの偉大な伝統を我がものとするが，我がものとしながらも自らの革新性を示すために敢えてその偉大なる伝統を否定したりする（これは自分のものとはしていない無知の否定とは異なる）。これらの諸関係が，特定の文化作品を正当性のある作品という社会的評価へと高める。

　ブルデューは『ディスタンクシオン』でさらに他の階級についても細かく職業ごとに趣味の分布を分析している。階級ごとの趣味・文化の差異を見ていくブルデューの理論は文化の社会学に対して世界的な影響力を与えた。日本でもブルデュー理論に基づいた調査が行われ，正当性を得た趣味と階級との強い関係性は確認されている（片岡 2001；近藤 2011）。

　以上のように文化生産の場は限定生産の場，再生産の場，大量生産の場の3つに分類された。諸階級が文化生産の場に対してもつ評価の仕方は，それぞれの階級が家庭や学校で蓄積してきた経験のレパートリーに，すなわち生活様式

が生み出す実践的センスに規定されている。これらの評価は必ずしも意識的な産物ではなく，日々の生活の必要上の要求に囲まれながら，実践時間のなかで実践的なセンスが生み出す評価である。ハビトゥス，資本，場といった概念は，人々の実践による文化生産物の生産と消費を説明する。ホールが述べるように（第1章），ある文化作品が持つ意味は，それぞれの階級や階級内の集団によって異なるが，これは文化生産の場に対してそれらの集団が取る態度の違いによって異なっているのである。

注

1) 邦訳では「プラティーク」は「慣習行動」とも訳されている。

2) たとえば大学進学率の上昇などは労働市場を通じて大学へ行っていない人にも影響する。ある集団の生活の大きな変化は社会空間内の他の集団の生活にも遠隔的に，つまり構造的に影響する。

3) ただしここで言う「職業」は労働の雇用契約や，金銭的報酬をもらっていることなどを前提としない。実際に芸術や科学の世界では無報酬であったり，それどころかむしろ収入的にはマイナスの出費になりながら働いている人がたくさんいる。

4) これは土台（経済）が上部構造（政治・法・哲学など）を全面的に規定するというマルクスの考え方を一部修正し，両者のあいだに相互作用を導入した考え方である。

5) ブルデューは最晩年の講義でマネの美術革命論を論じ，著作も準備していたが，完成する前に亡くなった。この1998-2000年のマネ論の講義録は2013年に出版された。

6) ただしマルクスは，可変資本を労働者による生きた労働としていたので，両者の発想はその延長線上にある。

7) ブルデューはこの理論化をウェーバーの『宗教社会学』を参考にして行った。ブルデューが芸術の場と宗教の場をよくなぞらえるのもそのためである。限定生産の場は『宗教社会学』では預言者に，再生産の場は司祭，大量生産の場は呪術師，一般大衆は平信徒に相当する。

8) 経済の場でも憲法や労働法が労働力の売買を経済的利潤の追求のためだけでは行えないように働いている。これも法律の場が経済の場に対して相対的自律性を持ち，その力を行使している一例といえよう。

9) 生産の時間構造の議論はかなりの点でマルクスの『資本論』第二巻と対応関係が

ある。第一に，資本の生産周期の長さとリスクという視野。第二に，生産財を生産する部門Ⅰ（限定生産）と消費財を生産する部門Ⅱ（大量生産）の関係性という視野である。

10）作品間の関係性によって個々の作品の意味が定まってくるという性質は「間テクスト性」と呼ばれる。

11）正当性はウェーバーの概念で，ある社会での支配の正当性を示す。正統性とも訳される。

12）たとえば，死後認められ，大学や知識人を通して普及されたゴッホなどを考えてみれば良いだろう。あるいはマルクスも現在は世界的に大変有名であるが，当時は一部の学者や社会活動家にしか知られていなかった。こういった文化作品を一般大衆のもとに届くようにするのが，再生産の場の役割であり，そこにはいつも陳腐化と脱陳腐化の緊張関係がある。シェイクスピアの名声も大学による普及の歴史とは不可分のものだ。

13）「預言者」的生産者を再生産の場が「破門」した時に，諸階級や諸集団は果たして預言者と再生産の場のどちらを支持するのか。これは社会に生きる人々が文化的生産物や「政策」などの政治的生産物をいかに評価し，次にその評価がいかに社会全体に影響を与えるかという問題である（預言者であるルターの宗教改革はヨーロッパを二分することになった）。

参考文献

Bloch, Henriette et al. (dir.), 1999, *Grand dictionnaire de la psychologie*, Larousse.

Bourdieu, Pierre, 1971, "Le marché des biens symboliques," *L'Année sociologique*, 22: 49-126.

————, 1979a, *La Distinction. critique sociale du jugement*, Minuit.（＝石井洋二郎訳，1990，『ディスタンクションⅠ・Ⅱ　社会的判断力批判』藤原書店.）

————, 1979b, «Les trois états du capital culturel», *Actes de la Recherche en Sciences Sociales*, 30-3-6.（＝福井憲彦訳，1986，「文化資本の三つの姿」『actes no.1』日本エディタースクール.）

————, 1980, *Le Sens Pratique*, Minuit.（＝今村仁司・港道隆訳，1988，『実践感覚1』，今村仁司・福井憲彦・塚原史・港道隆訳，1990，『実践感覚2』みすず書房.）

————, 1992, *Les Règles de l'art. Genèse et structure du champ littéraire*, Seuil.（＝石井洋二郎訳，1995，1996，『芸術の規則Ⅰ・Ⅱ』藤原書店.）

────, 2015, *Sociologie générale. Vol.1. Cours au Collège de France 1981-1983*, Seuil.

稲垣良典，1981，『習慣の哲学』創文社．

礒直樹，2008，「『再生産』以降のブルデュー──1970年代における 3 つの基礎概念の形成」『社会史学研究』30：125-140．

片岡栄美，2001，『現代文化と社会階層』東京都立大学博士論文．

北田暁大・解体研編著，2017，『社会にとって趣味とは何か──文化社会学の方法規準』河出書房新社．

近藤博之，2011，「社会空間の構造と相同性仮説──日本のデータによるブルデュー理論の検証」『理論と方法』26(1): 163-186．

南田勝也，2001，『ロックミュージックの社会学』青弓社．

山本哲士，1992，「プラチックとプラクシスの差異」山本哲士監修『プラチック理論への招待──暗黙の思考領域をどうとらえるか』三交社．

（平石貴士）

第4章

音楽文化オムニボア

──ピーターソン──

　前章では階級と文化の関係に関するブルデューの見解を見てきた。ブルデューが提起した文化と階級の議論はアメリカで別の展開を迎えた。アメリカの音楽社会学者リチャード・ピーターソン（1932-2010）は音楽趣味と階級の関係について新しい見方を提示し，文化オムニボアという新しい趣味のスタイルの台頭を主張した。支配階級はクラシック音楽だけを好んでいるのではなく，ロックやジャズも好んでいるらしい。この章では音楽の多趣味化を提起したピーターソンの文化オムニボア論を扱い，またフランス，イギリスそして日本での音楽文化オムニボア現象についての調査結果を見ていこう。

1　文化オムニボアの議論の背景

　音楽社会学者ピーターソン（Rechard Peterson）は，アメリカでの統計調査をもとに，「文化オムニボア」（オムニボアとは肉食も草食もする雑食という意味だ）という新しい趣味のスタイルが台頭してきていると主張した（Peterson and Simkus 1992）。この議論は音楽文化に関する議論を越えて，他領域の文化の社会学にも影響を与えた。またこの新しい見解は各国の研究者に影響を与え，文化オムニボア現象が自国でも現れていないかどうか盛んに調査されるようになった。

文化オムニボアとは何か

　文化オムニボアは，一つの文化やジャンルだけでなく，多くの種類の文化，ジャンルに対して趣味をもつスタイルのことを意味する。ピーターソンはこの概念に多趣味というだけではない社会学的な意味を込めた。アメリカの中産階級にとって多文化主義が常識的な態度になった時代において，自分とは異なった人種や階級の文化にも興味を持ち容認するような，新しい趣味のスタイルのことを言い表そうとしたのだ。ベネット（Bennett et al. 2009=2017：19）は，アメリカで文化オムニボアという議論ないし統計データの解釈が出てきた背景として，アメリカ社会学の伝統が黒人差別といった人種・文化の問題に対して絶えず意識的であり，多文化主義的な理解を肯定する風土があったためだと指摘している。

　ピーターソンはブルデューによる文化資本の議論をアメリカでも確認しようとするなかで，文化オムニボアの現象を発見した。それは階級と文化の強い関係性を主張するブルデュー理論の正しさを確認するものであると同時に，ある部分では反対の結果を示すものであった。

　文化オムニボアの論者たちが最初に提起したのは以下のような見解である。ブルデューは文化に関する社会調査においてクラシック音楽，美術，演劇といった高級芸術・文化を重視し，支配階級と高級文化とのあいだの強い関係性を問題にしていた。しかし，フランスの内外で集められたさまざまな調査データに基づくと，高い階級的地位にある人たちはクラシック音楽だけなく，大衆音楽と呼ばれてきたポップスやロックもどうも同時に聴いているようである。あるいはマス・メディアの発達によって，クラシック音楽もまた，かつてのように大衆にとって近づきがたい存在ではなくなってきているのではないか。

　またフランスから始まり，1980年代以降世界的に広がり始めていたポストモダンという哲学思想もまた文化オムニボアの議論に影響を与えているだろう。ポストモダンの一部の論者たちは，近代（モダン）において有効であった階級という概念が失効するということや，階級と文化の関係のなかではっきりと作られていた境界線が消失したり，あるいは境界間のクロスオーバーが起こると主張していた（サブカルチャーのフラット化については第 7 章を参照）。

階級と文化をめぐる 3 つの仮説

　チャンとゴールドソープ（Chan and Goldthorpe 2007：1-3）は，ブルデューや文化オムニボアの議論を整理し，階級と文化・趣味の関係について 3 つの議論があるとした。第一に，ブルデューによる階級と文化の「相同性」の議論は，文化・趣味も階級を形成する重要な要因であるとみなし，階級ごとに趣味が分布していると考える。特に，支配階級は支配を正当化する文化を排他的に独占し，大衆文化を軽蔑し，距離を置くとする。第二に，「個人化」の議論は，ポーランド出身の社会学者ジグモント・バウマン（Zygmunt Bauman）やドイツの社会学者ウルリッヒ・ベック（Ulrich Beck）らによって主張された個人化の概念に基づいたものであり，これは趣味や生活様式の選択は所属している階級や家族による拘束から離れて個人的な選択となったと主張するものだ。第三はこれらの中間的な議論であり，「文化オムニボア」である。支配階級はやはり高級文化を独占している傾向があるにしても，大衆文化を嫌悪するのではなく，むしろ高い文化的寛容性と理解力をもって，許容するというものだ。

　結論から言えば，高級文化の消費に関しては，社会的地位との連関が見られなくなったという調査結果は未だ存在していない。したがって，支配階級の文化に関しては，階級から離れた個人化は起こっていないと差し当たり統計調査の側面からは述べておくことができる。では文化オムニボアという現象についてはどうなのか。まずは発端となったピーターソンの議論から見ていこう。

2　職業集団という視角からの音楽趣味の分析

　ピーターソンらは1992年の論文において初めて文化オムニボアの議論を提起した（Peterson and Simkus 1992）。ブルデューの理論モデルを検討しようとしていたピーターソンは，アメリカ合衆国国勢調査局（Census Bureau）が1982年に行った国民の文化活動についての統計調査（「人々の芸術参画についての調査（SPAA）」）に基づいて，音楽の趣味がいかに社会的地位の印として作用しているかを調べようとしていた。この議論を行うためには，統計データから人々の社会的地位を測定するやり方に対して細心の注意を払う必要がある。そこで

ピーターソンらは非常に腐心しながら，職業に要求される条件や社会的・文化的スキルという観点から，近いと思われる諸職業をまとめていき，19種類の職業分類を作り出した。[1]次にこの職業分類と，調査で質問されていた13種類のうち10の音楽ジャンルの好み[2]との対応関係を調べた。調査では提示された音楽ジャンルのなかから好きなものをいくつ選んでもよく，次に好きなジャンルのなかから最も好きなものを1つだけ選ぶか，もしくは「1つには決められない」を選んでもらうことになっていた

職業と音楽趣味の関係性

　分析の結果，19種類の職業分類のうち，高度文化職，高度技術職，高度経営職，高度販売職，芸術家といった地位の高い集団はクラシック音楽への好みを表明する傾向があった。さらに，ブルデューの議論を裏打ちするように，クラシック音楽への好みは，美術館へ通うことや演劇を見に行くといった文化活動の頻度とも高い相関関係があることが示された。また大衆的な音楽であるカントリー音楽については低い地位の職業集団のなかで多く好まれていた。したがって，ピーターソンは，1982年のアメリカでは音楽趣味（クラシック音楽）は社会的地位を示す記号として機能していたとする（ibid：157）。

　職業集団ごとの統計的分析が効いてくるのは，文化や趣味活動と職業の実際的な環境とをつなぎ合わせて考える時である。例えば，警察官や消防士などの「防護サービス労働者」は，「事務職員」や「熟練サービス労働者」と比べると，クラシック音楽を聴き行ったり，演劇を見に行く人が少ない。年収や学歴の点では，それらの中間階級の職業のなかでも相対的に高いにもかかわらずである（ibid：163）。これは事務職や熟練サービス業とは違って，防護サービス労働者の職場環境では文化的素養はあまりにプラスには働かず，スポーツやアウトドア活動の方がプラスに働くと見ることができる。またその職業の職場ごとにジェンダー比率は大きく異なるという要因も重要だろう。熟練サービス業では女性比率が86％であるのに対して，防護サービス労働者では女性が14％しかいない。おそらく彼らはより男性的な趣味，つまりスポーツや釣り，自宅でのビール作りなどに余暇時間を使っているとピーターソンは見る。

　このようにそれぞれの職業環境と趣味とのあいだの関係性を見ていく時には，職業名以外の職場に実質的な影響を与えるさまざまな属性についても見ていく必要がある。たとえば，女性や黒人の多い職業があり，職場環境やその職業に対するイメージは，女性や黒人の比率の変化によっても変わっていく。

　そこでピーターソンは年齢（世代），人種，学歴といった属性からも音楽趣味を分析した。その結果，若者はロックを，黒人はジャズを，教育水準の低い人はカントリーを好む傾向があった（ibid：164）。そのため，これらの音楽は職業とは別の属性を象徴する記号（たとえばジャズ＝黒人）としても機能する。ただし，それらの諸属性は実際にはそれぞれの職業を通して配合し合うので（たとえば黒人の多い職場では黒人音楽について情報が多いだろう），職業カテゴリーと人種，ジェンダーは互いに影響し合いながら，音楽趣味の形成に影響を与えるといえるだろう。

3　ピーターソンの文化オムニボア論

　職業集団と音楽の好みの強い関係性を確認することでブルデューの主張を追認したピーターソンは，ブルデューとは異なった観点で，文化オムニボアの議論を提起する。

　クラシック音楽が最も好きだと答える人の割合が最も多かった高度文化職においても，そのように答えた人はその集団内の29％しかいなかった。さらにこの集団の13％の人は最も好きな音楽ジャンルを「1つには決められない」と答えていた（ibid：169）。つまり，高級文化だけを排他的に愛する人（ピーターソンは「文化スノッブ」と呼ぶ）は，高度文化職のなかでも3割程度しかいないのだ。

　そこでピーターソンは新しい見方を提示する。高い職業集団の人は，幅広く様々なタイプの文化活動へ活発に参加しているのではないか。そうなると，職業的地位が高い人ほど様々なジャンルの文化活動を行う「オムニボア」（雑食）になり，職業的地位の低い人ほど1つのジャンルの文化活動に集中する「文化ユニボア（単食）」になっているのではないか。[3]

1980年代アメリカにおける音楽趣味のオムニボア化

　ピーターソンらは次に発表した1996年の論文で，1982年と1992年の調査デー[4]タを比較し，その10年間でのオムニボア化の進行について研究した（Peterson and Kern 1996）。この論文では，オムニボアをとらえるために職業集団ごとに見ていくという方法は取らず，音楽の好みについての回答から比較する集団を形成するという方法を取っている。それはどういう方法か。まずハイブロウ（高尚な）の音楽趣味の持ち主として，「クラシック音楽とオペラの両方とも好きと回答し，かつそれのどちらかをもっとも好きと答えた人たち」を1つのカテゴリーとしてまとめる。これによってこのカテゴリーに入る人たち（ハイブロウ）[5]とこのカテゴリーに入らない人たち（非ハイブロウ）という2つの集団を作る。次に，この2つの集団のあいだで他の音楽ジャンルに対する好みがどう異なっているかを比較していくのである（ibid：900-901）。

　1992年調査でこの2つの集団を比較すると，ハイブロウと分類した人たちは，クラシック音楽とオペラ以外のジャンルについて，平均して7.49個のジャンルも好きであると答えていた。一方で，非ハイブロウな音楽好みをもつ人たちは，平均して4.84個のジャンルも好きであると答えていた（ibid：904）。最も単純な比較だが，ハイブロウな音楽好みをもつ人たちの方が多くの音楽ジャンルを好んでいることが確認されたといえよう。

　さらに詳しい比較を行うために，ピーターソンらはクラシックとオペラ以外の音楽ジャンルをミドルブロウとロウブロウとに操作的に分類した。ロウブロウに分類されたのは，社会的に周辺にいる者たちの音楽であり，「カントリー／ブルーグラス／ゴスペル／ロック／ブルース」といった黒人，若者，田舎の人たちの音楽である（ピーターソンらはそう呼んでいないがこの定義はまさにサブカルチャーとも呼びうるだろう）。ミドルブロウは「イージーリスニング／ブロードウェイ・ミュージカル／ビッグバンド・ジャズ」といったアメリカの中間階級が20世紀のあいだ好んできた商業的な音楽である[6]。

　このようにした上でハイブロウな好みの集団と非ハイブロウな好みの集団を比較すると，1982年から1992年のあいだにどちらの集団においてもロウブロウやミドルブロウの音楽への好みが増しており，社会全体でオムニボア傾向が強

まっていることが観察された。またこの10年間でハイブロウな音楽好みをもつ集団の方がオムニボア化がより急速であり、特にロウブロウの音楽に関して加速度的に好むようになっていた。

若者世代のロウブロウ志向化

　2つの時代でオムニボア化が進んだのはわかったが、世代によって変化に差はあったのだろうか。これを見るためにピーターソンらは調査時期の影響と世代の影響を区別する特殊な統計分析を用いた（ibid：902-903）。その結果、どちらの集団でも若者はロウブロウ志向を強めており、一方でミドルブロウに対しては否定的になってきていた。ただし世代全体で見るとミドルブロウへの好みは増加している。つまり、ブロードウェイやビッグバンド・ジャズの消費者は若者以外のところではこの10年で順調に増えたということを意味する。そして、オムニボア化は、ハイブロウ集団の中の若者で特に急速であり、この若者たちはますますより多くの音楽を好むようになっていた。

文化オムニボアが生まれた社会学的要因

　この分析結果に対してピーターソンは社会学的な考察を与えている（ibid：905-906）。1950年代アメリカの支配階級は、高級芸術への造詣の深さを示し、一方で大衆文化に対しては拒絶し、軽蔑する態度を示すことで高い社会的評価を獲得していた。しかし、1960年代以降、支配階級による大衆との距離の取り方は変化してきたとピーターソンは見る。支配階級は、大衆文化にも理解を示すようになってきており、さまざまな文化に対して「寛容な」態度を示すようになったとする。

　ピーターソンは、ブルデューの文化資本の議論を引き継ぎ、支配階級が蓄積する文化資本は高級文化についての理解力という資本だけでなく、それに加えて、自分とは異なった文化に対する理解力という資本にも変化してきたという見方を与える。これによって一見、支配階級と大衆との間は近づいたように見えるが、実は2つの点で両者は離れたままである。第一に、高級芸術はやはり支配階級が独占しているという事実は変わっていない。第二に、支配階級だけ

が多様な文化を理解する能力を身に着け，それによって一つの好きな文化しか
理解できない集団との差異をやはり生み出している。

　ピーターソンは，文化オムニボアへの移行の原因について，① 第二次大戦
後の教育の大衆化によって高級文化が大衆へ浸透したこと，② マス・メディ
アの拡張によって支配階級が大衆文化へ親しみやすくなったこと，③ 前衛芸
術運動のなかでヨーロッパ中心主義への批判が高まったことなどの要因を上げ
ているが，なかでも④公民権運動などによって，多様な文化を容認する文化的
基調が強まり，その結果，大衆文化に対して嫌悪感を示す文化スノッブの態度
を取ってしまうと，支配の正当性を失ってしまうかもしれないという危険がエ
リートのなかで高まってきたことが大きいだろう。

　19世紀と20世紀の比較という視野で，ピーターソンは文化スノッブと文化オ
ムニボアの戦略を比較している。大衆文化を粗野で無意味なものとする文化ス
ノッブの戦略は，19世紀の初期資本主義社会のなかで貴族階級を圧倒しながら
勃興していったブルジョア階級の態度であった。一方で，20世紀の支配階級は
大衆文化に対して寛容な態度を取りながら，むしろそれらを支配的文化のなか
に積極的に組み込んでいてく戦略を取っている。つまり文化オムニボアは，20
世紀の成熟した資本主義における管理職階級の態度である，とピーターソンは
結論づける。これは支配とコミュニケーション能力の問題であるともいえる。
大衆が文化ユニボア的態度によって，自分の文化にしか興味をもたず，限定的
なコミュニケーション能力しかもたないとすれば，管理職階級は幅広いコミュ
ニケーション能力によって，異なった諸領域間をつなげ，職場における現業労
働者たちの労務管理において高い能力を発揮することができる。

4　仏，英における文化オムニボアに関する調査

　次にアメリカ以外の国での文化オムニボアの調査と分析について見てみよう。
ブルデューのお膝元フランスでの調査以外にも，ヨーロッパ各地で調査と研究
が行われているが，ここでは次節で日本における調査を見る前に，フランス，
イギリスについて見ていこう。

表4-1　1997年フランス調査における職業分類ごとの音楽趣味の分布

「もっともよく聴く」と答えた 音楽ジャンルの数（％）	無し	1つ	2つ	3つ以上	n
商業・工業経営者	12.7	44.4	24.4	18.5	150
上級管理職	2.4	43.0	31.6	23.1	279
中間管理職	2.2	45.2	33.8	18.9	448
事務職員	6.1	53.6	26.5	13.8	701
ブルーカラー	6.9	55.1	26.4	11.6	664
農業従事者	23.1	44.8	26.1	6.0	76
学生	0.4	40.8	30.9	28.0	154
退職者	32.4	38.4	19.1	10.1	987
その他	17.4	45.0	26.0	11.6	615

出典：Coulangeon（2003: 10）.

　全体的な結果としては，どの調査においても学歴や職業的地位と高級文化の趣味とのあいだには高い相関関係が計測されている。文化オムニボアと学歴や職業的地位との相関関係も多くの国で確認されている。

フランスでの音楽趣味に関する調査

　フランスでは政府主導で定期的に国民の文化活動についての調査が行われている[7]。文化社会学者たちはこれらのデータを用いて，音楽の文化オムニボアについての研究を行っている。ここでは他国と同じようにオムニボア現象がフランスでも観察されるということを簡単に確認しよう。

　ここでクーランジョン（Coulangeon 2003）が行っている分析のうち最もわかりやすい記述統計を見てみよう。表4-1は「もっともよく聴く」と答えたジャンルの数を職業分類ごとにまとめたものだ。

　ここでもユニボアとオムニボアの関係は見て取れる。3つ以上の音楽ジャンルを良く聴くと答える人は，（学生を除く）職業カテゴリーのなかでは，上級管理職において最も多い。

イギリスでの音楽趣味に関する調査

　イギリスの研究のなかでも興味深いのは，サヴィジら（Savage and Gayo 2011）による研究だ。この研究は，2003年のイギリスでの調査に基づいており，

この調査は，音楽ジャンルに対する好みだけでなく，オアシスやエミネムといった調査の年の少し前にヒットしたポピュラー音楽アーティストたちやマーラーなどクラシック音楽家の具体的な楽曲名をあげて，それに対する好みについて質問した点で興味深い。また「好き／嫌い」というだけでなく，「聴いたことがある／聴いたことがない／関心がない」といったことも答えられるようにしたことで興味深い結果を得ている。[8]

　たとえばマーラーが嫌いと答える人は，むしろクラシック音楽について好きだと答えており，むしろマーラーについてよく知っている。クラシック音楽が嫌いな人は，マーラーについて好きでも嫌いでもなく，マーラーを聴いたことがなかったり，無関心であったりする。嫌い／無関心という調査項目を導入することで，好きと嫌いはむしろ近く，無関心が最も遠いということが調査結果から示された。これは他のジャンルにも当てはまる。エミネムを好きと答える人も嫌いと答える人も，ヒップホップに関心があり，好きな人なのである。

　この調査は文化オムニボアの研究という観点からも面白い。というのも，好き／嫌いについての詳細なデータが得られたことで，文化オムニボアとされる人たちも，実は非常に嫌っている音楽ジャンルを1つはもっていたりすることがわかった。文化オムニボアはあらゆる文化に対して寛容で開かれているわけではなく，実は旧来の階級嫌悪と変わらないような態度を隠し持っている可能性があることが明らかにされたのだ。[9]

5　日本における音楽趣味と文化オムニボアに関する調査

　日本では欧米のように国民の文化活動についての政府主導による社会調査が行われてこなかったため，音楽の文化オムニボアについては非常に限定された研究しかない。そのなかでも片岡（1998）は1992年に神戸市で音楽趣味と社会階層の関係についての調査を行っている。[10]

　片岡は後に見るようにもっと複雑な統計分析も行っているが，ここではまず最もわかりやすいクロス表を見てみよう。以下の表4-2は学歴および職業分類ごとに「よく聴く」と答えた音楽ジャンルの比率についての表である。日本

表4-2　1992年神戸市調査における学歴，性別と職業分類別の音楽趣味の分布

「よく聴く」と答えた音楽ジャンル	クラシック	ジャズ	ニューミュージック	ポピュラー音楽	ロック	演歌	歌謡曲	民謡	浪曲	邦楽
教育水準（％）										
中学卒	1.3	1.3	6.5	9.0	0.0	41.0	35.8	17.3	7.5	2.6
高校卒	11.6	7.7	11.1	19.8	5.4	26.0	26.8	4.4	2.2	3.5
大学卒	21.1	9.2	18.5	25.5	6.0	12.4	17.3	2.7	0.5	2.7
男性職業別（％）										
管理職	9.3	4.7	2.3	14.0	0.0	25.6	18.6	0.0	2.3	0.0
専門職	21.4	14.3	11.1	17.9	7.4	10.7	17.9	7.1	0.0	0.0
事務・販売	12.8	12.5	10.0	22.5	10.0	20.0	20.0	5.0	0.0	2.5
ブルーカラー	4.2	8.5	11.1	20.6	18.3	34.3	29.7	6.9	6.9	0.0
無職	11.5	7.7	0.0	7.7	7.0	45.2	36.7	21.4	7.1	7.7
女性職業別（％）										
管理職	女性の管理職はサンプル数が少ないために，除外									
専門職	29.2	8.3	33.3	33.3	8.3	8.3	16.7	0.0	0.0	8.0
事務・販売	20.0	8.3	23.9	28.6	4.3	9.9	25.7	1.4	0.0	2.9
ブルーカラー	7.3	9.4	16.4	25.5	7.6	43.6	40.0	10.9	1.8	1.9
無職	16.4	0.0	8.4	14.2	2.5	20.0	21.0	6.6	1.7	5.0

出典：片岡（1998: 151, 154）。

　の社会階層研究でも職業をどのように区分するかという議論は非常に重要であり，分厚い議論が行われてきた。片岡はその議論に基づいて職業分類を行い，職業階層ごとにどのように音楽の好みが異なるかを比較している。

　1992年の日本においても，教育水準が高まるにつれてクラシック音楽やジャズを「よく聴く」と答える人の割合が高まっていることがわかる。これはこれまで見てきた諸外国での見解と一致する。また興味深い点は，ジャズ，ニューミュージック，ポピュラー音楽，ロックといった英米由来の「洋楽」ないしそれと親和性の高い諸ジャンルについては，学歴が上がるについて「よく聴く」と答える人が増えているということである。これは学校市場で有効な文化資本と「洋楽」への好みとのあいだに相関関係があることを示している。

　職業階層から見ると，管理職はそれほどクラシック音楽の好んでおらず，専門職が最もクラシック音楽を好むと答えている。また男性と女性で比較した場合，女性の方がクラシック音楽を好み，男性の方がジャズを好むという傾向性

を示している。演歌，歌謡曲については男女ともにブルーカラー層が特に好んでいたことがわかる。

　片岡は以上のクロス表よりもさらに詳しく特殊な統計分析の方法を使って職業階層ごとにデータを分析し，それぞれの職業階層内で観察される音楽趣味の差異の傾向性を以下のように示している。

専門職における音楽趣味の傾向性

　専門職には大きく３つの傾向性が見つかった。クラシック，民謡，浪曲，邦楽と，「和洋の違いを問わず伝統的な音楽を愛好する」傾向性をもつ集団と，ポピュラー音楽，ロック，ニューミュージック，ジャズなどの「英米の洋楽ないし軽音楽を愛好する」傾向性をもつ集団，そして演歌，歌謡曲といった「大衆音楽を嫌う」傾向性をもつ集団である。第一の和洋伝統音楽を好む傾向性と第二の西洋軽音楽を好む傾向性とのあいだには統計的に正の相関関係があり，専門職内には和洋の伝統音楽も洋楽の軽音楽もともに愛好する集団が存在することが示唆される。ただし，この集団は演歌と歌謡曲という大衆音楽を好む傾向性に対しては統計的にマイナスであり，大衆音楽だけは嫌う傾向にある。演歌と歌謡曲を除く全ジャンルを好むので，専門職内のこの集団は，和洋を共に好む最もオムニボア的傾向をもった集団であると片岡は分析する。

管理職における音楽趣味の傾向性

　管理職においても同じように，和洋伝統音楽の好みと洋楽軽音楽の好みの２つが主要な傾向性を成していた。ただし，管理職では，両方の傾向性の相関が少なく，この２つのタイプの好みを併せ持ったオムニボア的な集団は想定されず，異なった好みの傾向をもつ２つの集団があることが示された。つまり管理職内部は，伝統音楽好きと英米洋楽の軽音楽好きに分かれる傾向があると片岡は分析する。

ブルーカラーにおける音楽趣味の傾向性

　ブルーカラー層においては，４つの傾向性が見つかった。ポピュラー音楽，

ロック，ニューミュージックを好む「洋楽・軽音楽」好み，民謡，浪曲，邦楽を好む「日本の伝統音楽」好み，演歌と歌謡曲を愛好する「大衆音楽」好み，ジャズ，クラシックを愛好する「高尚な音楽」好みの4つの傾向性である。ブルーカラー層において特徴的なのは，ジャズ・クラシック好きの傾向性をもつ集団は軽音楽，大衆音楽，伝統音楽を好む傾向性をもつ集団に対しては統計的にマイナスの関係であり，これらの音楽を嫌っている可能性が高い。あるいは大衆音楽を好む集団は伝統音楽を嫌っている可能性が高いなど，互いの好みに排他性がある。つまり，ブルーカラー層内部における4つの音楽趣味の傾向性に別れる諸集団は，自分の好きな音楽ジャンル以外に対しては排他的で，ユニボアの態度を取る傾向があると片岡は結論づける。

　片岡の研究を考慮すると，日本で文化オムニボアを議論する際には和と洋の文化の違いと，それに対する好みの問題を分析する必要があるといえるだろう。片岡の研究は，文化オムニボアの議論を日本でも追認する結果となっていると同時に，日本独自のオムニボア／ユニボア現象を示しているといえる。[11]そしてこの調査の世代から30年近く経とうする現在においてどのような変化があったのか今後も調査が望まれることだろう。

　この章での議論をまとめよう。まず全体的な傾向として，日本も含め，多くの先進国で，クラシック音楽など芸術音楽と見なされる音楽ジャンルはやはり地位の高い集団によって好まれ，独占される傾向が強いということは未だ変わらず続いている。次に音楽趣味において文化オムニボアの傾向がどの国の調査でも現れてきているということが確認された。

　この章で参照した論文は個別により深い分析を行っているので，気になった人は確認してみると良いだろう。これらの調査・分析を見ていく際には，それぞれの国の社会階層研究のなかで培われてきた職業分類の方法は異なるということに注意する必要がある。また，各国で調査されている音楽ジャンル項目が違っていたり，各国の歴史の差異に基づいて，そのジャンル名についてイメージしている内容が異なるということにも注意しておく必要があるだろう。職業分類の仕方や音楽ジャンルの分類が異なるので，各国の結果を単純に比較する

ことはできない。また本章で扱った論文以外も含めて，文化オムニボアの研究者たちはより複雑な多変量解析の方法を使ったり，質的調査を組み合わせたりして，データのもっと微妙なところまで分析しているということも述べておこう。それらの研究の調査方法や分析方法について確認してみることも重要だろう。[12]

注

1) その職業分類を示しておこう。高度文化職（建築家，大学教授，弁護士など），低度文化職（学校教師など），芸術家（俳優，画家，作家など），高度技術職（医者など），低度技術職（看護師など），高度経営職（3万ドル以上の収入をもつ企業経営者，官僚など），低度経営職（3万ドル以下の収入の経営者や官僚），高度販売職（保険や証券の販売者など），低度販売職（小商店販売職など），事務職員（銀行事務員など），熟練手工業労働者（パンや絵画職人など），準熟練運送労働者（トラック運転手など），準熟練手工業労働者（工場での機械操縦者），肉体労働者（倉庫内運搬者や漁師）　など，熟練サービス業者（歯科衛生士やキャビンアテンダントなど），防護サービス業者（警察官，消防士など），不熟練サービス業者（飲食店接客業者など），農業経営者，農業労働者。

2) 1982年調査からピーターソンが分析に使用した音楽ジャンルはクラシック／室内楽，フォーク，ブロードウェイ・ミュージカル，ジャズ，ムード／MOR，ビッグバンド，ロック，賛美歌／ゴスペル，ソウル／ブルース／R&B，カントリーの10種である。その他にオペラ，ブルーグラス，バーバーショップといったジャンルも質問されていたが，好みと答えていた人が少なかったから分析から除外したとしている。

3) ただし，職業的地位の低い人たちの活動が活発ではないという見方に対してはピーターソンは留保を付けている。というのも，調査データのほとんどの質問項目は，やはり高級文化に関わる活動を中心にして作られていて，スポーツ活動や自宅での園芸などについては質問していないからだ。そのため，高い職業集団の人ほど活発に活動しているかのように見える調査結果になっているのかもしれない

4) 1982年の調査とは変わって，1992年の調査では20の音楽ジャンルについて調査が行われた。質問項目としてはバーバーショップが項目から消え，新たにレゲエ，ラップ，ラテン／スパニッシュ／サルサ，マーチング曲，伝統民族音楽，ニュー

エイジ，合唱／グリークラブが加わり，フォークは現代フォークへ，ムード／
MOR はムード／イージーリスニングという名称へマイナーチェンジした。

5) このように定義されたハイブロウな人たちは，音楽以外の領域に関して，演劇や
バレエのために劇場を訪れたり，美術のために美術館を訪れる確率も高かったと
して，ピーターソンらはこのように操作的に定義することの有効性を根拠付けて
いる。

6) 1982年調査と1992年調査のあいだ，調査される音楽ジャンルが変わってしまって
いた。そこで年代比較を行うために両調査の質問項目に共通に含まれていた音楽
ジャンルのみが分析された。なおジャズについてはロウブロウのルーツであるが，
ハイブロウに移ってきているという両義性があり，分析を攪乱すると思われたた
め，分析から外したとしている。

7) この調査データは1997年にフランスの文化省が行った「フランス人の文化活動調
査」に基づく。この調査で質問された音楽ジャンルは以下の通りである。フラン
ス歌謡曲（いわゆるシャンソン），外国のポピュラー音楽（ディスコ，ダンス，テ
クノ，ファンクなど），クラシック音楽，ワールドミュージック（レゲエ，サルサ，
アフリカ音楽など），ロック，アンビエント音楽およびワルツ，タンゴのためのダ
ンス音楽，ジャズ，伝統的な民族音楽，オペラ，映画およびミュージカル音楽，
オペレッタ，ハードロック／パンク／ヘビーメタル，ラップ，現代音楽，子ども
向けの歌，軍楽。

8) 調査に使用された具体的な楽曲は，ヴィヴァルディ『四季』（クラシック，1725
年），マーラー『交響曲第5番』（クラシック，1904年），フランク・シナトラ『シ
カゴ』（ジャズ，1957年），マイルス・デイビス『カインド・オブ・ブルー』（ジャ
ズ，1959年），フィリップ・グラス『浜辺のアインシュタイン』（オペラ，1976年），
オアシス『ワンダー・ウォール』（ロック，1995年），ブリトニー・スピアーズ
『ウップス！…アイ・ディド・イット・アゲイン』（ポップ，2000年），エミネム
『スタン』（ヒップホップ，2000年）。

9) この調査データを用いた大規模な分析はトニー・ベネットらの『文化・階級・卓
越化』（Bennett et al. 2009=2017）という著作のなかで細かく行われている。サヴ
ィジらの音楽分析（本章で参照した論文は収録されていないが）や音楽以外のス
ポーツ，テレビ，美術，読書などの領域を交えた文化オムニボアの議論も収めら
れているので参照すると良いだろう。

10) 片岡（1998）は，1992年に神戸市で20～69歳までの男女に対して郵送法で調査を
行った。選挙人名簿から無作為二段階抽出を行ってサンプルを選び，回収率は

40.3％，有効回答数は535名であった。各音楽ジャンルについては「よく聴く」「ときどき聴く」「あまり聴かない」「まったく聴かない」の 4 つの項目で質問している。

11) 本章では音楽研究に焦点を合わせたが，片岡は多数の論文で音楽以外の日本の文化オムニボア現象についても研究しているので参照すると良いだろう。

12) ライール（Lahire 2006）は，支配階級でもクラシック音楽を好む人は 3 割ほどしかいないという事実についてより踏み込んだ研究を行っている。この観点は職業カテゴリー内の偏差をもっと細かく見ていく必要性を訴え，インタビューなどの質的な調査を組み合わせた分析の必要性を提起している。

参考文献

Bennett, Tony, Mike Savage, Elizabeth Bortolaia Silva, Alan Warde, Modesto Gayo-Cal and David Wright, 2009, *Culture, Class, Distinction*, Routledge.（＝磯直樹・香川めい・森田次郎・知念渉・相澤真一訳，2017，『文化・階級・卓越化』青弓社.）

Chan, Tak Wing and John H. Goldthorpe, 2007, "Social stratification and cultural consumption: Music in England," *European sociological review*, 23(1): 1-19.

Coulangeon, Philippe, 2003, «La stratification sociale des goûts musicaux. Le modèle de la légitimité culturelle en question», *Revue française de sociologie*, 44: 3-33.

片岡栄美，1998，「音楽愛好者の特徴と音楽ジャンルの親近性——音楽の好みと学歴，職業」『関東学院大学人文科学研究所報』22: 147-162.

Lahire, Bernard, 2006, *La culture des individus: Dissonances culturelles et distinction de soi*, La Découverte.

南田勝也・木島由晶・永井純一・小川博司編著，2019，『音楽化社会の現在——統計データで読むポピュラー音楽』新曜社.

Peterson, Richard A. and Albert Simkus, 1992, "How Musical Tastes Mark Occupational Status Groups," in *Cultivating Differences: Symbolic Boundaries and the Making of Inequality*, University of Chicago Press.

Peterson, Richard A. and Roger M. Kern, 1996, "Changing Highbrow Taste :From Snob to Omivore," *American Sociological Review*, 61(5): 900-907.

Savage, Mike and Modesto Gayo, 2011, "Unravelling the omnivore: A field analysis of contemporary musical taste in the United Kingdom," *Poetics*, 39: 337-357.

（平石貴士）

第5章

メディア，テクノロジーと文化

——マクルーハンから文化研究の諸相——

　本章は，マーシャル・マクルーハンの理論とその展開について考察する。そして，グローバル化におけるメディア空間の諸問題についていくつかのディメンションからとらえ，多層な文化とテクノロジーの編成を分析する。

　最近のメディアや文化の研究のなかで，グローバライゼーションとともに「空間」概念を中心にした社会変容に関する議論がある（たとえば，Soja 1989, Shields 1999など）。本章では，メディア・コミュニケーション研究の領域において現在でも参照されることの多い，マクルーハンやハロルド・A・イニスらの，いわゆるトロント・コミュニケーション学派の研究から「空間」の概念を中心に継承し，自身のメディア文化研究を展開しているジョディー・バーランドの「社会空間」論を取り上げる。そして，グローバル状況におけるメディア文化とテクノロジーの問題を考察する。続いて，文化とテクノロジーの事例として音楽文化から，ギデンズの「モダニティ」の議論とも関連させながら「空間」と「時間」の問題とともに分析する。

1　マクルーハンのメディア論

マクルーハンとその影響

　マクルーハン（Marshal McLuhan）は，カナダのメディア学者で長くトロント大学の教授であった。マクルーハンは，トロント大学文化とテクノロジー研究所でトロント・コミュニケーション学派といわれる知の潮流の一翼を担っており，いくつかの重要な研究を行っていた。[1]

　マクルーハンの理論は，その後のメディア，コミュニケーション研究者にさまざまな形で言及され，引用されている。例を挙げれば，ウォルター・オング（Walter J. Ong）は，マクルーハンが現代において期待した近代人が活字印刷によって獲得した視覚的なものの優位から近代人以前の部族的なものの特長である聴覚的なものが復活すること（McLuhan 1962=1986）を解明するべく，声の文化（オラリティ）と文字の文化（リテラシー）の関係について考察している（Ong 1982=1991）。また，ヨシュア・メイロウィッツ（Joshua Meyrowitz）は，マクルーハンのメディア論を社会学者のアーヴィン・ゴフマン（Erving Goffman）の社会的行為論と比較している（Meyrowitz 1985）。最近ではゲリー・ジェノスコ（Gary Genosko）が，ジャン・ボードリヤール（Jean Baudrillard）のマクルーハンから受けた影響を考察している（Genosko 1999；粟谷 2011）。しかしながら，マクルーハンについてはその理論的な曖昧さからさまざまに解釈されており正当な評価が与えられていないといわれている（小川 1988：5）。

　マクルーハンは，オングやメイロウィッツ，ボードリヤールへの影響はもとより，彼自身「メディアはメッセージである」「ホットとクール」「グローバル・ビレッジ」などいくつかのテーゼを提出している。

マクルーハンの歴史のとらえ方

　マクルーハンによれば，現代は電気の時代であるとされる。このような時代には，われわれの身体や感覚は時間的，空間的に拡張されるようになった。これはメディアと時代の変容について述べられたものである。

　社会心理学者，南博はマクルーハン理論における「文化史」と「テクノロジー史」の「時代区分」を次のように述べている。

　　a= 文化史の時代区分。口頭文化→書字文化→活字文化→電気文化。
　　b= テクノロジーの時代区分。原始技術→活字＝機械技術→電気技術。
　　（以下略）　　　　　　　　　　　　　　　　　（南 1968=2010：168）

　これら「文化史の時代区分」と「テクノロジーの時代区分」の分類から，マ

クルーハンの議論が現代において「テクノロジー」をキーとなるものとして捉えていたということが理解される。それはマクルーハンのメディア論のテーマの一つであった。

「メディアはメッセージである」

　マクルーハンの「メディアはメッセージである」は，その主要な著作のひとつである『メディアの理解（メディア論）』（McLuhan 1964=1987）の冒頭においてマクルーハン自らのメディア論を要約したものであり，彼の思想が端的に語られている。ここで語られていることは，メディア技術の発展による人間の感覚の変容についてである。

　マクルーハンによれば，現代においてわれわれの身体や感覚は時間的にも空間的にも拡張されているのである。これはメディアによる社会変動を記述したものであり，マクルーハンによれば，車輪が足の延長したもの，衣服が皮膚を延長したもの，あるいは電気回路が中枢神経を延長したものというように，メディアの転換によってわれわれの感覚比率が変容したということである（McLuhan and Fiore 1967=2010：26-41）。

　そしてマクルーハンは，時代への判断を下すために「メディア」の役割に注目する。これは，メディアがそれだけで感覚変容の「メッセージ」を発しているということである。

　マクルーハンは，メディアそれ自体のメッセージ性について注意を促している。

　　　電気の光はそれに「内容」がないゆえに，コミュニケーションのメディアとして注意されるとこがない。　　　　　　　（McLuhan 1964=1987：9）

　マクルーハンは，メディアを「技術（technology）」（同：8）と同格にとらえていた。それは，メディアの「特性」による身体感覚の拡張，変容が重要であるということである。そして，その「内容」については二次的でネガティブな評価が下されているのである。マクルーハンは次のように述べている。

　　メディアの内容がメディアの性格にたいしてわれわれを盲目にするとい
　うことが，あまりにもしばしばありすぎるのだ。　　　　　　　（同：9）

　マクルーハンは，メディアを「内容」ではなくメディア自体がメッセージに
なると考えた。それまではメディアは「内容」をメッセージとして伝えるもの
として考えられていたが，マクルーハンはメディアそれ自体がメッセージ性を
内包していると考えたのである。これはメディアの形式が内容を規定していく
ということである[2]（→第11章）。そして，ここでいわれていることは，マク
ルーハンのメディア理論がいわゆる「技術決定論（technological determinism）[3]」
として批判されるときに持ち出されてくるものである。

「ホットなメディア，クールなメディア」

　マクルーハンは，「ホットなメディアとクールなメディア（Media Hot and
Cool)」について『メディアの理解（メディア論)』のなかで説明している
（McLuhan 1964=1987)。

　ホットなメディアは「単一の感覚を『高精細度（"high definition"）』で拡張す
るメディア」で，データが十分に満たされている状態である。クールなメディ
アは「『低精細度（"low definition"）』で拡張するメディア」であり，与えられ
る情報量が十分ではない。そして，ホットなメディアはメッセージを受け取る
受け手が補完する部分は少ないとされていて，クールなメディアはメッセージ
を受け取る受け手が補完する部分は大きいとされる（McLuhan 1964=1987：23)。

　また受け手の参与度でいうと，ホットなメディアは低く，クールなメディア
は高いということになる。ホットなメディアとしては，ラジオや映画，写真な
どが挙げられている。これらは情報量が多いとされる。クールなメディアの例
としては，電話，話し言葉，漫画，テレビなどが挙げられている。それらの情
報量は低いとされる（McLuhan 1964=1987：23)。

「グローバル・ビレッジ」

　「グローバル・ビレッジ」とは「地球村」と訳されるが，マクルーハンによ

ればそれは「新しい電子テクノロジーがもたらした相互依存関係が，地球全体をひとつの村に再創造させる」（McLuhan and Fiore 1967=2010：67）ということである。マクルーハンの時代の電子テクノロジーのひとつとして，テレビの衛星放送中継が地球上の人々を結びつけるメディアとして機能していたと考えられるが，そのような例として，1967年6月25日世界初衛星放送「アワ・ワールド」が挙げられるだろう。そこでは，当時ポップスターとして世界中を席巻していたビートルズが出演し，「愛こそすべて」を演奏している。また，その後のメディアの歴史において，「グローバル・ビレッジ」の世界が同時に結びつくという理念は，20世紀末にインターネットによって実現されるのである。

技術決定論

　ここで，カルチュラル・スタディーズとトロント・コミュニケーション学派との間のある種の溝について見ておくことにしたい。マクルーハンはなぜ「技術決定論」と批判されるのか。

　先ほどの有名な「メディアはメッセージである」というテーゼに見られるような，マクルーハンのメディア論が描いているのは，メディアそれ自体の技術的な特性がわたしたちの感覚を拡張し，変容させていくというものである。しかし，ブリティッシュ・カルチュラル・スタディーズの理論的遺産の一人であるといわれているレイモンド・ウィリアムズ（Ramond Williams）（→第1章）は，これに異議を唱える。ウィリアムズは，メディア研究において現在でも影響力の大きい『テレビジョン』（Williams 1974=1992）のなかで，このようなマクルーハンのメディアの考え方を「技術決定論（technological determinism）」であると批判しているのである（120-122）。

　ウィリアムズの批判のポイントは，マクルーハンがメディアを機能的，形式主義的に解釈しているために歴史の欠如を招いているということであり，諸々の社会的実践も考慮していないということである。また，マクルーハンのように社会的諸関係を捨象してテクノロジーを決定的な要因としてしまえば，メディアにおける権力のダイナミクスを的確にとらえることができなくなってしまうのである。

マクルーハンから空間へ

　第1章でも取り上げたアンリ・ルフェーヴル（Henri Lefebvre）は，「社会空間」論を「空間的実践」「空間の表象」「表象の空間」という概念から考察していた。ルフェーヴルは「空間的実践」を，視覚優位の近代社会における「知覚されるもの」「知覚された空間」と認識していたが，マクルーハンはメディアとの関係から視覚や聴覚について考えていた。マクルーハンは1960年代を電気メディアの時代ととらえ，この時代から「グローバル・ビレッジ」という新しい部族村についての言及も行われていた。印刷技術の発達による視覚が優位になる時代（McLuhan 1962=1986）というのは，現在のインターネット空間においてもそれほど変化は見られないと思われるが，マクルーハンのいう「グローバル・ビレッジ」では再部族化や「聴覚」の問題についても考察している。ブルース・R・パワーズ（Bruce R. Powers）は次のように述べている。

　　マクルーハンが言葉にしにくかったことは，ウッドストックやヘイト・アシュベリーに居あわせた人々が，ぼんやりととらえていたことだった。それは，世界の全体が，線状的な linear 思考や視覚的 visual で比例的な空間から，多感覚的な multi-sensory 生や聴覚的な acoustic 空間へと向かう，大規模な物質的・精神的変容に巻き込まれている，ということである。

（McLuhan, Powers 1989=2003：10）

　このような指摘は，メディアの文化史において視覚と聴覚との関係について考察する上でも示唆的である。

2　マクルーハンから空間とテクノロジーの文化研究へ

　次にマクルーハンらトロントのコミュニケーション研究を，カルチュラル・スタディーズと積極的に結びつけながら再構成しようとしているジョディー・バーランド（Jody Berland）の議論をみていこう。

社会空間論

　バーランドが現在の視点からマクルーハンを読み直すために常に参照されて
いるのが，ルフェーヴルを中心とした「社会空間」論である。「空間」という
ことによって，グローバライゼーションにおけるカナダという具体的な問題に
も応えている。

　バーランドは，ルフェーヴル，デヴィッド・ハーヴェイ（David Harvey）や，
あるいは，フレデリック・ジェイムソン（Frederic Jameson）などの知見を取り
入れながらマクルーハンやイニス（Harold Innis）の読み直しを行っている。そ
れは，「カルチュラル・テクノロジーズ（Cultural Technologies）」や「社会空
間」という概念によってマクルーハンらを再考することである。

　先ほども取り上げたように，マクルーハンのメディア論は「技術決定論」で
あるという批判がウィリアムズからなされていた（Williams 1974=1992）[4]。しか
し，メディアと文化の問題を「空間」を媒介させながら複合的に考察すること
で，トロント・コミュニケーション学派の理論は現在のグローバル状況におけ
るメディア文化の分析にひとつの視座を提供するのである。

カルチュラル・テクノロジーズ

　トロントにおけるコミュニケーション研究者であるバーランドは，ウィリア
ムズのマクルーハン解釈とは異なり，マクルーハンを空間論の観点から取り上
げている。そして，「カルチュラル・テクノロジーズ」という概念によってメ
ディアと文化が結びつく領域を考察する（Berland 1992）。

　バーランドによって「カルチュラル・テクノロジーズ」は，次のように定義
されている。

　　　カルチュラル・テクノロジーズは，社会的な意味や可能性の集積所とし
　　ての空間の生産 − 空間における人々や意味，物事の生産 − を秩序づけ促進
　　するような物質的なコミュニケーションの実践を作り出すのである。

（Berland 1999：306）

　バーランドは「カルチュラル・テクノロジーズ」によって，テレビやラジオなどのメディアやテクノロジーとその内容である文化（カルチャー）とがいかに「空間」に媒介されて実践として作用しているのかという状況を考察している。「空間」については，これからマクルーハンのメディア・コミュニケーション論の知見を検討するときにもキーとなる概念である。

　そして，「カルチュラル・テクノロジーズ」は，トロント・コミュニケーション学派を「空間」から読み直すことによって提起されてきたものだった。次に，それをバーランドのいう「社会空間」論から取り上げる。

マクルーハン理論からの展開

　バーランドとトロント・コミュニケーション学派をつなぐときに「カルチュラル・テクノロジーズ」とならんで重要なのが，彼女の「社会空間」の考え方である。それはトロントのメディア・コミュニケーション研究から「空間」を強調することによって生み出されてきたものである。

　バーランドは，マクルーハン，イニスなどのメディア，コミュニケーション論，ルフェーヴルを中心とする空間論を援用しながら，メディアがさまざまな力（イデオロギー的，経済的，美学的）が錯綜する「社会空間」のなかで存在するものであるという指摘を行っている。そして，そのような空間のなかでイデオロギー的，経済的，美学的な意味や実践がどのように作用するのかという「文化的な生産（cultural production）」を，「空間の構成（the constitution of space）」という観点からとらえる（Berland 1992：38）。

　たとえば，家庭におけるラジオ聴取についての次のような一文は，バーランドのメディアと空間の考え方を如実に表している。

　　　エレクトロニック・メディアは，ある音とその聴取者のもとになる空間を作り出す。　　　　　　　　　　　　　　　　　　　　　（Berland 1998：129）

　このようなバーランドの「空間」の考え方には，ハーヴェイの「空間」（Harvey 1989），[5] ルフェーヴルの「空間の生産（the production of space）」（Lefebvre 1991）

の議論からの影響が指摘される。ここで重要なのがルフェーヴルの「社会空間」の議論である。

　第1章でも取り上げたが，ルフェーヴルは，従来まで数学や物理学に属する空虚なものと考えられていた「空間」から，「(社会) 空間は (社会的な) 生産物である」(Lefebvre 1974=2000：66) というように，それが社会的に生産される「社会空間」としての重要性を指摘している。つまり，「社会空間」は，政治，経済，文化などが「生産」され「実践」される領域なのであり，ここには経済的な領域である生産と再生産や，記号の体系，象徴，芸術などが含みこまれているのである。そしてこのような「空間」の議論から，バーランドはマクルーハンらの読み直しを図るのである。

　バーランドはマクルーハンをルフェーヴルの空間論から考察し，空間が生産される契機を重視している。

　　　つまり，彼［マクルーハン］が目論んでいることは，メディアは，テクストやテクストの受容だけを生産しているのではなく，社会生活における絶え間ない感覚的，空間的なものを再編成するということも生産している。コミュニケーション・メディアにおけるそれらの技術革新は，社会的・空間的関係における新しい家庭，都市，産業的，宗教的，国家のパターンを生産するのを助けている。ルフェーヴルの用語では，そのような革新は新しい資本諸関係によって充満した絶え間ない「空間を生産している」ということである。　　　　　　　　(Berland 1992：43，［　］内は引用者の補足)

　このように，マクルーハンの言う「メディア」はルフェーヴルのように空間を生産するということが含意されていたということを読み込んでいる。

メディア，文化，テクノロジー

　あるいはまた，バーランドはミュージックビデオ（MTV）について考察した論考（Berland 1993）において，マクルーハンの議論（メディアは身体の拡張である）も参照し，空間的な特性について分析している。これは先ほどの引用に

もあるように，マクルーハンのメディア論を時間的，空間的に拡張しながら音楽文化を考えることであったのである（McLuhan 1964=1987；McLuhan, Fiore 1967=2010も参照）。

　要するに，テレビやラジオなどのメディアは，そのテクノロジーやそれが受容される「空間」を含みこんだ編成のなかで考察されなければならないということである。なぜなら，そもそもラジオやテレビから流れてくる映像や音は，テクノロジーを媒介として私たちの身体を空間的にとりまく環境になるために，そのときに映像や音をテクストとして取り出し，その意味内容だけを独立して取り扱うのでは十分とはいえないからである。これはメディアと文化を複合的にとらえるということである。そこでは，政治的，経済的な関係ももちろん重要になるだろう。

　従来までのマクルーハン解釈においては，メディアの特性によって私たちの感覚が変容するというような，まさにウィリアムズが批判したような技術決定論的な理解が支配的であった。しかし，バーランドはマクルーハン理論のなかに「社会空間」の概念を読み込むことで，文化とメディア・テクノロジーを接合するのである。そこで登場するのが「カルチュラル・テクノロジーズ」であり，それが「社会空間」のなかで実践として働くということである。ここで，文化と協働するテクノロジーの重要性が浮かび上がるのである。

　次に，文化とテクノロジーの諸相としてグローバルな時空間の環境におけるメディアの協働の実践について，音楽文化の事例から考えていきたい。

3　グローバル化の諸相とテクノロジーの文化

レコーディング・テクノロジー

　ポピュラー音楽においては，レコーディングというテクノロジーは音楽という聴覚経験そのものを変革させるものであった。レコーディングとは，もともとは記録の側面が強かった。初期のころのレコーディングは記録であるためにいわゆる一発録りといわれ，モノラルレコーディングであり，それがレコーディング技術の発展によりマルチトラックによるレコーディングが可能になり，

音もステレオ化していった。

　ここで，社会学者アンソニー・ギデンズ（Anthony Giddens）の理論（『近代とはいかなる時代か』）を応用してみよう（Giddens 1991=1993）。ギデンズの理論からレコーディング・テクノロジーを考えてみれば，音の素材を一つずつ時間と空間において，まずは分離し（the separation of time and space），それを「音楽」としてミックスすることによって再結合する（recombination）作業によってレコード，その後デジタル化された CD というメディアに記録されるようになる。

　マルチトラックレコーディングの事例として『ザ・ビートルズ・レコーディング・セッションズ』が詳細にサウンド（音楽）作りの変遷を記録している。ビートルズはレコーディング・テクノロジーにかなり自覚的であった。レコーディングは音の素材があれば基本的には何度でもダビング可能であり，素材を組み合わせることによって音楽となる。つまり，録音（録画）メディアは，記録されたものを再結合，再構築することによって時間と空間の「脱埋め込み（disembedding）」が行われ，コンテンツになることによって「再埋め込み（re-embedding）」されるのである（ギデンズの議論も参照）。

　これは，ビートルズの再結成時に新しい曲として発表した「フリー・アズ・ア・バード」の事例からも明らかである。この曲は，ジョン・レノンの残した声の録音をそのほかのメンバーによってオーバーダビングしてミックスすることによって，解散から30年以上経って新しい曲として発売されたものである。あるいは，メンバーが死去したあとでもバンドとしてアルバムを発表したレッド・ツェッペリンの例（『コーダ』は遺されたマテリアルにオーバーダビングを施して制作された）や，ジャンキー XL が，エルビス・プレスリーの「ア・リトル・レス・カンバセーション」をリミックスして2002年に新たに発表している例などもある。

時空間を圧縮する協働

　次に，このような時空間の分離と再結合の事例として挙げられるのがプレイング・フォー・チェンジ（Playing For Change）である。

　プレイング・フォー・チェンジとは，プロデューサーのマーク・ジョンソンがホイットニー・バーディットと「音楽を通じて我々は互いの違いを理解し，より良い世界を作ることができる」との考えから始められた。[6]プレイング・フォー・チェンジは，最新のモバイルテクノロジーにより，時空間を越えたミュージシャンが「協働（コラボレーション）」することによって曲を製作している。このプロジェクトにはU2のボノなども参加していて，曲はボブ・マーリーの「One Love」やトレイシー・チャップマンの「Talking about Revolution」などメッセージ性のあるものも選ばれている。

　このプロジェクトでは，世界中の異なる場所と時間において同じ曲をさまざまなプレイヤーによってレコーディング，映像で撮影することによって，最終的に先ほどの事例のように，それらのマテリアルが再構築されて時間と空間の「脱埋め込み」と「再埋め込み」が行われるのである。つまり，ここではグローバルな環境において，断片的な音と映像が「再埋め込み」されるプロセスのなかで曲が「協働」されているのである。

4 メディア，テクノロジー，「空間」，「時間」

　本章では，マクルーハンのメディア論から，文化とテクノロジーやグローバルな環境における「空間」と「時間」の問題について，バーランド，ギデンズの議論を中心に事例も交えて考えてきた。「空間」を抽出することによってメディアや文化の変容を考えるとき，グローバルな状況下における文化というトピックは中心的なテーマになるものであろう。そして，マクルーハンらが遺したものは，バーランドが現在のグローバル環境における諸問題を考察する際にもアクチュアルに受け継がれているのである。また，最後に取り上げたギデンズの議論から，時間と空間の再結合あるいは再編というトピックはメディアとテクノロジーによる文化の協働の可能性を示唆するものである。

　たとえば，音楽というコンテンツはデジタル化されることによって，インターネットという分散型ネットワークのシステム（アーキテクチャ）で交換されるようになった。そして，ファイル交換ソフトのようなコンテンツを自由に

交換できるアーキテクチャの出現により，デジタル化における諸問題も浮上してくる。アントニオ・ネグリは対談で，グローバル化の新秩序である〈帝国〉の時代には，生産が協働・交換のネットワークにおいては終焉するという考えをナップスターの例から言及していた（ネグリ 2003）。

　これまで本章で取り上げた事例は，グローバル環境における「協働」の可能性について示唆している。また現代の状況は，ギデンズが考察しているようなモダニティによる帰結でもあるだろう。ここでは，私たちがグローバルな世界に向き合う姿勢も問われているのである。

注

1) トロント・コミュニケーション学派という名称については，Marchessault（2004）も参照。

2) 第11章の議論は，文化産業との力学のなかで，テクノロジーとメディアの形式を媒介にして音楽の内容が規定されていく現代文化の事例として読むことができるだろう。

3) マクルーハンを「技術決定論」であるとすることに対しては，浅見克彦から疑問が呈されている（浅見 2003）。

4) カルチュラル・スタディーズは文化を強調するあまり経済諸関係がしばしば軽視されるという批判がある。このような批判は，ニコラス・ガーンハムなどのイギリスにおける政治経済学派から出されたものである。しかし，カルチュラル・スタディーズ内部においても，キース・ニーガスに見られる文化産業論などによって，そのような傾向からの変化が見られる。

5) ハーヴェイについては，音楽の聴取と空間の関係に関する部分の注釈で触れられている（Berland 1998：146, note3）。ちなみに音楽と空間の関係には，マリー・シェーファーのサウンド・スケープも参照されている（Schafer 1977=1986）。

6) Playing for change については，CD（プレイング・フォー・チェンジ『ソングス・アラウンド・ザ・ワールド』UCCO3013，ユニバーサルミュージック株式会社）のライナーノーツ（マーク・ジョンソン，佐藤英輔）を参照した。
ホームページ　http://playingforchange.com/introduction_japanese.php

参考文献

浅見克彦, 2003,「形態としてのメディア, 思考のハイブリッド」マーシャル・マクルーハン＆ブルース・R・パワーズ, 浅見克彦訳『グローバル・ヴィレッジ』青弓社.

粟谷佳司, 2011,「トロント・コミュニケーション学派からトロントの文化研究へ」『KAWADE 道の手帖　マクルーハン』河出書房新社.

Berland, Jody, 1986, *Culture Re/percussions: The Social Production of Music Broadcasting in Canada*. Doctoral Dissertation, Social and Political Thought, York University.

――――, 1990, "Radio Space and Industrial Time: Music Formats, Local Narratives and Technological Meditation," *Popular Music*, 9(2): 179-192.

――――, 1991, "Free Trade and Canadian Music: Level Playing Field or Scorched Earth?" *Cultural Studies*, 5(3): 317-325.

――――, 1992, "Angels Dancing: Cultural Technologies and the Production of Space," L. Grossberg et al. eds., *Cultural Studies*, Routledge.

――――, 1993, "Sound, Image and Social Space: Music Video and Media Reconstruction," S. Frith et al. eds., *Sound and Vision*, Routledge.

――――,1998, "Locating Listening: Technological Space, Popular Music, and Canadian Mediations," A. Leyshon et al. eds., *The Place of Music*, The Guilford Press.

――――, 1999, "Space at the Margins: Critical Theory and Colonial Space after Innis," C. Acland et al. eds., *Harold Innis in the New Century*, McGill-Queen's University Press.

――――, 2000, "Nationalism and the Modernist Legacy : Dialogues with Innis," J. Berland et al. eds., *Capital Culture*, McGill-Queen's University Press.

――――, 2009, *North of Empire: Essays on the Cultural Technologies of Space*, Duke University Press.

Davies, Ioan, 2000, "Theorizing Toronto," *Topia: Canadian Journal of Cultural Studies*, 3.

Frith, Simon, 1989, *Music for Pleasure*. Polity Press.

Genosko, Gary, 1999, *McLuhan and Baudrillard: The Master of Implosion*, Routledge.

Giddens, Anthony, 1991, *The Consequences of Modernity*, Polity.（＝松尾精文ほか訳, 1993,『近代とはいかなる時代か』而立書房.）

Harvey, David, 1989, *Condition of Postmodernity*, Blackwell.

Innis, Harold, 1951, *The Bias of Communication*, University of Toronto Press.

―――, 1995, *Staples, Markets, and Cultural Change*, McGill-Queen's University Press.

Jameson, Fredric, 1998, "Globalization as philosophical issue," Jameson and Miyoshi eds., *Cultures of Globalization*, Duke University Press.（＝北野圭介訳，2003，「哲学的争点としてのグローバリゼーション」『現代思想』Vol.31-8.）

Lefebvre, Henri, 1974, *La Production de l'espace*, Anthulopos.（＝斎藤日出治訳，2000，『空間の生産』青木書店.）

―――, 1991, *The Production of Space*, trans by Donald Nicholson-Smith, Blackwell.

ルーイスン，マーク，内田久美子訳，2009，『ザ・ビードルズレコーディングセッションズ　完全版』シンコーミュージック.

Marchessault, Janine, 2004, *Marshall McLuhan*, Sage.

McLuhan, Marshall, 1962, *The Gutenberg Galaxy: The Making of Typographic Man*, University of Toronto Press.（＝森常治訳，1986，『グーテンベルクの銀河系』みすず書房.）

―――, 1964, *Understanding Media: The Extensions of Man*, McGraw Hill.（＝栗原裕・河本仲聖訳，1987，『メディア論』みすず書房.）

McLuhan, Marshall and Quentin Fiore, 1967, *The Media is the Massage: An Inventory of Effect.*（＝南博訳，2010，『新装版　メディアはマッサージである』河出書房新社.）

McLuhan, Marshall and Bruce R. Powers, 1989, *The Global Village*, Oxford University Press.（＝浅見克彦訳，2003，『グローバル・ヴィレッジ』青弓社.）

Meyrowitz, Joshua, 1985, *No Sense of Place: The Impact of Electronic Media on Social Behavior*, Oxford University Press.

南博，1968=2010，「解説　マクルーハンの人と業績」『新装版　メディアはマッサージである』河出書房新社.

ネグリ，アントニオ，杉村昌昭訳，2003，「「帝国」とは何か」『現代思想』2003年2月号.

小川博司，1988，『音楽する社会』到草書房.

Ong, Walter J., 1982, *Orality and Literacy: The Technologizing of the Word*, Routledge.（＝桜井直文・林正寛・糟谷啓介訳，1991，『声の文化と文字の文化』藤原書店.）

Schafer, Murray, 1977, *The Tuning of the World*, McClelland and Stewart.（＝鳥越けい子・小川博司・庄野康子・田中直子・若尾裕訳，1986，『世界の調律』平凡社.）

Soja, Edward, 1989, *Postmodern Geographies*, Blackwell.

Shields, Rob, 1999, *Lefevbre, Love & Struggle*, Routledge.

Williams, Raymond, 1974=1992, *Television: Technology and Cultural Form*, Wesleyan University Press.

（粟谷佳司）

第6章

戦後日本の文化研究

―― 鶴見俊輔と吉本隆明の文化論 ――

　本章は，戦後日本の文化研究として，哲学者，鶴見俊輔の議論を中心
に文化について考えていく。鶴見は日本における文化研究者の一人とし
て，その文化論は現代においても繰り返し言及されている。ここでは，
まず鶴見の『限界芸術論』を中心に述べて，続いて市民運動との関わり
から鶴見の文化研究を考察する。そして，後半では鶴見と同時代の思想
家である吉本隆明の文化論を取り上げる。吉本の思想の射程は広いが，
ここでは鶴見・吉本両者がコピーライターの糸井重里に言及しながら，
消費社会とも言われる時代を分析しているところを手がかりに文化論を
見ていく。そして，鶴見，吉本の大衆文化研究からその方法論について
考察する。

1 鶴見俊輔の文化研究――限界芸術論

コミュニケーション史と大衆の文化

　鶴見の『限界芸術論』を見ていく前に，その思想におけるコミュニケーショ
ンの契機について取り上げよう。鶴見は研究の早い段階から「限界芸術論」と
関係する「コミュニケーション」についての研究を行っていた。それは，ル
ソー（Jean-Jacques Rousseau）のコミュニケーションに関する研究（1951年）に
おいて，すでにコミュニケーション史の問題が述べられていたのである。
　そして，鶴見が限界芸術論へ注目するときに，勁草書房版の『限界芸術論』
に収録されている「流行歌の歴史」はその応用となっていたことがわかる。
「流行歌の歴史」の最初の記述には，鶴見が京都大学人文科学研究所で共同研

究を行っていたときに構想していたであろう「限界芸術」の基本的な思考が出ていたのである。そこでも言及されているのが「ルソーのコミュニケイション論」（鶴見・多田・樋口 1951=1975）である（粟谷 2018a）。鶴見はルソーのコミュニケーション論を始める前に，コミュニケーション史の問題として音楽や詩や絵が民衆の活動のなかから生み出されると描いている（鶴見・多田・樋口 1951=1975：391）。つまり，ここで鶴見はルソーのコミュニケーション論を考察する上で，コミュニケーション史の観点から文化をとらえようとしていたのである。

　鶴見は，1960年代の『講座・コミュニケーション』のなかでも，第1巻「コミュニケーション思想史」と第2巻「コミュニケーション史」の編集を担当している。そして，

　　　結論を早めに言うならば，コミュニケーション史は，大衆思想史への新しい道をひらくものだと思う。　　　　　　　　　　　　　　　　（鶴見 1973：9）

と述べている。

　これは，鶴見がコミュニケーションの思想と歴史を「大衆」についての思想の問題として考えていたということである。鶴見は，1969年の『大衆の時代』の解説において「『教養人』と『大衆』とを連続体として考え」（鶴見 1969a：11）ると述べていたが，マス・コミュニケーションが発達していった戦後日本の文化の研究において，この思想は鶴見のなかで受け継がれているものである。それは，鶴見の『限界芸術論』における「限界芸術」と「大衆芸術」「純粋芸術」との相互関係のプロセスのなかにも見られ，これから取り上げる大衆文化研究に連なる「ひとびと」の思想としてとらえられる。

「純粋芸術」「大衆芸術」「限界芸術」

　ここでは，鶴見の限界芸術論について見ていこう。

　鶴見は『限界芸術論』の理論的前提である「芸術の発展」の冒頭で，「芸術とはたのしい記号と言ってよいであろう。」と書いている（鶴見 1967：3）。そ

れに接することによって「たのしい経験となるような記号が芸術」（同：3）で
あるということである。鶴見は芸術を「純粋芸術」「大衆芸術」「限界芸術」に
分類している。

　鶴見によると，「純粋芸術（Pure Art）」は「今日の用語法で「芸術」とよば
れている作品」（同：6）であり，「大衆芸術（Popular Art）」は「この純粋芸術
にくらべると俗悪なもの，非芸術的なもの，ニセモノ芸術と考えられている作
品」（同：6）である。そして「限界芸術（Marginal Art）」は「両者よりもさら
に広大な領域で芸術と生活との境界線にある作品」（同：6-7）と定義づけて
いる。つまり，「限界芸術」は「純粋芸術」や「大衆芸術」よりも人々の生活
の領域にある活動を含みこんでいるのである。これは，先に言及したルソーの
コミュニケーション論にも現れている。

　「純粋芸術」「大衆芸術」「限界芸術」について，次のように述べられている。

　　　純粋芸術は，専門的芸術家によってつくられ，それぞれの専門種目の作
　　品の系列にたいして親しみをもつ専門的享受者をもつ。大衆芸術は，これ
　　また専門的芸術家によってつくられはするが，制作過程はむしろ企業家と
　　専門的芸術家の合作の形をとり，その享受者としては大衆をもつ。限界芸
　　術は，非専門家によってつくられ，非専門的享受者によって享受される。

（鶴見 1967：7）

　鶴見が「限界芸術」という言葉を初めて使ったのが，長谷川幸延，福田定良
との座談会における彼の発言であるといわれているが（鶴見 1991：481；鶴見・
長谷川・福田 1956＝1996），そこでは，鶴見は「大衆芸術」を「純粋芸術という
ものとは対立するもとして考えた」（鶴見・長谷川・福田 1956＝1996：133）と述べ
ている。一方で，「限界芸術」について福田定良が「能とか歌舞伎」（同：134）
という貴族文化と民衆文化のあいだを動いてきた芸術に言及した話を受けて，
「このあいだをどういうふうにつなぐのかというのが問題なんだ。“限界芸術”
というふうな第三の種目を出したいわけ。」（同：135）と答えている。つまり
「大衆芸術と純粋芸術とのもっと健全な交流過程をつくっていくことができる

表6-1　芸術の体系

芸術のレヴェル／行動の種類	限界芸術	大衆芸術	純粋芸術
身体を動かす →みずからのうごきを感じる	日常生活の身ぶり，労働のリズム，出ぞめ式，木やり，遊び，求愛行為，拍手，盆おどり，阿波おどり，竹馬，まりつき，すもう，獅子舞	東おどり，京おどり，ロカビリー，トゥイスト，チャンバラのタテ	バレー，カブキ，能
建てる →住む，使う，見る	家，町並，箱庭，盆栽，かざり，はなお，水中花，結び方，積木，生花，茶の湯，まゆだま，墓	都市計画，公園，インダストリアル・デザイン	庭師のつくる庭園，彫刻
かなでる，しゃべる →きく	労働の相の手，エンヤコラの歌，ふしことば，早口言葉，替え歌，鼻唄，アダナ，どどいつ，漫才，声色	流行歌，歌ごえ，講談，浪花節，落語，ラジオ・ドラマ	交響楽，電子音楽，謡曲
えがく →みる	らくがき，絵馬，羽子板，おしんこざいく，凧絵，年賀状，流燈	紙芝居，ポスター，錦絵	絵画
書く →読む	手紙，ゴシップ，月並俳句，書道，タナバタ	大衆小説，俳句，和歌	詩
演じる →見る 参加する	祭，葬式，見合，会議，家族アルバム，記録映画，いろはカルタ，百人一首，双六，福引，宝船，門火，墓まいり，デモ	時代物映画	文楽，人形芝居，前衛映画

出典：鶴見（1967: 70）.

んじゃないかという，だいたいの処方箋を持っているんです。」（同：135-136）というように，「限界芸術」は「純粋芸術」と「大衆芸術」の媒介としての役割ももっていたことが含意される。そして，この3つの芸術を表6-1のようにまとめている。

限界芸術と大衆芸術，「流行歌の歴史」

　鶴見の限界芸術は，本来ならば芸術とは呼ばれない「ひとびと」の日々の行いのなかに芸術を見ようというものである。本章で取り上げるのは，むしろ限界芸術が大衆芸術に入り込む契機である。それをよく表しているのが，1967年の『限界芸術論』（勁草書房）に収録されている流行歌についての分析である（「流行歌の歴史」）[1]。「流行歌の歴史」を『限界芸術論』の目次から確認しておけば，「芸術の発展」「黒岩涙香」の次に限界芸術論と関連するものとして収録さ

れているのがわかる。

　鶴見は「流行歌の歴史」において，「替え歌」に見られる限界芸術が流行歌である大衆芸術へ流入することについて述べている。これは限界芸術論の音楽文化への応用として考えられ，注目されるところである。というのも，鶴見は彼の文化論のなかで，限界芸術である「ひとびと」のなかにある文化とともに，『がきデカ』のような漫画や三遊亭円朝の落語などの大衆芸術を取り上げており，限界芸術と大衆芸術の区分はあるものの鶴見は両者を必ずしも排他的には取り上げていないからである[2]。

　大衆芸術のなかにも限界芸術の要素というのは入り込んでおり，必ずしも大衆芸術はマスメディアに操作されたものばかりではない。そして，ここで注目するのが，大衆芸術の源流としての限界芸術の大衆芸術への広がりである。

　このことについて，鶴見は「流行歌の歴史」において，大衆芸術としての流行歌は「ふし言葉」として限界芸術と密接な関係をもっていると述べている。「ふし言葉」とは「子供が指きりをする時に調子をつけてうたうようにいう『ユビキリ，カンケリ，カンダノオバサン』のような調子のある言葉のこと」（鶴見 1967：147）であり，「ジンジロゲ」や「スーダラ節」のように大衆芸術に取り入れられた場合も多いとのことである。そして，メロディーに「ふし言葉」があてはめられて替え歌が歌われたりもする。

　鶴見は「替え歌」の例を挙げている。たとえば，「きけ万国の労働者」は一高寮歌が行軍用の軍歌として歌われ，それが労働歌になったという。これは，徴兵制度でいつも歌っていたものであるので歌いやすかったからであるといわれている（同：155-156）。労働運動の歌を軍歌から転用しながら利用するというのは，鶴見が大衆に抱いていたような，彼ら自身が自律的に文化を使用し行動していくということの例証になっているのである。

2　市民運動と文化の位相

　ここでは，鶴見の文化論を市民運動との交差から考える。そして，文化をそれを受容する「ひとびと」（「市民」「大衆」「民衆」）との関わりから分析し，

鶴見の方法論をとらえていこう[3]。そうすることで，鶴見の大衆文化研究の射程が見えてくだろう。

市民と文化

　戦後日本において，60年日米安保条約改定に反対する運動のなかから生まれた「声なき声の会」のようなグループの活動によって，「ひとびと」のなかに新たに「市民」という概念が意味を帯びて浮上してきた[4]。鶴見に関しては，この「声なき声の会」からの流れは「ベトナムに平和を！市民連合（以下，べ平連と略記）」結成に関係する。

　「市民」については，『思想の科学』においても1960年代に「民衆」から「政治的主体として再定式化」（和田 2005：259）されたともいわれている。鶴見は80年代の著作である，カナダ・マギル大学での講義を日本語に訳した『戦後日本の大衆文化史』（鶴見 1984）のなかで「市民」について一章を使って説明している。鶴見の『戦時期日本の精神史』とともに『戦後日本の大衆文化史』は，彼のキャリアを貫いてきた事例が歴史的なパースペクティブにおいて書かれたものであり，ここで思想と文化を市民運動と共に記述していることに注目したい。

　鶴見はここで，「市民」という概念が「理想概念」（理念的な市民）と「実態概念」（行政区分の市の住人）としてあったものが，60年代以降の「市民運動」のなかで食い違いが生じていること，そして「市民運動」が日本の明治以前の社会のなかでの「村の伝統」「村の生活」に根をもってつながっているということを述べているのである（鶴見 1984：167-191）。この後半部分は，示唆的な記述である。というのも，鶴見は，外来の言葉である「市民」を日本の近代文化や生活のなかから連続したものとしてとらえているからである。そして，ここで引用されているのが，サークルという文化活動であり，鶴見を同志社大学に教授として招聘した和田洋一が関係する京都の知識人グループによって発行されていた『世界文化』や『土曜日』という言論雑誌であった。

　また，ここで鶴見は，サークルを戦前からの知識人のグループと戦後のアマチュアの文化活動という流れの議論のなかで語っており，ここでの「市民運

動」は「民衆」や「大衆」とも交差していることがわかる。たとえば，鶴見は「市民」や「市民運動」を説明するときに「大衆運動」という言葉を使用して「声なき声の会」や「ベ平連」に言及している（鶴見 1984）。

表現文化と市民運動の交差

ところで，鶴見らが組織した「ベ平連」という運動体には，知識人や文学者，芸術家などの多数の表現者たちが関わっていた。ここでは鶴見の議論の広がりから，「ベ平連」の活動における市民運動と表現文化が交差する領域についての事例を見ていこう。そこで取り上げるのが，アメリカ文学者で詩人の片桐ユズルである。片桐は，「ベ平連」における表現文化の側面において鍵となる役割を果たしていた。それがフォーク・ソングに関わる領域である。また片桐は，関西のフォーク・ソング運動とコミットしながら「ベ平連」運動でも活動していたが，フォーク・ソングを語るときに鶴見の議論を参照している。

たとえば，片桐はフォーク・ソングにおける「替え歌」の問題を考察するときに，鶴見の「限界芸術」論を参照しながらその意義を分析する（片桐 1975=1979）。そこでは，フォークを「非専門家」の歌と位置付けている。この「非専門家」とは，鶴見の「限界芸術」の定義のなかにあるものである。そして，フォーク・ソングを「限界芸術としての歌」（片桐 1979：134）との観点から取り上げているのである。このように，フォーク・ソングの特徴を鶴見の議論を応用することによって，その活動に意味を与えていったのである。

また片桐は，新宿駅西口広場で1969年に展開された「東京フォーク・ゲリラ」の「替え歌」へとつながる「うた」の実践を分析する。それは，ボブ・ディランの「ノース・カントリー・ブルース」が替え歌にされて歌い継がれる実践である。片桐が挙げているのが，まずはディランの歌が真崎義博によって「炭坑町のブルース」へと替え歌にされ，それを中川五郎「受験生ブルース」，高石友也「受験生ブルース」，東京フォーク・ゲリラ「機動隊のブルース」へと歌詞を替えて歌い継がれていった過程であった。片桐はここから，フォーク・ソングによる時代状況への批判精神に意味を見出していったのである。

このようにフォーク・ソングは，「反戦フォーク」としてベトナム戦争への

反対運動としての「べ平連」（あるいは「東京フォーク・ゲリラ」）に「うた」の実践として取り入れられ，また人的なネットワークでもつながっていく。それは，時には関係者たちが行動を共にしながら，理論的には鶴見の議論が応用されながら展開していたのである。

民衆，大衆と文化

　ここでは，鶴見が『戦後日本の大衆文化史』において述べていた「市民」と関わる「民衆」や「大衆」といった「ひとびと」について考えてみたい。これは，鶴見がどのような対象を見出してとらえていたのかということの理解につながるだろう。

　鶴見は自身の研究の初期の頃から，「民衆」については「大衆」と同じような意味で使用していた（たとえば，鶴見 1955a）。そして，思想の科学研究会における成果のひとつである『民衆の座』においては，「民衆」を「生活者」とも言い換えて，その「伝記」を作ることで彼らの生活をとらえていたのである（鶴見 1955b）。また，この「生活者」は，60年代の久野収や鶴見らの「べ平連」あるいは「生活クラブ生協」などの新しい市民運動としてクローズアップされるということであった。[5]

　「民衆」という言葉は，1960年代には「べ平連」の運動や，片桐を中心とした関西のフォーク・ソング運動において，アメリカを経由してきたものと日本の市民運動とも関わりながら，鶴見の「限界芸術論」を使用することによってポジティブな存在として浮かびあがったのである。鶴見（1969b）も「民衆の広場を作る運動」として，「東京フォーク・ゲリラ」の活動について言及している。[6] この時期には，「べ平連」運動のなかで「東京フォーク・ゲリラ」について述べているところでは，「市民」というより「民衆」という言葉が使用されていたのである。そして，「大衆」については『大衆の時代』（1969年）の解説のなかで，カルチュラル・スタディーズのオーディエンス研究にも通ずるような能動的な存在としてとらえている記述がある（鶴見 1969a）。鶴見の思考においては，これらの言葉はそのバリエーションのなかで，明確に区別されるというよりも同じ地平にあり交差するカテゴリーとしてとらえられているのであ

る。そして，そこには歴史的なパースペクティブも活用されているのである。鶴見はこのように，「市民」「大衆」「民衆」というカテゴリーが交差する地平から大衆文化の思想を展開していたのである。

3　鶴見俊輔における「大衆」と文化

日本文化論：糸井重里への言及

　ここでは1970年代後半から80年代に鶴見が考察していた文化について取り上げる。鶴見は大衆文化論として漫画や音楽などについて発言を行っているが，この時期には広告についても語っていて，そこで糸井重里に言及しているのである。そして，ここで浮かび上がってくるのが「大衆」なのである。鶴見は持続的に「大衆」の問題を取り上げている。ここでは，消費社会という時代における鶴見の「大衆」と文化に対する思考方法について考察する。

　『広告批評』において糸井を論じる鶴見は，彼の『ヘンタイよい子新聞』を「くりかえし，何日か間をおいてよんでみて，やはりおもしろかった。」（鶴見 1982：101）という。鶴見が糸井の広告表現から見出したのは，「表面」である。

　この表面とは，

　　　大衆がいくつもの層となり，群となり，点となり，そこからたえずブク
　　　ブクが浮きあがって表面に達することが，糸井重里の広告の場面にあると
　　　いうことだ。
　　　　　　　　　　　　　　　　　　　　　　　　　　　　　（鶴見 1982：102）

というように，「大衆」というものを「かたまり」のような単層としてではなく，個々の存在が層や群，点となって表面に浮かび上がるものとしてとらえているのである。これは，鶴見の50年代の「大衆の思想」のなかで，「大衆」を「かたまり」つまり「マス」としてはとらえずに考察していたことも想起される[7]。

　また，この時期の文化へのアプローチとして，鶴見は糸井が「いたずらに，本質とかいう言葉を楯にして，ウラ，奥，ホンネ，秘密，画面の外なぞ見たが

るのは「不健康」だと思うのだ。」（鶴見 1982：103）と書いていることを受けて，糸井の広告表現を「本質」のような深層から探るというよりも「感覚表面」という表層文化としてそのままに捉えている（鶴見 1982：103）。このような「感覚表面」については，イギリスの社会学者，マイク・フェザーストン（Mike Featherstone）の分析が参考になる[8]。フェザーストンは「ポストモダン」の文化を，アメリカの思想家，フレドリック・ジェイムソン（Frederic Jameson）から「深層なき文化（depthless culture）」つまり表層の文化としてとらえていた（Featherstone 1991=1999：40）。フェザーストンによれば，ジェイムソンにとってポストモダンの文化とは，すなわち後述する消費文化であるということである。

大衆文化へのアプローチ

　そして，このように文化を表層においてとらえるということは，鶴見の文化へのアプローチにも見られるものである。つまり鶴見の特徴は，消費社会という時代のなかで「感覚表面」という，感覚に関わることをポジティブにとらえ直して，そこから大衆文化の表現と大衆の存在を考察していたということである。

　また，糸井が表現の場としていた広告は，「言葉」をめぐる文化とも結びついている。たとえば，70年代後半に発表された「冗談音楽の流れ」（鶴見 1976＝1991）において，鶴見は五木寛之や井上ひさしと並んで，広告音楽の大家であった三木鶏郎門下として作家の野坂昭如を取り上げ，「冗談，地口，軽口」（鶴見 1976＝1991：263）といった民衆芸術が大衆芸術に入り込んでいることを指摘している。つまり，ここでは鶴見の想定していた「民衆」「大衆」という契機は，時代の流れの中で「広告」のなかに現れるものへ変容していったのである。

　ここで，社会における文化をどのようにとらえるのか（肯定的にか否定的にか）で評価が分かれるだろう。要するに，最近のメディア・テクノロジーの発展によるインターネット空間のような情報環境やデジタルデバイスを使用した表現活動を考える時には，大衆社会論における否定的な契機のみではとらえ切

れない現代社会の問題があるということである。

遊びの理論

　そして，ここから鶴見の大衆文化研究をとらえてみると，1980年の漫画を取り上げた論考においてロジェ・カイヨワ（Roger Caillois）の遊びの議論から述べられているのが，「遊びの感覚」というものである（鶴見 1980=1991）。鶴見によれば，まねごととめまいの遊びは60年代日本の高度成長のなかではおとろえてきているという。むしろ，「会計の社会」ともいわれる「西欧型文明社会」に「運と実力競争のあそび」が発達してきたということである（同：16）。そして，漫画の機能としては，自分にふりかかるショックを弱める働きをするという（同：5）。

　また，それらが別の形で，

　　　一つはわれわれの人生の別の形の追求と享受，そして，もう一つはわれ
　　われに必要な共同性のたえざる再発見と再認識の機会としてわれわれの前
　　にあらわれてくる必要がある。　　　　　　　　　　　　　　　　（同：16）

というように，「まねごととめまいの遊び」を逃避ととらえている。さらに，そのような場所を提供して来たのが漫画であるという指摘を行なっている。また，韓国の詩人，金芝河の作品を漫画の方法としてとらえるという視点も見られる（同：17）。これらは，文化を真面目なものからだけではなく，大衆文化のなかで「漫画」という多くの人々に楽しまれているポピュラーなメディアを「遊び」の観点から分析するという方向も示しているのである。

　このように鶴見は，大衆文化をその享受者たちとの関わり（つまりコミュニケーション）と共にとらえているのである。そして，大衆文化を感覚的なものや遊びという側面から，合理的な文明社会と対比させているのである。このような思考は，糸井重里についての分析にも共通しているものである。

4　吉本隆明とマス・イメージ

　ここでは，1980年代からの吉本隆明の文化論であるマス・イメージに関する議論を中心に見ていこう。吉本は鶴見と大衆論やいくつかの問題について議論を行っていたが，時代と並走しながら鶴見と同じく糸井重里を取り上げ，同時代の表現者の作品群と共に状況をとらえていたのである。

消費社会論

　この時期に日本において議論されていたのが消費社会論である。それは，第2章でも論じられていたフランスの社会学者，ジャン・ボードリヤール（Jean Baudrillard）の消費社会に関する著作が知られている。フェザーストンも，ボードリヤールの社会理論を消費文化からポストモダンの問題として取り上げている（Featherstone 1991）。ボードリヤールは『消費社会の神話と構造』や『シミュラークルとシミュレーション』『象徴交換と死』といった著作において，消費社会の問題から現代文化研究における「ポストモダン」状況について考察していた。ボードリヤールの消費社会論は，日本でも文化の領域において影響を与えている。それは，80年代以降に出版されているいくつかの書物のなかにもその影響が認められる。吉本と鶴見の言説とも関わるところでは，広告表現と社会学の研究が交差する領域において見られる。

　日本の社会学研究において，ボードリヤールの問題関心から日本のテレビCM を分析したもののひとつが，林進，小川博司，吉井篤子著『消費社会の広告と音楽』（1984）である（あるいは，内田隆三の消費社会と広告の分析も参照されよう（内田 1987））。ここで，林らは，ロストウ（W. W. Rostow）の議論から1950年代以降を大衆消費社会と位置づけ，そして彼らがテレビ CM と音楽を分析した1980年代をボードリヤールの『消費社会の神話と構造』などの著作から消費社会ととらえる。ここでは，「生産から消費へ」という問題をボードリヤールから，

（1）消費はもはやモノの機能的な使用や所有ではない。

（2）消費はもはや個人や集団の単なる権威づけの機能ではない。

（3）消費はコミュニケーションと交換のシステムとして，絶えず発せら
　　れ受け取られ再生される記号のコードとして，つまり言語活動として定
　　義される。　　　　　　　　　　　　　　　　　　　　　　（林ほか 1984：30）

（元の引用は，ボードリヤール（1979：121）。なお，Baudrillard（1970：34）も
参照した。）

と定義するのである。これは80年代の日本の社会学研究におけるボードリヤール受容として書かれたものであり，要するに，消費社会においては，「モノ」は「使用」するものだけではなく，それはある部分で過剰な記号，言語活動となって意味が消費されているということが含意されているのである。

マス・イメージと文化

　吉本は，以上のような状況について考察しているボードリヤールと対談を行うなど，消費社会やポストモダンの思想状況と並走しながら独自の思想を展開していた。その一つがイメージ研究としてのマス・イメージ論である。吉本は，1982年から『マス・イメージ論』を文芸誌『海燕』に書き始めた。そして，それは84年に単行本として刊行された。この著作は，社会にマス・イメージとして現れる文化を分析することであり，その問題系としては「現在」をどうとらえるのかということであった。作家，埴谷雄高との論争もこの同時期に交わされている。これらの，同時期に吉本が言及していたマス化されイメージ化された大衆文化への言及が，『マス・イメージ論』『重層的な非決定へ』などの著作のなかで論じられていたのであった。そして，80年代の社会と文化を特徴付けるものの一つとして，吉本が『マス・イメージ論』のなかで取り上げていたのが鶴見と同じ糸井重里であった。糸井の80年代の広告を中心とした表現活動については，消費社会の文化を象徴するものとして言及されている（北田 2005など）。

　吉本は『マス・イメージ論』において，糸井とイラストレーターの湯村輝彦

による『情熱のペンギンごはん』，あるいは糸井の『ペンギニストは眠らない』などから，「たまたま手もとにある優れたコミック」（吉本 1984：132）というように糸井を賞賛している。

　糸井がコピーを書くようになったのが漫画雑誌『ガロ』であり（天野編 1983），これは湯村の表紙とともに初期の彼の作品を代表するものである。湯村のイラストは，あたかも素人が描いたような「ヘタうま」な作風であった。「ヘタうま」については，都築響一（2017）がサブカルチャーとして考察している。都築は，糸井と湯村の『情熱のペンギンごはん』を「ヘタうま作品の金字塔とされています。」と書いている（都築 2017：153-154）。湯村は美術大学を卒業しているので，全くの素人というわけではない。それでも，漫画雑誌というメディアにこのような作風が現れるようになってきたのは，吉本が「素人の時代」（吉本 1983）として評したように，表現環境が変化してきていることを象徴するものだろう。

　この時期には，広告コピーの表現もレトリカルになってくる。まさに糸井の表現はそういうものであった。糸井の「おいしい生活。」は西武百貨店のコピーであるが，これは商品をダイレクトに伝えるというものではなく，「メタメッセージ」ともいわれるメッセージそれ自体が自己言及となる記号表現になっているのである（辻井・上野 2008）。そして吉本は，糸井に見られるような表現を「ポップアートやエンターテインメントの高度化や質的な転換によって言語がはじめて当面したもの」（吉本 1984：134）であると述べる。つまり，吉本は「高度化」や「質的な転換」と定義される，このような言語の表現活動から時代を見ようとしていたのである。

高度化する社会とメディア文化

　また吉本は，『情況としての画像』のなかでも糸井（あるいは川崎徹）の名前を出し，テレビ CM を論じている。ここでは，CM という映像表現においては物語性が壊れ，イメージの断片による「異化作用」が行われていると論じている（吉本 1991：82-85）。

テレビ CM は，瞬間の高次映像と瞬間の現在と高速度を本質とする。

（同：86-87）

　物語性が壊れ断片化するというのは，ポストモダン状況を例示するものであろう。映像表現が断片化されたイメージとして現れるということは，吉本のいう「高速度」によって特徴づけられるものとなる。このように，吉本は時代の状況に反応していた。それは，時代と社会の変化における大衆文化とメディアの関係から現れる質的な転換をとらえることであった。

　また，吉本は『マス・イメージ論』や，埴谷雄高との論争においても，消費社会のモードをどのように理解するのかということについて考えていた。埴谷と行ったのはファッション・ブランドの「コム・デ・ギャルソン」をめぐる論争であり，これは吉本が雑誌『an・an』1984年 9 月21日号にコム・デ・ギャルソンの服を着て登場したことに，埴谷が文芸誌『海燕』において批判を行ったことに端を発している。ここで，埴谷は，吉本が「コム・デ・ギャルソン」という「高度資本主義」における「ぶったくり商品」（埴谷 1985）を着ていることを批判している。そして吉本は，この論争に自ら「重層的な非決定へ」（吉本 1985）と題する論考によって応えた。吉本は埴谷の批判に対して，むしろ「先進資本主義国日本」において賃労働をしている女子が「こんなファッション便覧に眼くばりをするような消費生活をもてるほど，豊かになったのか，と読まれるべきです。」（吉本 1985：144）と消費社会を肯定するのである。吉本はこのような状況のなかで，時代を読みながら「高度資本主義下」の消費社会を分析していたのである。

5　大衆文化への方法論

　これまで述べてきた鶴見俊輔の限界芸術論，大衆文化論と吉本隆明のマス・イメージ研究における方法論についてまとめておこう。

　吉本による時代の潮流や対象の把握の方法は，80年代の文化現象へのまなざしにおいて，文化を「大衆」というその受け手（享受者）とのコミュニケーシ

ョンとともにとらえるというよりは，むしろ文学に限られない作品や社会・時代状況から浮かび上がる「高度化」していく表現から考察するというものであった。それは，『マス・イメージ論』などにおいて，高度化する消費社会のカルチャーとサブカルチャーを同時に分析することによって，時代や社会を評価するという方法である。

　対して，鶴見の大衆文化論には時には自らを「読者として」の立場を措定しながら対象をとらえようとする方法の違いがあるだろう。それは鶴見の「自分の内部の遊びの部分をさぐると，漫画の読者としてすごしてきたという遊びが，私にとって大きな意味をもってきたということにゆきあたる。」（鶴見 1980＝1991：5）という言明が物語っている。そして，鶴見は糸井の広告表現を「感覚表面」から分析し，一方では文化の表層をとらえながら消費社会における表現文化へまなざしを向け，他方で大衆をかたまりというよりも「層」「群」「点」として考察していくのである。つまり，大衆文化を作品や表現そのものだけではなく，その享受者との関わり（コミュニケーション）においてとらえていくのである。このことは，鶴見が限界芸術論において「替え歌」を限界芸術と大衆芸術との交差から分析してるように，「ひとびと」が文化とどのように関わっているのか，そのコミュニケーションの理解にもつながるものである。鶴見の大衆文化研究とは，「ひとびと」の能動的な側面を文化との関係から理解する思考の方法といえるものである。

　　［謝辞］　本章の作成にあたり JSPS 科研費 JP18K00224の助成を受けた。

注

1) 『限界芸術論』における「流行歌の歴史」については，粟谷（2018b）を参照。
2) 鶴見は別のところでも，「大衆芸術」を「限界芸術」に「強く結びつけることが必要」であると述べていた（鶴見 1964：433）。
3) 「大衆」や「市民」「民衆」を「ひとびと」という概念として捉えることについては，市井三郎の議論を参照している。市井は鶴見から「ひとびと」を「ひとびとの哲学」の研究によって取り出しながら，「大衆」を「ひとびと」とイコールなものとして論じ，鶴見の思考のなかで通底するものとして考察している（市井

1975：473-476)。市井は，鶴見から「ただの"ひとびと"」のなかに専門家をしの
ぐ存在があることを指摘している（市井 1975：473）。

4）鶴見は，「市民運動」という言葉は1960年から広がったと述べている（鶴見
1984：177）。また，『思想の科学』も60年 7 月号に「緊急特集　市民としての抵
抗」という特集を組んでいて，鶴見も寄稿していた（鶴見 1960）。

5）高畠通敏の市民社会論についての山口定（山口 2004：94-96）の要約。

6）また，鶴見の「民衆」のとらえ方は，初期の『夢とおもかげ』における「大衆娯
楽」と，1980年代の『戦後日本の精神史』における「民衆娯楽」への言及にまで考
察されているものであり，行動しプロテストする「民衆」と，娯楽に興じる「民
衆」「大衆」は鶴見の中で矛盾することなく存在しているものであると考えられる。

7）「大衆の思想」においては，それは「創造的な小集団」としても考察されていた
（鶴見 1959＝1970）。

8）フェザーストンのいうサブカルチャーにおける日常生活の審美化と価値のフラッ
ト化の議論については第 7 章を参照。

参考文献

天野祐吉編，1983，『糸井重里全仕事』マドラ出版.

粟谷佳司，2018a，「鶴見俊輔から「ひとびと」の社会学へ」『同志社社会学研究』第
22号.

─────，2018b，『限界芸術論と現代文化研究』ハーベスト社.

Baudrilliad, Jean, 1970, *La societe de consummation*, Denoel.（＝今村仁司・塚原史訳，
1979，『消費社会の神話と構造』紀伊国屋書店.）

Featherstone, Mike, 1991, *Consumer Culture and Postmoderninsm*, Sage.（＝川崎賢
一・小川葉子編著訳，1999，『消費文化とポストモダニズム』（上）恒星社厚生
閣.）

埴谷雄高，1985，「政治と文学と・補足──吉本隆明への最後の手紙」『海燕』1985年
4 月号.

林進・小川博司・吉井篤子，1984，『消費社会の広告と音楽』有斐閣.

市井三郎，1975，「解説」『鶴見俊輔著作集 1 哲学』筑摩書房.

片桐ユズル，1969，『うたとのであい』社会新報.

─────，1975＝1979，「替歌こそ本質なのだ」片桐ユズル・中村哲・中山容編，
1979，『ほんやら洞の詩人たち』晶文社.

北田暁大，2005，『嗤う日本の「ナショナリズム」』NHK 出版.

辻井喬・上野千鶴子，2008，『ポスト消費社会のゆくえ』文芸春秋.

都築響一，2017，「ヘタうま──アートと初期衝動」宮沢章夫ほか『NHK ニッポン戦後サブカルチャー史──深掘り進化論』NHK 出版.

鶴見俊輔　1955a，「伝記について」思想の科学研究会編『民衆の座』河出書房.

──────，1955b，『大衆芸術』河出書房.

──────，1959＝1975，「戦後日本の思想──大衆の思想」『鶴見俊輔著作集　第 2 巻』筑摩書房.

──────，1960，「根もとからの民主主義」『思想の科学』1960 年 7 月号.

──────，1964，「大衆芸術」清水幾太郎編『現代思想事典』講談社.

──────，1967，『限界芸術論』勁草書房.

──────，1969a，「解説　大衆の時代」鶴見俊輔編著『大衆の時代』平凡社.

──────，1969b，「牧歌時代以降」小田実編『べ平連とは何か』徳間書店.

──────，1973，「コミュニケーション史へのおぼえがき」江頭文夫・鶴見俊輔・山本明編著『講座・コミュニケーション 2 コミュニケーション史』研究社.

──────，1976＝1991，「冗談音楽の流れ」『鶴見俊輔集　第 6 巻　限界芸術論』，筑摩書房.

──────，1980＝1991，「漫画の読者として」『鶴見俊輔集　第 7 巻　漫画の読者として』，筑摩書房.

──────，1982，「五十年おそく　糸井重里を読む」『広告批評』1982 年 9 月号.

──────，1984，『戦後日本の大衆文化史』岩波書店.

──────，1991，『鶴見俊輔集 6　限界芸術論』筑摩書房.

鶴見俊輔・多田道太郎・樋口謹一，1951＝1975，「ルソーのコミュニケーション論」『鶴見俊輔著作集 1　哲学』筑摩書房.

鶴見俊輔・長谷川幸延・福田定良，1956＝1996，「文化と大衆のこころ」『鶴見俊輔座談　文化とは何だろうか』晶文社.

内田隆三，1987，『消費社会と権力』岩波書店.

和田悠，2005，「鶴見俊輔と『思想の科学』の 1950 年代」有末賢・関根政美編『戦後日本の社会と市民意識』慶應義塾大学出版会.

山口定，2004，『市民社会論』有斐閣

吉本隆明，1983，『素人の時代』角川書店.

──────，1984，『マス・イメージ論』福武書店.

──────，1985，「重層的な非決定へ」『海燕』1985 年 5 月号.

──────，1991，『情況としての画像』河出書房新社.　　　　　　　（粟谷佳司）

第7章

サブカルチャーズの場所

この章では，現代の表現文化として至る所に存在するサブカルチャーズを取り上げる。これまでサブカルチャーズは多様な分野で取り上げられてきたが，共通するのは都市的な文化現象として扱われてきたことである。以下では文化研究や社会学での議論に焦点を当て，なぜ都市的な文化現象としてサブカルチャーズが理解されてきたのか，そして消費社会を背景に都市から拡がるサブカルチャーズをどうとらえたらいいのか，そのヒントとなるポイントを提示する。

1 表現文化としてのサブカルチャーズ

サブカルチャーズ

消費社会やメディア社会と呼ばれる現在，多様なコンテンツやファッションがあふれている。さらに，消費を通じて実践されるライフスタイルも実に多様な選択肢が提示されている。第 1 章の議論を踏まえれば，これらはまとめて表現文化と呼ぶことができるだろう。本章では，表現文化としてサブカルチャーズを取り上げたい。サブカルチャーとは多義的な概念であるが，一般的にはたとえば国民など主流集団が共有するメインカルチャーに対して，特定の集団によって共有されるものを指す。民族・民俗的，階級的，職業的な背景をもつ多様な社会集団と，それに対応する多様な種類のサブカルチャーズが存在していると見なすこともできる。その意味でサブカルチャーは，クロード・フィッシャー（Claude S. Fischer）によれば，主流ではない特定の集団に共有されるという意味で，「普通」とは異なる非通念的（unconventional）な文化ということができる（Fischer 1975=2012）。

消費社会とサブカルチャーズ

　サブカルチャーズを表現文化として理解できるのは，消費社会と深く関わっているからである。消費社会についての詳細は第2章と第6章にあるが，ここでは，モノの価値が使用価値よりも，「文化的なもの」の消費化（欲望の社会的創出）と情報化（情報技術による多品種少量生産と記号消費）（松田 2008：187）による記号価値の生産が経済成長において重要となる状況を指しておきたい。この記号価値として重要なのは，新奇性そして「おしゃれ」「かっこいい」といった「美的な」側面である。この状況を，マイク・フェザーストン（Mike Featherstone）は，「日常生活の審美化（anesthetization of everyday life）」と呼ぶ（Featherstone 1991=1999）。日常生活の審美化とは，ポストモダニズムにおける美的なものの顕在化にともなう，芸術と日常生活との境界の曖昧化，高級芸術とマス／ポピュラー文化間における差異の消滅といった現象を指している。消費社会において消費は，自己表現の活動としての側面をもつ。新奇性や美的な記号価値をもつモノや情報を消費することは，他者との差異化をはかり個性を確立することを意味する。このように消費社会では，新奇で美的な嗜好をもとにした選択と消費を通じて，自己のライフスタイルを芸術作品のように作り上げ人との違いを表現する文化が展開していく。

　サブカルチャーズは，消費の対象となる「文化的なもの」に位置づけられる。消費社会においてサブカルチャーズは，その非通念性から新奇的で美的な記号価値を見出されるからである。消費社会が経済成長を続けるため，多様なサブカルチャーズに記号価値を付与し市場化していく必要がある。そのため特に新奇性という記号価値は，消費社会の推進力となる流行現象と深く関係してくる。消費社会は，つねに差異と新奇的な記号価値を付与した「文化的なもの」を市場化することで流行を産み出し，しばらくすればそれに「時代遅れのレッテル」を貼りその価値を毀損することで「排出」するサイクルを繰り返してきた（見田 1996）。この過程で人々は，かつてゲオルグ・ジンメル（George Simmel）が看破したように，集団への帰属感への願望と個性を得るための差異化の欲望という矛盾した性格をもつ流行は，消費社会を永久機関化していく。本章では，選択肢の多様化と個人化が進展した，高度化する消費社会における表現文化と

してのサブカルチャーズに注目していく。

サブカルチャーズの中心／因縁

　これまでサブカルチャーズは大都市の文化として理解されてきたといってよい。詳しくは後述するが，特に消費社会という文脈は，サブカルチャーズの創出およびその市場化を通じて，大都市の支配性と中心性を強めてきた。大都市には，「生産者」としてのアーティスト，マスメディア，ファッションなどの規模や種類が多様な文化関連産業群のみならずその「消費者」も数多く存在するように，サブカルチャーズと関連するアクターが集積集合している。一方，地方はその「消費者」として従属的かつ周辺的な存在に位置づけられ不可視化されてきた。本章は，消費社会におけるこうしたサブカルチャーズにおける中心／周縁的な図式を相対化するとともに，地方におけるサブカルチャーズがローカルに相対的な自律性をもった文化として成立する可能性を模索していく。そのなかで，一見大都市の中心性を強化するように思われる多様なサブカルチャーズの市場化をつうじた消費社会の高度化という今日的な状況が，逆説的に地方のサブカルチャーズにもたらす影響に注目していきたい。

2　創出の場としての大都市

　サブカルチャーズがこれまで都市的な文化現象として理解されてきた理由の一つは，人口量とその多様性にあるといってよいだろう。都市には多様な背景をもった多数の人々がその外部から流入してくる。大都市であればその多様性は拡大する。その結果同種の趣味や関心，嗜好をもつ人々が結合していくことで社会集団が形成され文化的実践が行われる。その結果それぞれの社会集団独特の，非通念的な文化としてのサブカルチャーが形成されていく（Fischer 1975=2012；難波 1997）。大都市はサブカルチャーズが産み出される創造の場である。

サブカルチャーズと創造の共同性

　サブカルチャーズの非通念性は，「創造の共同性」の産物として理解するこ

とができる。フィル・コーエン（Phil Cohen）は，1950年代のイギリスの都市再開発にともない労働者階級の共同体が崩壊する過程を背景に，若者たちがサブカルチャーズを創出してきたことの意味を明らかにした。中産階級的な文化に基づく都市再開発の結果，労働者階級は個人化し居住は核家族化し相互扶助が困難となり，消費社会の地域への影響が濃厚となった。急激な変化を経験した労働者階級の若者は，伝統的な労働者階級のピューリタニズムと，消費という新しい快楽主義とのあいだの矛盾，経済のレベルでは，上昇志向のエリートと新しいルンペン・プロレタリアートの将来とのあいだに横たわる親世代との矛盾を抱えることとなった。コーエンは，労働者階級の若者が創出するサブカルチャーズが，この矛盾を「神秘的（magical）」に解決する手段と考えた。コーエンは，この神秘的な解決法としてのサブカルチャーズの核心を，「（サブカルチュラルなスタイルは）すべて，親文化において破壊された集団としての結束を彼らなりの方法で少しでも取り戻し，自分たちの目の前にある選択肢がいろいろあることを象徴するような他の階級の要素から選択したものをスタイルに結びつけ，表現している」と理解した（Cohen 1972=1980 : 83）。このコーエンの議論は，消費社会化という状況の重要性を十分に考慮している点で注目に値する。このようにコーエンは，親文化の要因を重要視しつつ，それを消費社会で流通するファッションや音楽など一般に流通する商品を組み合わせることによって，労働者階級の若者たちは独自のサブカルチャーズを創出したと考えたのであった。

　この労働者階級の若者によるサブカルチュラルな創造の共同性をより深く理解するために，徹底的にそのスタイルに注目したのは，ディック・ヘブディジ（Dick Hebdige）であった。スタイルとは，ヘブディジによれば，市場に流通するさまざまな商品を資材として独自に組み合わせるブリコラージュを通じて，仲間内で新たな意味を産み出す意味生成実践（signifying practice）の産物である（Hebdige 1979）。このようにヘブディジにとってもサブカルチュラルなスタイルの形成とは，草の根的な創造活動を通じた共同性の再構築であったと見てよい。

表現空間としての都市

　サブカルチャー集団は，非通念的なスタイルを共同で構築し公的な空間で表現活動を行う。成実弘至は日本のサブカルチャー集団の場合，特に都市空間という舞台における，「見せること−見られること」の相互作用が特徴的であることを指摘している（成実 2001）。数多くの人びとが集まる都市空間は，サブカルチャー集団にとって格好の舞台となっている。多くのサブカルチャー集団の場合，学校や企業または地域組織のように，確保された場所をもたないからである。その活動は他者の空間をいわば占拠して行われるゲリラ的な様相を見せる。特に日本のサブカルチャーにおいて，成実は「見る−見られる」の自己提示の実践が，それを紊乱と見なす社会的権力との間の闘争であったことを指摘している（成実 2001）。そうした現場は，粟谷が指摘しているように，「一般大衆のあらゆるメンバーの社会的相互交流と政治活動が生じる物的な場所」としての公共圏という性格を帯びる。都市空間に自分たちの舞台を維持することは，サブカルチャーズ自体を維持させていくうえで重要な側面となる。都市には多様な人びとが存在するがゆえに，表現のため特定の空間を維持するためには，つねに他者との交渉が必要であり，それが首尾よくいかなければ排除の可能性もある。このように，サブカルチャーズの存立基盤としての都市空間はつねに不安定なのである。

3　増幅の場としての大都市

大都市とサブカルチャーズ

　大都市はローカルな創造の共同性によって産み出されたサブカルチャーズをより増幅させる。フィッシャーは，サブカルチャーが都市的である理由を「臨界量」，つまり十分な人口が集合していることによる社会効果として考察している。大量の人口を抱える大都市の特殊な環境下で，多様なサブカルチャーが創出され「臨界量（Critical mass）」に達すると，サブカルチャーズ間の差異に基づくある種の棲み分けが確立し「モザイク状」に集団が併存するようになる。このモザイク的な併存状況は，「衝突」つまりその間の相互作用が発生し，内

部の結束などその「強度（intensity）」を強化していく（Fischer 1975=2012）。ま
た，それぞれのサブカルチャーズが「臨界量」に達することで制度が備わるこ
とになる。大都市には，サブカルチャーズに関連する音楽やファッション，演
劇，漫画などの分野において細分化したジャンルに特化した多数の表現空間が
存在している（渡部 2005）。都市に集積する表現空間が確立されれば，不安定
さという問題がある程度解決し，同じ趣味の人々が集まり表現することが可能
な安定した場，つまり制度が生み出されることで，その強化が進むのである。
このように，都市がサブカルチャーズの舞台とされるのは，臨界量によってそ
れを維持発展させる制度が発達することで強度が増していく環境が整っている
ためであるといえるだろう。

　サブカルチャーズの制度は，消費社会との関係をより深化させる。大都市に
おけるサブカルチャーズに特化した表現空間の充実は，サブカルチャーズを経
済活動へ転換するアクターが多く存在していることを意味する。また表現空間
として「見る－見られる」の舞台となるストリートなどの公共空間も「真空」
ではなく，周辺にはサブカルチャーと関連する文化関連産業群が立地している
ことが多い。消費社会が高度化していくにつれ，草の根的に創造されたサブカ
ルチャーズは，大都市に集積するマスメディア，アパレル，レコード会社，広
告代理店などの文化関連産業群によって，消費社会へ取り込まれていく。

サブカルチャーズの消費化と文化関連産業

　サブカルチャーズの制度化としての消費社会の取り込みは，その商品化と情
報化という2つの側面から行われていると理解できる。ヘブディジは，その非
通念性から社会に衝撃を与えたサブカルチャーズが「飼い慣らされる」あり方
を，商品形式（the commodity form）とイデオロギー形式（the ideological form）
とに分けて説明している。商品形式とは，非通念的なサブカルチャーが，文化
関連産業群によって商品化されることである。イデオロギー形式とは，支配者
集団（警察，マスメディア，司法など）が，新奇なサブカルチャーズを人びと
にわかりやすく再定義することである。それはサブカルチャーズのメディア化，
情報化ということができる。

　サブカルチャーズを消費社会に取り込む上で重要なアクターは，その内部者である。外部からの搾取者として文化関連産業群をとらえたヘブディジの指摘と異なり，サブカルチャーズの消費化と情報化において，対象となるサブカルチャーズの知識や内部のネットワークをもち，適切に消費社会に取り込むことが可能な内部者の関与がきわめて重要だからである。こうした内部者は，他のメンバーよりもサブカルチャーに対して造詣が深い。そのためサブカルチャーズの内部は一枚岩ではなく，そのなかにはヒエラルキーや対立やさまざまな矛盾が存在する。

　こうしたサブカルチャーズ内の複雑な構造にサラ・ソーントン（Sarah Thornton）は注目した。ソーントンは，ブルデューによる文化資本の議論をふまえ（第 3 章を参照）サブカルチャーズ内部ではそれぞれの空間で「イケてること（hipness）」をめぐる象徴闘争が行われること，そのためにファッションや音楽などのサブカルチュラルな知識と結びつけられたサブカルチャー資本（subcultural capital）の多寡が微少な構造（ヒエラルキー）を形成すると主張した。ヒエラルキー上位のメンバーはサブカルチャー資本の多寡を，外部の経済資本への転換，つまりビジネスを展開するうえで利用する（Thornton 1996）。なかでも，「サブカルチャーの起業家（Subcultural Entrepreneur）」（McRobbie 1989）とアンジェラ・マクロビー（Angela McRobbie）が呼ぶ存在は，サブカルチャーズの商品化や情報化において，サブカルチャー資本を蓄積した内部者として独自に事業を立ち上げ展開していく。この「サブカルチャーの起業家」は，外部の多様な文化関連産業群と関わりながら自身が関与するサブカルチャーズを蓄積されたサブカルチャー資本をもとに，適切に商品化，情報化の過程において重要な役割を果たすのである。このように「サブカルチャーの起業家」は，外部からの搾取者ではなく，サブカルチャー資本を経済資本へと転化することを通じて消費社会にサブカルチャーズを「適切に」送り出していく存在である。さらにいえば，この「サブカルチャーの起業家」による商品や情報，そしてイベントのような場を提供するビジネスは，消費社会においてサブカルチャーズ自体が存続し続けるうえで不可欠なものとなる。

東京の中心性

　このように表現文化としてのサブカルチャーズは，文化関連産業群が集積する大都市で産み出され消費社会における商品化と情報化を通じて伝播されてきた。日本の場合，東京がその主要なエリアとしてあり続けている。この東京の中心性は，新しいサブカルチャーズを産み出すだけでなく，海外からのサブカルチャーズの受容先であることにも大きく依存している。特に戦後，日本でも若者を中心に「族」や「系」などを付けられたサブカルチャーズは，欧米由来もしくはその要素を必ずどこかには取り入れている。文化関連産業群は，西洋のものを日本へ輸入する際，それをドメスティケーション（domestication），つまり「日本化」させる役割を果たしている。ジョーゼフ・トービン（Joseph Tobin）が述べているように，「日本国内には，文化やものの流通経路がある。西洋文化の大部分は，たいてい東京を通して入り，そこでドメスティケイト，つまり日本の文脈に適応した形にされ，地方に発送するために再びパッケージされる」（Tobin 1996：15-16）。彼は，またドメスティケーションのプロセスにおいて，放送局，音楽産業，出版社などの文化関連産業群に加え，在日の外国人，在外邦人などさまざまなアクターが，その役割を果たしてきたと述べている（Tobin 1996：14）。

　このように東京は，海外からの人や情報が集中することでサブカルチャーズの形成を促し，消費社会へと市場化させていくうえで日本においては，比類なき力をもつエリアとなっている。大都市東京は，サブカルチャーズを「増幅」，つまり流行を作り上げることで「サブ」を「メイン化」させ（伊奈 2004），市場を通じて脱領土的に伝播させていく。

4　「もう一つの地域文化」としてのサブカルチャーズ

従属から自律へ

　消費社会におけるサブカルチャーズが脱領土化されて伝播される過程は，その発信地である大都市の文化的な中心性の強化と並行しているといえる。消費社会のサブカルチャーズは，大都市から地方への一方向的な伝播が常態化して

いる。大都市は常に新奇で美的な記号価値をもつサブカルチャーズを，市場を通じて地方に伝播し続ける。その結果サブカルチャーズは，地方では大都市への「キャッチ・アップの欲望」を産み出し，中心と周縁との非対称的な関係性を強化するものと理解することができる（伊奈 1999）。

　地方は，単に大都市発信のサブカルチャーズの受け皿に過ぎないのであろうか。伊奈正人は，大都市発信のサブカルチャーズが地方都市で受容され実践される際，ローカルな愛好者たちの実践の場が形成されることに注目し，祭礼など地域的な拘束性が比較的高いいわゆる「地方文化」と異なり，自由な選択に基づくしがらみの少ない「もう一つの地域文化」となる可能性を指摘している（伊奈 1999）。サブカルチャーズがいかに地域的に自律性をもった「もう一つの地域文化」になり得るのだろうか。以下では仮説的な論点として以下の 3 つを挙げる。

サブカルチャーズのローカル化

　1 つ目は，サブカルチャーズ自体のローカル化である。脱領土化された文化としてのサブカルチャーズが，地方での消費をつうじたローカルな実践が集合的に繰り広げられることで，次第にその場所との結び付きを強める。サブカルチャーズが地域に定着していくプロセスに関して，コーエンは，サブカルチャーズ自体は，集団のあり方を規定しないが，それを選択した人びとの地域的な実践が「地元意識（territoriality）」と結合していくことで，地域の中で生き延び根を下ろしていく可能性を指摘している（Cohen 1972=1980）。このようにコーエンは，地方都市における実践の共同性が構築される過程で，地域的な境界とサブカルチャーズが組み合わせられ，新しい地域的なアイデンティティが産み出されることに注目している。

　サブカルチャーズのローカル化を進展させる要因として重要なのは，大都市と地方との環境の相違である。当然ながら，地方は大都市と比較すると，サブカルチャーズの制度や強度に寄与する特に文化関連産業群のアクターや場はかなり限定されている。ジョン・ストリート（John Street）は，ポピュラー音楽のローカリティに関する論考で，ローカルなインフラストラクチャーのあり方

が，地方における実践を通じて，脱領土的なサブカルチャーズの表現文化としてのローカル化に与える影響を重要視した（Street 1993）。このサブカルチャーズの制度ともいえる環境が大きく異なるという状況は，その実践さらに表現自体をもローカルに変化させる可能性があるといえるだろう。

サブカルチャーズのフラット化

　2つ目は，消費社会の高度化にともなうサブカルチャーズの価値や序列の相対化である。サブカルチャーズの絶え間ない消費社会の取り込みは，「象徴財の供給過剰の状態，ならびに文化的無秩序化と脱階層化」をもたらした（Featherstone 1991=1999：38）。このようにフェザーストンは，消費社会において多様なサブカルチャーズが併存することが，何が新しい流行で「イケている」のか，またはメイン／サブのような消費社会における序列化を困難なものとし，サブカルチャーズ間のヒエラルキーが消失していく様相を指摘している。こうした様相を遠藤知巳は「フラット・カルチャー」と呼んでいる。さらに遠藤は，さらに多様なサブカルチャーズが市場に供給されることによる細分化がもたらす境界の曖昧化と参入離脱の障壁の低下による浅さを特徴とする「フラットな文化様式」の現出を示唆する（遠藤 2010）。

　この消費社会の高度化によるサブカルチャーズの価値の序列の相対化は，地方のサブカルチャーズに大きな影響があると考えられる。「新しさ」を常に発信することによって「キャッチ・アップ」の欲望を喚起した大都市東京は，この「フラット・カルチャー」という状況下となると，従来のようにサブをメイン化する影響力を低下させる。その結果，地方では東京の動向に左右されない相対的に自律性をもったサブカルチャーズが存立する文化的状況が生じる可能性がある。

　さらにこの「フラット・カルチャー」というサブカルチャーズの細分化された横並び状況が，市場のローカル化をより進展させる可能性がある。サブカルチャーズの細分化（多様化）に従ってそのミクロでニッチな市場が形成されるが，コアとなるターゲットもよりミクロな存在となる。特に地方においては，地方の人びとを顧客とする店舗は，サブカルチュラルな状況に対応したサービ

スを展開していく必要があるからである。こうした状況が，地方でもサブカルチャーズの制度としての側面を確立させていく可能性があるだろう。

サブカルチャーズのトランスローカリティ

　3つ目は，サブカルチャーズの脱領土性である。サブカルチャーの脱地域性を基盤とした，広域なネットワークのあり方を，ウィル・ストロー（Will Straw）は「音楽シーン（music scene）」という概念で説明している（Straw 1991）。ストローによれば，「音楽シーン」とは，参与する人々は特定の場所に束縛されないコスモポリタン的性格をもち，「様々な差異化の過程においてそれぞれが相互作用し，変化と交流の広い範囲にわたり多様化するその在り方に従いながら，一連の音楽諸実践が共存する，文化的空間」（Straw 1991：273）としている。このようにサブカルチャーズは，差異をはらみながらもその共通性によって産み出される脱領土的なネットワークを草の根的に構築する。

　この脱領土的なネットワークが，地方におけるサブカルチャーズのローカリティを顕在化させていく。ポール・ホドキンソン（Paul Hodkinson）はサブカルチャーズのトランスローカルな側面に関する議論をより発展させている。ホドキンソンは，ゴス（goth）のトランスローカルな交流（主に各地のイベントを回る旅行，インターネットでの情報収集）が，よりネットワークを強化しイギリス国内の価値や趣向の一貫性を産み出す一方，地域ごとのローカリティをより明確化させること指摘している（Hodkinson 2002）。流行が去り大都市の影響の脱中心化が進んだサブカルチャーズの場合であれば，トランスローカルなネットワークを通じた交流は，よりローカリティの強化とその自律性と相互依存性を高めることが予想される。

5　地方のサブカルチャーズの研究に向けて

　これまで見てきたように，消費社会という文脈においてサブカルチャーズは文化的中心である大都市の現象として理解される一方で，地方は周縁として位置付けられてきた。その理由の一つはサブカルチャーズを産み出し，さらにそ

れを消費社会に取り込むアクターが大都市に集中していることである。この中心／周縁の図式によって，地方におけるサブカルチャーズは，これまで不可視化されてきたといえるだろう（Haenfler 2014）。中心／周縁の図式を相対化するうえで，サブカルチャーズの重層性を提示することは有効であると思われる。ピーター・マーチン（Peter Martine）は，サブカルチャーズと社会集団の関係を検討する上で，サブカルチャーズには分析的に2つの異なるプロセスの存在を指摘している。1つは象徴による「記号的表現（symbolic representation）」である。「サブカルチャーの疑念はそれ自体，他の部分を顧みずにある特定の局面を強調するような社会関係や実践のある組み合わせの記号の表象（表現）である（Martine 2004：33）としている。マーチンは，記号的表現のなかでも，メディアの報道の重要性を指摘する。メディアは，サブカルチャーズを単純化して情報化していく。もう一つは「実演（enactment）」の次元である。それは「メディアと相互的な影響関係にある，具体的な社会状況において個々人や集団が実際に活動を行うなかで，またはそれを通じて生み出される表現のプロセス」としている（Martine 2004：33）。実演は，実際に特定のサブカルチャーが特定の社会的文脈において実践される次元を指し，そのなかでアイデンティティや所属の感覚を他者との協働の体験，創造の共同性を通じて構築していく。

　地方のサブカルチャーズが不可視化される要因は，その従属性と周辺性に加え大都市における「現れ」である記号的表現の層に関心が集中し，脱領土化したサブカルチャーズの地方における実演の層への関心が希薄だったことにあったとはいえないだろうか。これまで消費社会の高度化によって，逆説的に地方のサブカルチャーズが相対的な自律性を獲得する可能性を高めていることを指摘した。地方におけるサブカルチャーズの実演の層の実証的な研究は，これからのサブカルチャーズの研究をより深化させる上で重要となるだろう。

参考文献

Bauman, Zygmunt, 2011, *Culture in a Liquid Modern World*, Polity Press.（＝伊藤茂訳，2014，『リキッド化する世界の文化論』青土社.）

Cohen, Phil, 1972=1980, "Subcultural Conflict and Working Class Community," in S.

Hall et al. eds., *Culture, Media, Language*, Routledge, 78-87.

遠藤知巳編著, 2010, 『フラット・カルチャー』せりか書房.

Featherstone, Mike, 1991, *Consumer Culture and Postmodernism*, Sage.（＝川崎賢一ほか訳, 1999, 『消費文化とポストモダニズム』恒星社厚生閣.）

Fischer, Claude S. 1975, "Toward a Subcultural Theory of Urbanism," *American Journal of Sociology*, 80(6): 1319-1341.（＝広田康生訳, 2004, 「アーバニズムの下位文化理論に向かって」森岡清志編『都市空間と都市コミュニティ』日本評論社, 127-164.）

伊奈正人, 1999, 『サブカルチャーの社会学』世界思想社.

伊奈正人, 2004, 「団塊世代若者文化とサブカルチャー概念の再検討」『東京女子大学社会学会紀要』32: 1-23.

Haenfler, Ross, 2014, *Subcultures the basic*, Routledge.

Hebdige, Dick, 1979, *Subculture*, Routledge.

Hodkinson, Paul, 2002, *Goth*, Berg.

McRobbie, Angela, 1989, *Zoot Suits and Second-hand Dresses*, Macmillan.

Martine, Peter, 2004, Culture, Subculture and Social Organization, Andy Bennet ed., *After Subculture*, Routledge, 21-34.

松田いりあ, 2008, 「消費社会と自己アイデンティティ」『社会学評論』59(1): 186-197.

見田宗介, 1996, 『現代社会の理論』岩波書店.

難波功士, 1997, 「『サブカルチャー』再考」『関西学院大学社会学部紀要』78: 71-84.

成実弘至, 2001, 「サブカルチャー」吉見俊哉編『カルチュラル・スタディーズ』講談社, 93-122.

Straw, Will, 1991, "Systems of articulation, logics of Change," *Cultural Studies*, 6: 368-388.

Street, John, 1993, "Local Differences? Popular Music and Local State," *Popular Music*, 12(1): 43-45.

Thornton, Sarah, 1996, *Club Cultures: Music, Media and Subcultural Capital*, Wesleyan University Press.

Tobin, Joseph J., 1992, *Re-Made in Japan*, Yale University Press.

渡部薫, 2005, 「都市の創造性と消費」『文化経済学』4(4): 31-41.

（大山昌彦）

第2部
現代文化の諸相

第8章

「コト消費」と「現場」

——クラブカルチャーからみる「現場」の変容——

　「モノ消費」から「コト消費」へ，2000年代に入って，消費は大きく変わったといわれる。ブランド品や高級外車といった「モノ」を購入し，所有するよりも，「かけがえのない体験」＝「コト」のためにお金を使うようになっている。「プライスレス」という言葉で有名なクレジットカードの CM のように，「コト」にはお金では買えない価値があるという意識が強まっていると言い換えてもいいだろう。

　こうした変化は「CD 不況」が叫ばれる音楽文化では，先んじて生じていた。たとえば，ライブコンサートが開催される「現場」を重視するような傾向は2000年代より前にも見られた。ここでは，レコード音楽という「モノ」を消費しつつ，「現場」で成立する「コト」消費的なクラブカルチャーを事例とすることで，「現場」の変容と「コト消費」重視傾向を読み解いてみたい。

1　「コト消費」——音楽の「現場」

「モノ消費」から「コト消費」へ

　柴邦典が指摘するように「「モノ」から「体験」へと，消費の軸足が移り変わって」（柴 2016：4）いる。

　音楽では，図8-1のように，所有するための「モノ」である CD の生産金額はどんどん減少し，「CD 不況」に歯止めはかかっておらず，「モノ消費」は衰退している。その一方で，「コト」を消費するライブコンサートの市場規模は，図8-2のように増加傾向にある。「FUJI ROCK FESTIVAL」や「SUM-

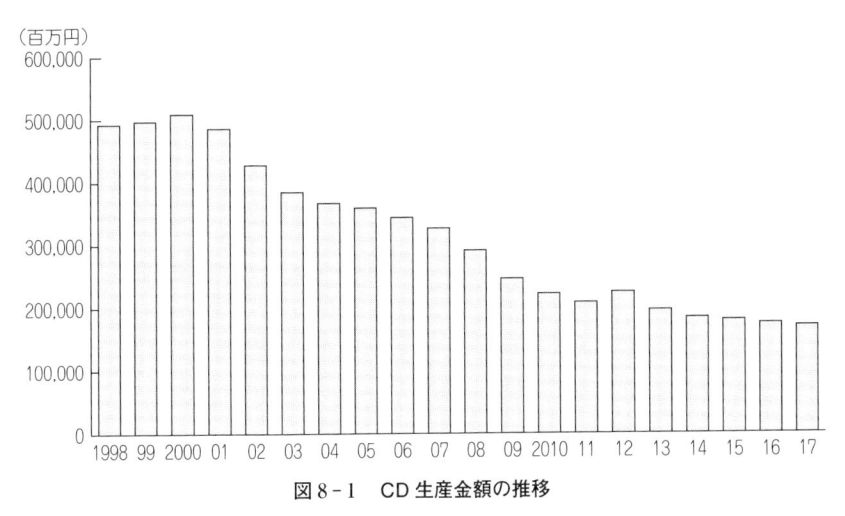

（百万円）

図8-1　CD生産金額の推移

出典：日本レコード協会より.

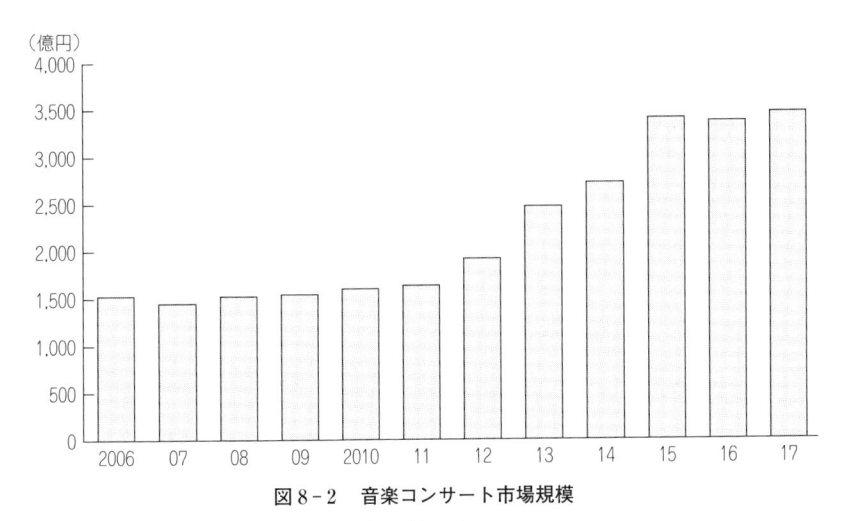

（億円）

図8-2　音楽コンサート市場規模

出典：『ぴあライブ・エンタテインメント白書』より.

MER SONIC」，「ROCK IN JAPAN FESTIVAL」など，「その空間に参加することを目的とする意識がある」（南田 2007）野外フェスティバルは今や夏の風物詩として定着しており，流動的で緩やかな集いとなっている（永井 2016）。また「会いに行けるアイドル」として一世を風靡する AKB48グループや地下

アイドルも，劇場という「現場」[1]を基点として活動している。

「いまここ」に価値を置く「ライブ文化」

　このようにリアルな「現場」において成立する音楽文化を，カルチュラル・スタディーズの研究者であるサラ・ソーントン（Sarah Thornton）（→第 7 章）は「ライブ文化」と呼び，ステージで演奏するミュージシャンの唯一性が重視されると指摘した（Thornton 1995）。言い換えれば，コンサートホールからライブハウスまで，大なり小なりのステージという「現場」において，実際の演奏や歌唱，パフォーマンスを通してオーディエンスとリアルタイムなコミュニケーションを行う主体に価値を置くのが「ライブ文化」なのである。

　ライブコンサートに実際に足を運んで体感した「コト」は，「いまここ」という限られた時間と空間でしか享受できないからこそ，何よりも価値があるのだという説明は，ヴァルター・ベンヤミン（Walter Benjamin）の芸術作品が有する「アウラ（オーラ）」概念にもつながる。音楽ライターの磯部涼（2012）も，実際に音楽が鳴っている場所にいる人たちによって用いられる，仲間内だけに通じる"ゲンバ"という言葉には「アウラを感じられる唯一無二の場所」という"聖域"という意味さえ帯びるという（磯部 2012）。このように，「コト消費」や「現場」が重視されるようになった背景に，ネットワーク社会の急速な発展があるのは間違いないだろう。

「コト消費」の背景

　日本では1995年に Windows95 が発売され，インターネットが大衆化されていくなかで，図 8 - 1 を振り返ってわかるように「CD バブル」を迎える。1996年には，Mr. Children の「名もなき詩」など，シングル CD のミリオンセラー数が23作品とピークに達した。2001年に，アップルがポータブル音楽プレーヤー「iPod」を発売するとともに，音楽管理ソフト「iTunes」をリリースする。2005年には，動画共有サービス「YouTube」がスタートする。もちろん，すぐに転換したわけではないが，日本レコード協会の2018年度「音楽メディア・ユーザー実態調査」によれば，音楽を聴取する上で最も利用されてい

る手段は YouTube（65.9％）だという。バブル崩壊後の長引く不況のなかで，音楽は「モノ」としての CD を購入したり，レンタルして受容されるのではなく，今やネットワーク上にデータとして蓄積されており，水のように安く（ほとんど無料で），いつでもどこでも享受できるようになったのである（Kusek and Leonhard 2005）。

　ベンヤミンのいう「大量複製技術」はコンピューターとして大衆に普及し，複製したデータを蓄積し，拡散するネットワークすら今やスマホで利用することが可能であり，「アウラ（オーラ）」という概念とは対極的な「いつでもどこでも」，しかもほとんど無料で享受することが実現している。事ここに至ってしまえば，オリジナルかコピーか区別がつかないまま，音楽を誰もが消費でき，容易く複製が可能だ。

　複製のできない「現場」で味わう迫力や臨場感は，一回性によってその魅力が担保されており（柴 2016），だからこそ「コト消費」がもてはやされている。皮肉にも，「CD 不況」にもかかわらず日本を世界で最も CD が売れている国とせしめる要因のひとつである「特典商法」も，「現場」や一回性というものと関係していることは良く知られているところだろう。

2　DJ と「現場」

「ディスク文化」

　DJ（disc jockey）やダンスといった要素を特徴とするクラブカルチャーもまた，「現場」と切っても切れない音楽文化である[2]。とはいえ，クラブカルチャーはソーントンのいう「ライブ文化」と対置してとらえられ，「ディスク文化」という理念型が用意される[3]。「ライブ文化」ではステージという「現場」で演奏者によって生演奏される一回性が重要であるとみなされるのに対して，「ディスク文化」ではレコード音楽を通じて DJ がオーディエンスと相互に醸成する場が重視される。「ライブ文化」における一回性に当たるような価値は，「ディスク文化」ではレコード音楽の「新奇性，稀少性，骨董性」だという（Thornton 1995）。ベンヤミンの観点からすれば，前者には「いまここ」という

一回性に担保された「アウラ（オーラ）」が存在するが，後者は複製技術によるレコード音楽に基づくのだから「アウラ（オーラ）」は喪失していることになる。しかし，この表面的な相違にこだわっていては見過ごしてしまうこともある。それが「現場」にまつわる問題だと思われる。

「能動的オーディエンス」としてのDJ

クラブという「現場」におけるアクターとして，まず思い浮かべるのはDJだろう。ヘッドフォンを耳に当て，レコード盤を自在に擦る「スクラッチ」[4]という技法を見せるようなイメージは広告などいろいろなメディアで見受けられる。DJとは，そもそもレコード盤（disc）をうまく操る者（jockey）という意味であり，レコード音楽など音楽メディアを能動的に使いこなし，その場でアドリブ的にパフォーマンスする者といえるだろう。その行為の本質は，途切れることなく楽曲をつなぐことだが，そのために音楽コレクション（アナログ・レコードやCD，デジタル・オーディオファイルでも可）やそれを操る装置が必要となる。たとえば，曲と曲とを自然につなぐために，複数の入力をミックスして出力させるミキサーという装置だ。現在では，DJソフトウェアやアプリケーションをインストールしたコンピューターやタブレット端末，スマホだけでもDJは可能となっている。

DJは一般的オーディエンスと地続きの「能動的オーディエンス（active audience）」（Hall 1973=1980）として考えられる。隔絶されたステージ上にあってオーディエンスの注目を集めるカリスマというDJも存在するが，それはDJの本質から遠ざかってしまう。そもそもDJとは，商品として流通するレコード音楽を消費しているが，そのまま再生するのではなく，速度（ピッチ）を変化させたり，イコライジングしたりして能動的に介入しながらプレイする。レヴィ＝ストロース（Claude Lévi-Strauss）の「ブリコラージュ（Bricolage）」やディック・ヘブディジ（Dick Hebdige）の「カット・アンド・ミックス（Cut 'n Mix）」といった概念（Hebdige 1979=1986, 1987）があらわすように，あり合わせの音楽コレクションからピースを選び抜いて異なる地図に再構成し，それをアウトプットして表現していく。

スリップマット

トーンアーム

ピッチ・
コントローラー

メインスイッチ

針先照明

スタート／ストップスイッチ

図 8 - 3 　ターンテーブル SL-1200MK2

　DJの象徴的なメディアであるターンテーブルも同様だ。テクニクスの SL-1200シリーズは，1972年に発売され，ダイレクト・ドライブ方式によって回転ムラが非常に少なく，定速回転に達するまでの所要時間が圧倒的に早いこともあり，当初メーカー側が予想し得なかったようなDJプレイ（「スクラッチ」など）に利用されるようになった。さらにDJの要望を取り入れて，スライド式のピッチ・コントローラーや針先照明（スタイラス・イルミネーター）を備えるなど，クラブという空間で利用するために改良されたSl-1200 MK2（図 8 - 3 ）が79年に発売され，DJユースのスタンダードとして普及する。[5]

「送り手」としてのDJ

　こうしたなかで「ライブ文化」におけるアーティストやパフォーマーと同等とみなされるDJも現れていった。

　　DJがただレコードをかけるだけでなく，ターンテーブルを使って新しい音楽をクリエイトするようになって20年余りの月日が流れた。今の10代，20代の人は，特にクラブ・ミュージックに興味のない人でも，「DJ」といえばミュージシャンと同じように音楽の作り手，あるいはパフォーマーといったイメージを持っている人がほとんどだと思う。　（安斎 1997：134）

今や，DJは新しい「音楽の作り手」としてのイメージも帯びている。その理由のひとつには，DJが楽曲を制作するようになったことがある。「サンプリング／カットアップ／リミックス」(椹木 1991) といった DJ 的方法論は音楽制作に大きな影響を及ぼし，そういった方法で生み出されたエレクトロ・ダンスミュージックはポピュラーな音楽ジャンルとして確立している。またサブ・バージョンに過ぎなかったリミックスがオリジナルと同等，あるいはそれを超える音楽作品としてみなされ得ることにもあらわれている。

ふたつ目に，演奏と同一視できるほどのパフォーマンス性がある。「スクラッチ」はオーディエンスには真似のできない職人技としてイメージされがちだが，そうした技法に特化した DJ である「ターンテーブリスト (turntablist)」が好例だろう。DMC (Disco Mix Club) DJ Championship といった大会でテクニックが競われるように，ターンテーブリストは，レコードやそのプレーヤーといった複製技術を楽器のように巧みに操る。奇妙に聞こえるかもしれないが，そのパフォーマンスは「アウラ（オーラ）」の喪失を引き起こしたはずの複製技術を能動的に利用することによって，「アウラ（オーラ）」を取り戻しているといえるかもしれない。

枠におさまらない DJ

このように DJ の行為は，「消費であり，生産であるという点で，これが社会学者をめちゃくちゃに混乱させる」(Brewster and Broughton 1999=2003：29)。それは生産者 (producer) と消費者 (consumer) を組み合わせたアルビン・トフラー (Albin Toffler) の造語「生産消費者 (prosumer)」を想起させる (Toffler 1980)。「モノ消費」によって「コト」を生み出すと言い換えてもいい。DJ とは横断的かつ越境的であり，コミュニケーション・モデルの「送り手」／「受け手」という枠組みにもおさまりきらない。クラブカルチャーにおいては，「送り手」／「受け手」という関係性が不可逆の固着した関係ではなく，緩やかで流動化しているといった点で「ライブ文化」とは異なり，DJ はそれを象徴している。

たとえば，DJ のかける音楽は絶対的なものではない。プレイする DJ の音

楽であると同時に，その作り手の音楽でもある。そのどちらにオーディエンスが共感を示す（踊る）かは状況や文脈によって大きく異なる。さらには，小規模でアットホームなイベントでは，オーディエンスと DJ とが交代することすらある。ソーントンがクラブカルチャーを「嗜好の文化（taste culture）」（Thornton 1995）と指摘したように，嗜好を共有する緩やかな紐帯が時間と空間を共有して集う（gathering）「現場」こそが，クラブなのである。

　その点については 4 節で詳述するが，その前にまず VJ というアクターについて触れておきたい。

3　VJ と「現場」

VJ とミュージック・ビデオ

　クラブカルチャーには，音楽表現における DJ 以外にも映像表現を担う VJ（video/visual jockey）というアクターが不可欠になっており，音楽文化の「現場」性を考える上でも興味深い事例となっている。映像表現というと，完成された作品を映画館などで鑑賞する様子を想像するかもしれないが，VJ の表現は異なる。VJ とは，「ビデオやヴィジュアルをうまく操る者」であり，その名が日本で知られるようになったのは1990年頃だが[6]，その契機はミュージック・ビデオを流す音楽専門チャンネル「MTV」がアメリカで流行した1980年代だと考えられる。

　ミュージック・ビデオは映画音楽とは異なる，映像と音楽との新たな関係を印象づけた。すなわち映像に合わせた BGM ではない，音楽に合わせたヴィジュアル表現というあり様である。「1980年代前半，アメリカでの MTV ブームを受ける形で日本でも紹介されはじめ，1980年代半ば頃から後半にかけて，日本でも広く流通するように」なり，「その後1990年代以降も，音楽のプロモーションツールとして」制作されるのが当たり前となっているという（溝尻 2006）。MTV のピークを象徴するマイケル・ジャクソンの「スリラー」（1983）のミュージック・ビデオは13分34秒に及ぶショートフィルムで，映画並みの予算をかけて制作されたほどだ。

　ミュージック・ビデオ受容の拡大を，オーディエンスの「日常実践の中に，ビデオというテクノロジーが埋め込まれていった結果」（溝尻 2006）と考えるならば，DJ と同様に VJ も「能動的オーディエンス（active audience）」としてとらえられる。すなわち，ビデオという複製技術を能動的に利用するところから VJ が生まれたのである。

VJ の実践

　クラブといった「現場」において，DJ のプレイする音楽やバンドのライブ演奏にあわせて，「VJ が即興演奏的に複数の映像信号ソースをスイッチング（切換），ミックス（混合），フィルター（効果）によって操っている」（本村 2005：26）。つまり VJ は，DJ のようにクラブといった「現場」でリアルタイムに「カット・アンド・ミックス」（Hebdige 1987）という実践を行っている。ここで重要なのは，「即興」や「リアルタイム」という点である。

　DJ に比べて歴史の浅い VJ の場合，「現場」で実践するコストも大きいものがあった。1980年代後半，ビデオテープといったアナログなメディアを使用する初期の VJ の場合，まだ「現場」に必要な設備（プロジェクターやビデオミキサーなど）が用意されていないことも多く，必要な機材の調達や搬入もしなければならないこともあったという（太田 2014）。使用する映像素材も，自ら制作したり，既製の映像からサンプリングしたり，リアルタイムに撮影したカメラ映像を使用したり，さまざまな試行錯誤が行われた。90年代になると，VJ に関するデジタル技術が急速に発展，普及することによってコストは低減され，映像素材の自作も簡便化していく。[7]

　それでも「現場」でリアルタイムに映像表現を行う VJ が存在したのは，クラブカルチャーが有する創造的な側面に理由がある。つまり，「ディスク文化」でありながら，「ライブ文化」的な部分もあり，「モノ消費」に基づいて「コト」を生み出す。『VJ が装置（ミキサー）を操作する契機というのは，ここで重要課題となる音楽との連携以外にも，パーティーの展開，DJ のパフォーマンス，クラバーの反応，その場の雰囲気（照明との関連）などによって多様に訪れる」（本村 2005：26）のであり，パッケージされた商品ではなく，リアルタ

イムに即興的に表現する実践が重要視されていたことがわかる。

ネットワーク社会と映像表現

　早くから VJ として活動してきた宇川直宏は，USTREAM を使ったライブストリーミング・スタジオ兼チャンネルの「DOMMUNE」を2010年から主催する。前半トーク番組を 2 時間，後半 DJ ＆ライブ番組 3 時間，計 5 時間，視聴者が実際に訪れることも可能なサロン的スタジオから，USTREAM と Twitter を連動して配信することで，オーディエンスとのライブ・コミュニケーションが図られる。宇川直宏はこの取り組みを次のように言う。

　　「DOMMUNE ＝現代美術」に於けるアウラは果たして何処に存在するのか？ご存知の通り，「いま」「ここ」という 1 回性が生み出す権威の問題です。事実，DOMMUNE の現場（スタジオ）には身体性が伴った「いま」と「ここ」が存在しています。しかし配信されている DOMMUNE には「ここ」がすっぽり抜け落ちた「いま」。そして第 3 の現場としての「ここ」が“ある”ことも事実なのです。DOMMUNE の視聴覚体験には，第 3 の現場としてのコミュニケーションが存在している。それがツイートのタイムラインによって浮かび上がります。世間でソーシャル・ストリーミングの夜明けと騒がれているとおり，USTREAM と Twitter の親和性があってようやく形成されている意識交流を核とした現場です。

　　　　　　　　　　　　　　　　　　　　　　　　　　　（宇川 2011：119）

　「アウラ（オーラ）」という「いまここ」を共有する価値に対して，ネットワーク社会の進展は「いま」の共有だけを押し進め，「ここ」が置き去りにされてきた。実際，Twitter（日本でのサービス開始は2008年）は，当初「なう」という言葉を最後につけてツイートすることで普及した。今何をしているかは，ソーシャル・メディアで容易く共有できるようになった。宇川も指摘するように抜け落ちた「ここ」が重視され，映像表現も「スペクタクル」化し，近年のプロジェクションマッピングにもつながっているといえよう。

4 「つなぐ／つながる」ための「現場」

「シンクロ」

クラブという「現場」は「シンクロ」[8]の快楽が満ちている。それは，音楽社会学者の小川博司が「ノリがいい」とする「音楽のコミュニケーションの参加者が内的な時間の流れを共有している状態」でもある（小川 1988）。

DJ は，プレイ中の曲に次の曲を「シンクロ」させてつないでいく。VJ も，音楽に「シンクロ」させるように映像を操る。それだけでなく，どちらもその場の雰囲気に「シンクロ」させるように表現する。オーディエンスは，DJ がミックスする音楽に身体を「シンクロ」させてダンスをする。

クラブという「現場」は，音楽や映像を「つなぐ／つなげる」ように，人と人とを「つなぐ／つなげる」。クラブは「倶楽部」と当て字されるように，同じ時間と空間を共有して楽しむ場である。同時に，音楽的な嗜好を共有することで緩やかに結びつくネットワークの結節点ともなり得ている。編集者であり選曲家／ DJ でもある橋本徹は次のようにいう。

> 自分の好きなものを自分だけで大切にしたいタイプと，人と一緒にその良さを分かち合いたいタイプがいると思うんだけど，僕はやっぱり後者なのね。好きな曲や好きなものがあったりすると，友達にどんどんしゃべって紹介するから。　　　　　（フリーペーパー『surge』01 2001. spring より）

クラブとは，まさにソーントンの「嗜好の文化」のための「現場」になっている。

「交響圏」としてのクラブカルチャー

クラブという「現場」におけるイベントは「オーガナイザー」によって企画・運営される。小規模なイベントの場合，DJ が兼ねることが多く，渉外から広報まで行う。インターネットが普及した現在では，ソーシャル・メディア

での告知が通例だが，1990年代までは「フライヤー」と呼ばれる紙媒体のチラシを作成し，実際にレコード店やカフェ，アパレルショップに頒布に周ることもあった。オーガナイザーやDJ，VJなどが能動的かつ重層的に関わって，イベントは成立し，オーディエンス同士を結びつけていた。

　たとえば，個別に活動していた複数のイベントが合同して開催するあるイベントのフライヤーには，次のような趣旨が掲載されている。

　　　レギュラーイベントを主催して活動しているDJと"colorpiece"[9]がコ
　　ラボレーションするイベントです。〔中略〕イベント主催者同志で交流で
　　きる機会を作りたいと考えました。各イベントについているお客さん同志
　　の交流にもなるし，結構，そのイベントにしか行かないって人が多いので
　　いい機会になると思います。お客さんがこの交流イベントを通じて今度，
　　足を運んでみようと感じるイベントが見つかる事を願います。[10]

　そのあり様は，社会学者の見田宗介がいう「交響圏（symphonic sphere）」とよく似ている。「交響圏」とは「個々人が，自在に選択し，脱退し，移行し，創出するコミューンたち」（見田 2006）であり，多元的な帰属を可能とし，またそれらが幾重にも重なり合う重層的なものである。クラブカルチャーにおいて，あるイベントのユニットに帰属しているからといって，それは絶対的なものではない。他のユニットへ参加することも，新しいユニットを形成することも自由である。また，それぞれのイベントのオーディエンスは自由で重層的な参加離脱が可能なのであると同時に，新たなイベントのオーガナイザーとなる可能性もはらむ。そのつながり方は，確かに「交響圏」と類似し，現代的なものといえる。

　筆者が事例としたクラブイベントの中心的なオーガナイザー／DJは，その後次のように語っている。

　　　長いことやってきたけど，それはなぜかといったら，そこに決まった必
　　ずこの子らは来るだろうみたいな子が来ている状況（中略），よくいうけ

れど,「スモール・サークル・オブ・フレンズ」ってあるやん。ああいうのを,大かれ小かれもっておきたいなっていうのはある。[11]

　DJやVJ,そしてオーディエンスがフラットにつながるような「交響圏」によるクラブカルチャーは,リアルな「現場」を必要とする。第3節の終わりにも指摘したように,ソーシャル・メディアが普及した現代だからこそ,かえって「現場」が求められるようになっているといえよう。実際,「初音ミク」のようなボーカロイド文化を育んだニコニコ動画を運営する株式会社ドワンゴも,六本木のクラブ「ヴェルファーレ」跡地に2.5次元的なライブハウス「ニコファーレ」を2011年にオープンしている。

　あらためてレヴィ=ストロースの「ブリコラージュ」を引き合いに出すならば,クラブカルチャーにおいて能動的に利用される「あり合わせのもの」とは,音楽や映像,そして人だけでなく,空間にも適用される。「嗜好の文化」は「つなぐ／つなげる」ための「現場」を必要とするが,クラブカルチャーの場合,クラブという既成の店舗空間を能動的に利用する形を編み出してきたのである。能動的に利用されるクラブという店舗空間に対する規制について,次節でみてみよう。

5　「現場」に対する規制

風営法とダンス

　実は,クラブは法律で規制されている。日本では「風俗営業等の規制及び業務の適正化等に関する法律」(通称,風営法)[12]があり,「ナイトクラブその他設備を設けて客にダンスをさせ,かつ,客に飲食させる営業」に該当するものとみなされてきた。営業するためには,許可を取得しなければならないのだ。

　なぜクラブが風営法によって規制されるのか。それを考えるためには,風営法が制定された1948年までさかのぼる必要がある。この法律は,第二次世界大戦前より続く風俗の取り締まり(風俗警察)を引き継ぎ,「飲酒・射幸・性」,いわゆる「飲む,打つ,買う」にまつわる営業を規制するものであった。[13]それ

を示すのが制定当初の風俗営業の定義にある三業種だ。

一　待合，料理店，カフェーその他客席で客の接待をして客に遊興又は飲
食をさせる営業

二　キャバレー，ダンスホールその他設備を設けて客にダンスをさせる営
業

三　玉突場，まあじゃん屋その他設備を設けて客に射幸心をそそる虞のあ
る遊技をさせる営業

　一号にある「飲食」は「飲む」，三号の「射幸心」が「打つ」を意味するこ
とはわかりやすい。けれども，「買う」は一号の「接待」や二号の「ダンス」
という言葉に集約させられる。終戦直後，ダンスホールは駐留していた連合国
軍の兵士と売春婦との交渉の場となっていたこともあり，性風俗を乱すおそれ
があるという理由で，「ダンスをさせる営業」は風営法で規制されたのである
（永井 2015）。それが形を変えて細分化し，「ナイトクラブその他設備を設けて
客にダンスをさせ，かつ，客に飲食をさせる営業」として，ディスコやクラブ[14]
のようなダンス空間を規制する法的根拠となった。

　日本では1960年代後半頃からクラブのようなダンス空間があらわれ，その草
分けは1968年5月にオープンした赤坂3丁目の「MUGEN」といわれる（浜野
2005）[15]。その後，少年非行の増加が注目されるようになるなか，ティーンエイ
ジャーがディスコへと集まるようになり，1978年夏に映画『サタデーナイトフ
ィーバー』[16]が日本で公開される。これによりディスコは大流行するとともに低
年齢化し，モラル・パニックを引き起こしていった。

　ひとつの転機が1982年だった。家出中の女子中学生2人が新宿のディスコで
知り合った若い男にドライブに誘われて一人が殺されるという，いわゆる「新
宿ディスコ殺人事件」が起きた。この事件は大きく報道され，ディスコが「非
行の温床」となっていることを強く印象づけた。

　この事件を受け，1984年に風営法が大幅に改正された。改正の最大のポイン
トは，これまで明記されていなかった法律の目的がはじめて記載されたことだ。

すなわち，「善良の風俗と清浄な風俗環境を保持し，及び少年の健全な育成に障害を及ぼす行為を防止するため」という目的である。ダンス空間に対する規制は，従来の性風俗を乱すおそれがあるという理由よりも，少年非行防止のためという論理へと変容していったといってよい（太田 2013）。

　一方，「非行の温床」とみなされたディスコは，未成年者の立ち入りを防ぐため，自主規制的に ID や服装のチェックを入場客に実施するようになっていった。そうすると次第に，チェックディスコはある種の特権的な空間となっていった。1980年代後半，バブル景気に差し掛かる高度消費社会のなかで，ディスコはブランド品と同じように，他者と差異化を図るために消費される記号と化したのである。そのような閉鎖的なダンス空間に対するアンダーグラウンドなオルタナティヴとして台頭してきたのがクラブだった。店舗による差異化の戦略が主流だった80年代末，クラブは，そこで開催されているイベント（さらに，いかに店舗空間を利用するか）によって差異化を図る戦略を編み出していった（太田 2009）。したがって，イベントによって様相をさまざまに変える「ハコ」としてクラブは成立していったのである。

　ただ，「風俗営業」の許可を取得した場合，営業時間は午前0時（繁華街では午前1時）まで，客室床面積66㎡以上（ダンスさせるための床面積が1/5以上），18歳未満の立ち入り禁止など，さまざまな制約を受け入れる必要があった。とりわけ営業時間やダンスをさせるための構造的要件など，オールナイトで多様なイベントが行われるクラブカルチャーと相容れるものではなかった。そこで，小規模なクラブを中心に風俗営業としての許可を取得せずに，いわゆる「ハコ貸し」と呼ばれる営業スタイルで，1990年代にはさまざまなイベントが自由に開催され，クラブがブームになっていった。

風営法改正運動

　しかし，2010年12月の大阪アメリカ村における風営法違反（無許可営業）容疑によるクラブ初摘発をきっかけに，取り締まりが強まる。その背景には，クラブにかかわる傷害致死事件や大学生の「大麻汚染」[17]，近隣住民からの苦情などがあったという（木曽 2017）。それでも「許可なくダンスをさせた罪」とい

う風営法違反容疑に対して「なぜ」という疑念がくすぶっていた。2012年4月4日，大阪中崎町にある老舗クラブ「NOON」が風営法違反（無許可営業）容疑で摘発された[18]こともあり疑念から改正運動へと転換していった。翌5月から風営法の規制対象から「ダンス」を削除することを主な請願事項とした「Let's Dance 署名活動」がスタート，2012年5月16日付「朝日新聞」に「クラブじゃ踊れない⁉」と題した記事が掲載された。記事では，時代と風営法のずれを指摘する声や署名活動呼びかけ人の一人，坂本龍一の「クラブはサブカルチャーのハブ（中継点）。音楽，ダンス，アート，文学，IT など多くの分野がつながっている。クラブ文化を取り締まるのは時代錯誤。日本文化破壊といっても過言ではない」という批判が紹介された。署名活動は，1年間で目標を上回る15万5,879筆を集めて国会へ提出，さらに，2014年4月25日には「NOON」裁判[19]で無罪判決が言い渡された。翌5月に内閣府規制改革会議で「クラブの規制緩和を求める意見書」が提出されるなど，風営法改正に向けて動きが加速していった。

　結果として，改正風営法は2015年6月に可決，新たに「特定遊興飲食店営業」を設けられ，その許可を取得すれば，深夜12時以降のダンス営業が認められることになったのである。

観光と文化

　風営法の改正は，2020年東京オリンピック・パラリンピック競技大会開催に向け，観光資源としてナイト・エンターテインメントを拡充する目的で行われた側面も大きい。2014年6月の内閣府規制改革会議で「2020年の東京オリンピック開催が決定している中，ダンス文化を活用した魅力ある街づくりを進め，海外観光客を呼び込むためにも，風営法の見直しについて検討する」（「規制改革に関する第2次答申〜加速する規制改革〜」より）と述べられていることからもそれは明らかである。

　少子高齢化が進み，内需拡大に限界が見え始める日本にとって，訪日外国人観光客のインバウンド消費に期待が集まるのは当然，ナイトタイムエコノミー（夜の経済活動）を活性化させようとする動きもある[20]（齋藤 2019）。2016年12月

表8-1　ダンス空間規制関連年表

1948年	風営法（「風俗営業取締法」）制定
1951年	少年非行「第一の波」
1959年	風営法（「風俗営業等取締法」）改正（三業種から七業種へ）
1964年	少年非行「第二の波」
1979年頃	映画『サタデーナイトフィーバー』公開，ディスコブームが起こる
1982年6月	新宿ディスコ殺人事件
1983年	少年非行「第三の波」
1984年	風営法（「風俗営業等取締法から風俗営業等の規制及び業務の適正化等に関する法律」）大幅改正（目的明記）
1980年代末	チェックディスコ化する一方でクラブが台頭
2008年3月	大阪ミナミのクラブにおける傷害致死事件
2008～09年頃	大麻所持容疑で逮捕される大学生が相次ぎ「大麻汚染」と呼ばれる（大麻の入手経路としてクラブが挙げられることがあった）
2009年8月	元アイドル酒井法子の覚せい剤取締法違反事件（事件後，彼女がクラブでDJをしている動画がスキャンダラスに取り上げられた）
2010年1月	大阪ミナミのクラブ内でのトラブルを発端とした傷害致死事件
2010年12月	大阪ミナミ アメリカ村のクラブが風営法違反（無許可営業）容疑で初摘発される
2012年4月	大阪キタのクラブ「NOON」が風営法違反（無許可営業）容疑で摘発
2012年5月	風営法改正を求めるLet's Dance署名活動開始
2012年9月	六本木クラブ襲撃事件
2013年4月	クラブとクラブカルチャーを守る会発足（初代会長Zeebra）
2013年5月	Let's Dance署名活動によって集まった155,879筆を国会へ提出 超党派の「ダンス文化推進議員連盟」発足
2013年10月	「NOON」裁判の公判開始
2014年4月	「NOON」裁判で無罪判決が言い渡される
2015年6月	風営法改正案可決
2016年6月	改正風営法施行
2016年12月	IR（統合型リゾート）推進法施行
2017年4月	「時間市場創出（ナイトタイムエコノミー）議員連盟」発足
2018年1月	渋谷のクラブ「青山蜂」が風営法違反（無許可営業）容疑で摘発
2018年7月	IR（統合型リゾート）整備法成立

に「特定複合観光施設区域の整備の推進に関する法律」（通称，IR 推進法，カジノ法）が成立，2018年 7 月に整備法案も成立した。カジノばかりが注目されているが，2025年の大阪・関西万博の開催地となる大阪湾の人工島，夢洲に統合型リゾート（Integrated Resort）を招致する動きともかかわる。そのなかでは，シンガポールやラスベガス，マカオをモデルに，カジノを含む IR におけるナイト・エンターテインメントのひとつとして，クラブという「現場」は期待されているのである。

　その一方で，新しい音楽文化を創造，発信してきた「現場」が変容してしまうのではないかという懸念もある。クラブカルチャーは，これまで見てきたように，レコード音楽だけでなく，空間もうまく流用，奪用しながら，グレーゾーンや余白のなかで形成されてきた。それが，IR のなかのパッケージされたエンターテインメントとして設えられてしまうならば，その文化的な意味は失われてしまうおそれもある[21]。また，2018年 1 月には改正後の風営法違反容疑で，1995年から渋谷で営業する老舗クラブ「青山蜂」の摘発[22]もあった。営業許可地域からわずかに外れ，近隣住民の苦情もあって摘発されたという。こうしたゾーニング規制はますます強まり，クラブのような「現場」のあり様に影響を与えていくだろう。

　このようにクラブカルチャーは，商業主義的なエンターテインメントと創造的な音楽文化の狭間にある。インターネットによる音楽聴取の一般化と，それとバックラッシュするかのような「コト消費」的なライブ・エンターテインメントの盛り上がりは，今後どのようになっていくのだろうか。新たに醸成される音楽文化は，「現場」とどういった関わりになっていくのだろうか。デジタルとアナログ，複製とライブといった境界をまたいだクラブカルチャーは，表現文化の移り変わりを考える上でも貴重な事例であり続けている。

注
1) 太田省一は AKB48を「テレビを活動の場として当てにできなくなったアイドル歌手が，ライブハウスや劇場などでの公演を活動の中心にし」た「ライブアイドル」の系譜に位置づけ，劇場という「現場」を「アイドルとファンだけで完結するよ

うな空間」と説明する（太田 2011）。

2）ここでは「クラブ」を単にナイトクラブ営業だけでなく，DJ イベントを行う一部のカフェやバー，ライブハウスもその範疇に含めて論じていく。

3）増田聡（2005）によれば，ライブ文化における音楽のコミュニケーション過程は「作者－楽曲－演奏者－演奏－聴取者」と整理される一方，ディスク文化におけるコミュニケーション過程は「作者－作品－聴取者」と整理される。

4）レコードを擦るスクラッチというテクニックは，70年代後半に NY の DJ グランド・ウィザード・セオドアが偶然に発見し，DJ グランド・マスター・フラッシュによって確立されたといわれる。

5）雑誌『GROOVE』AUTUMN 2004「30年で300万台が世に送り出されたロングセラーモデル誕生秘話」より。SL-1200シリーズは2010年12月にいったん生産終了したが，2016年に復活した。

6）2006年の古屋蔵人ほか編『映像作家100人』で，宇川直宏は「89年に俺ら世代がプロジェクターを使ってクラブという空間に映像を持ち込んだのが，今の VJ シーンの黎明期だと思うよ。確実に91年には VJ と自称してた」と述べている。

7）1980年代後半では Apple の Mac や Amiga のビデオトースターなど，90年代には Adobe の Flash や After Effects，Motion Dive といったソフトウェアが登場した。

8）「シンクロ」とは，synchronization（同期）や synchronicity（共時性）を含む意味で用いており，「いまここ」の「いま」をとりわけ共有する感覚といえよう。

9）筆者も DJ として参加していたクラブイベント。1999年9月3日から2004年8月21日まで通算30回開催。

10）2000年12月30日に開催された「meeting!」のフライヤーより。本イベントは複数のイベント主催者がコラボレーションするものだった。

11）2006年10月20日に実施したインタビュー調査より。

12）イギリスにおいて，野外ダンス文化の「レイヴカルチャー」を規制するために制定された「クリミナル・ジャスティス法」（1994）の中で，「反復的なビート（repetitive beats）」が対象となった。

13）永井良和によれば，風営法は「飲む・打つ・買う」の規制とはいえ，「買う」についてはいささか腰が引けた感じであり，ダンスを踊ることが売買春行為であるといいきるには無理があるという（永井 2015）。

14）「ディスコ」とは，「レコード・ライブラリー」を意味するフランス語「ディスコティーク」を語源とし，1960年代頃よりダンス空間を指すようになり，日本では1970〜80年代のダンス空間を象徴する言葉である。

15) 1960年代後半，新宿には「クレイジー・スポット」や「THE OTHER」「チェック」「LSD」「プレイメイト」「アングラポップ」「ベビーグランド」などのディスコがオープンしていたという（KORN 監修 1997）。

16) ニューヨークのブルックリンを舞台に，退屈なペンキ屋稼業を営むイタリア系の若者（ジョン・トラボルタ）が，ディスコのダンスコンテストで優勝するまでを，恋と青春の苦悩を織り交ぜながら描いた映画。

17) 大麻所持容疑で逮捕された大学生が「クラブで購入した」と供述したと報道された。

18) 「NOON」というクラブは，1993年末に前身の「DAWN」がオープンして以来，約18年間続いていた老舗クラブであり，摘発当日21時43分頃，わずか20人ほどの客がいるのみのなか，突然捜査員が入ってきて風営法違反（無許可営業）容疑で経営者が逮捕されたという。

19) 「NOON」摘発当時の営業が風営法の三号営業「ナイトクラブその他設備を設けて客にダンスをさせ，かつ，客に飲食をさせる営業」と言えるのかという争点で無罪判決となった。

20) 2017年4月に自由民主党時間市場創出推進（ナイトタイムエコノミー）議員連盟が発足し，翌2018年1月に，鉄道・バスの24時間運行など，訪日外国人観光客が日本の夜の観光スポットや娯楽を楽しめる環境整備を求める中間提言を行った。

21) 「大箱とかに行くと，『ギャル付け』というサービスがありますが，（中略）要は，高額なVIP席をオーダーして座るのですが，シャンパンを持ってきてくれて，かつ，ダンスフロアからお店の人が女の子を誘って，『VIP席で飲まない？』と言って連れてくる」（齋藤・山口 2018）というような状況は，マカオやシンガポールにおけるIRにあるクラブでも見かけられる。

22) 渋谷の「青山蜂」は1995年オープンの老舗クラブだが，風営法の営業許可地域からわずかに外れており，近隣住民の苦情もあり摘発されたという。

参考文献

安斎直宗，1997，『DJ のための全知識』リットーミュージック.

Brewster, B. and F. Broughton, 1999, *Last Night A DJ Saved My Life*, Headline Book Publishing.（＝島田陽子訳，2003，『そして，みんなクレイジーになっていく――DJ は世界のエンターテインメントを支配する神になった』プロデュース・センター出版局.）

Hall, Stuart, [1973] 1980, "Encoding／decoding," Centre for Contemporary Cultural

Studies ed., *Culture, Media, Language: Working Papers in Cultural Studies, 1972-79*, Hutchinson.

浜野安宏, 2005, 『35歳から伸びる人, 止まる人』PHP 研究所.

Hebdige, Dick, 1979, *Subculture*, Methuen.（＝山口淑子訳, 1986, 『サブカルチャー』未來社.）

―――, 1987, *Cut 'n' Mix: Culture, Identity and Caribbean Music*, Routledge.

磯部涼, 2012, 『音楽が終わって, 人生が始まる』アスペクト.

―――編, 2012, 『踊ってはいけない国, 日本――風営法問題と過剰規制される社会』河出書房新社.

―――編, 2013, 『踊ってはいけない国で, 踊り続けるために――風営法問題と社会の変え方』河出書房新社.

神庭亮介, 2015, 『ルポ風営法改正――踊れる国のつくりかた』河出書房新社.

木曽崇, 2017, 『「夜遊び」の経済学――世界が注目する「ナイトタイムエコノミー」』光文社.

KORN 監修, 1997, 『ディスコ伝説70's』銀河出版.

Kusek, David, and Leonhard, Gerd, 2005, *The Future of Music: Manifesto for The Digital Music Revolution*, Boston: Berkelee Press.（＝yomoyomo 訳, 2005, 『デジタル音楽の行方――音楽産業の死と再生, 音楽はネットを越える』翔泳社.）

増田聡, 2005, 『その音楽の〈作者〉とは誰か――リミックス・産業・著作権』みすず書房.

南田勝也, 2007, 「メディア文化の未来――身体へ波及するデジタルなモード」富田英典・南田勝也・辻泉編『デジタルメディアトレーニング――情報化時代の社会学的思考法』有斐閣.

見田宗介, 2006, 『社会学入門――人間と社会の未来』岩波書店.

宮入恭平・佐藤生美, 2011, 『ライブシーンよ, どこへいく――ライブカルチャーとポピュラー音楽』青弓社.

溝尻真也, 2006, 「日本におけるミュージックビデオ受容空間の生成過程――エアチェック・マニアの実践を通して」『ポピュラー音楽研究』第10号, 112-127.

本村健太, 2005, 「メディアアートとして VJ 表現の可能性――インタラクティヴ映像メディア表現の考察」『電子情報通信学会技術研究報告』[画像工学] 105(162): 25-30.

永井純一, 2016, 『ロックフェスの社会学――個人化社会における祝祭をめぐって』ミネルヴァ書房.

永井良和, 2015, 『定本 風俗営業取締り――風営法と性・ダンス・カジノを規制する
　　この国のありかた』河出書房新社.

太田健二, 2009, 「クラブカルチャーの文化社会学的考察――メディア利用と空間利
　　用という観点から」『大阪大学大学院人間科学研究科紀要』35: 273-291 .

――――, 2013, 「風営法による規制とクラブカルチャー――摘発の増加と規制の論
　　理」『四天王寺大学紀要』55: 75-90.

――――, 2014, 「同期する時代における音楽文化の「現場」性――クラブカルチ
　　ャーの VJ を事例に」『四天王寺大学紀要』57: 179-194.

――――, 2015, 「風営法による規制とクラブカルチャー②――法改正とコンプライ
　　アンス化する社会」『四天王寺大学紀要』59: 127-144.

――――, 「空間における規制と文化――2020年東京オリンピックに向けた音楽と喫
　　煙をめぐる規制を事例に」『四天王寺大学紀要』65: 21-37.

太田省一, 2011, 『アイドル進化論――南沙織から初音ミク, AKB48まで』筑摩書房.

小川博司, 1988, 『音楽する社会』勁草書房.

齋藤貴弘・山口哲一, 2018, 『クラブカルチャーの未来と風営法改正――法改正から
　　生まれた夜の価値』PHP 研究所.

齋藤貴弘, 2019, 『ルールメイキング――ナイトタイムエコノミーで実践した社会を
　　変える方法論』学芸出版社.

椹木野衣, 1991, 『シミュレーショニズム――ハウス・ミュージックと盗用芸術』洋
　　泉社.

柴邦典, 2016, 『ヒットの崩壊』講談社.

Thornton, Sarah, 1995 *Club Cultures: Music, Media and Subcultural Capital*, Polity
　　Press.

Toffler, Alvin, 1980, The Third Wave, New York: Morrow. (= 徳山二郎監修, 1980,
　　『第三の波』日本放送出版協会)

宇川直宏, 2011, 『@DOMMUNE』河出書房新社.

（太田健二）

第9章

青文字系 Kawaii Culture にみる 音楽アイデンティティー

　6.1サラウンドシステムなど最新テクノロジーを取り入れ，日本の若者の間で絶大な人気を誇るバンド「サカナクション」は，そのコンセプトに「違和感」を掲げ，「アイデンティティ」という楽曲をリリースしている。2018年の国連総会では「BTS」のRMが，音楽を通した自分らしさの認識を世界の若者に向けて発信した。このように，ミュージシャンたちは音楽を通してアイデンティティーを表現する。また，リスナーやファンは，音楽というコミュニケーションチャンネルを活用し，それぞれのアイデンティティーを強化していく。

　上記のような自己表現行為を踏まえ，本章では，表現文化の中でもリスナーやファンという音楽を享受する個人に焦点を当て，音楽を通したアイデンティティーの表現方法について青文字系 Kawaii Culture を事例に述べていく。

1　音楽アイデンティティーという概念

音楽アイデンティティーの歴史

　音楽アイデンティティーという学術的概念は，レイモンド・マクドナルド（Raymond MacDonald），デイヴィッド・ハーグリーヴズ（David Hargreaves），ドロシー・ミエル（Dorothy Miell）の3名の研究者が2002年出版した *Musical Identities* という学術書で産声をあげた。[1] この書籍では，主に社会心理学，発達心理学と認知心理学を基礎に，個々の社会生活や日常生活に密接に関わる音楽が，個人のアイデンティティーの表現や形成を通して，いかに価値観，言動

などに影響を与えているかに着眼し，個と音楽の相互作用を明示している。その後，世界中のさまざまな分野の研究者がこの概念を基礎に研究論文を発表し，2017年には，この学術的広がりを受けて，事実上の後続版である *Handbook of Musical Identities* が，上記3名を編著とし刊行された。この新刊では，新たに社会学，教育学や工学など心理学領域以外の多岐にわたる分野の研究成果が掲載されている。

音楽アイデンティティーの定義と社会学との関連

音楽アイデンティティーは心理学的アプローチに基づき音楽におけるアイデンティティー（identities in music）とアイデンティティーにおける音楽（music in identities）との2つに大別されている。前者は，文化および社会的役割によって確立されるアイデンティティーを差し，音楽評論家，作曲者，ミュージシャンなど，音楽を何かしらの形で発信し，音楽活動の主軸となっている事が多く，音楽が自己概念（self-concept）の形成過程において重要な役割を担っていると主張している（Hargreaves et al. 2017：4）。

対照的に後者は，個々それぞれに帰属する全体的な self-identities のなかで，個人の中に内在する男性性や女性性，内向性や外向性などのような自己認識（self-definition）や自分らしさという感覚において，音楽が重要であると言及されている（Hargreaves et al. 2017：4）。この概念は，音楽の受け手であるリスナーやファンに応用可能であるということができる。たとえば，クラシック好きは内向的で自己肯定感が高く，ヘビーメタル好きは内向的かつ自己肯定感が低い傾向にあるという個々の音楽の好みとパーソナリティーに関連性があるという研究結果が発表されている（North 2010：203-207）。この結果は，類似したパーソナリティーをもつ人たちが同じ音楽嗜好をもつ傾向があることを示唆している。またこの研究結果を基に「アイデンティティーにおける音楽」をみると，音楽が特定の音楽ジャンルやアーティストのファンによる個の集合体である共通項でくくられたグループにおいても「私たちらしさ」という感覚における重要性をもっているといえる。

これらを踏まえ，社会学との関連を見ていくことにする。心理学領域におい

て，音楽は非言語的な人間同士の相互作用をつかさどり，情熱，感情，個の考えを通した信念などを共有するコミュニケーションに欠かすことのできない伝達手段であると主張されている（Hargreaves et al. 2002：1）。また，社会学的観点からも，ポピュラー音楽の4つの社会的機能のなかに「私たちの社会における居場所やアイデンティティーに関する疑問に答えを出すことを可能にする」という考察が存在する（Frith 1987：264）。加え，特定の社会集団がもつ信念が音楽に反映されるのではなく，人々は実践される音楽によって「私たちらしさ」や「自分らしさ」を実感していると論じられている（Frith 1996：123-125）。さらに，音楽学の観点からは，現代における個々の音楽嗜好は，人々にとって「自分らしさ」の決定や表明に関わる重要な点であり，音楽そのものが文化的またはサブカルチャー的アイデンティティーの在り方を強調するという見解が発表されている（Cook 2000：4-5）。このように音楽アイデンティティーという概念は，心理学領域だけではなく社会学にも密接に関連する概念である。

アイデンティティーにおける音楽と他の文化的要素

　冒頭でも述べたように，本章ではリスナーやファンという音楽を享受する側に焦点を当て，人々が音楽を通してどのようにアイデンティティーを強化するかについて述べている。これを踏まえ，「アイデンティティーにおける音楽」が音楽以外のどのような形成要素で特徴づけられるのかを見ていくことにする。

　FUJI ROCK FESTIVAL に起源をもつ日本の音楽フェスティバルは，不況が続く日本の音楽業界において今もなおその動員数は右肩上がりである。音楽フェスティバルが数多く開催される夏に近づくと，ファッション誌各誌で「フェスティバルコーディネート」という特集が組まれる。また，学術においても，クールジャパンの代表的ファッションであるゴスロリは，主なターゲットを若年層の女性とし，ポピュラー音楽やストリートファッションなどの文化統合で誕生したという考察が存在する（吉光 2015：218-219）。そして，共通の音楽嗜好を持つグループ内では，個人の性格の特性はそのままに，ファッションスタイルや趣味，交友関係を形成すると言及されている（Greenberg & Rentfrow 2017：306）。以上を踏まえ，ファッションはアイデンティティーにおける音楽

の特性を形成する他の文化的要素の一つということができる

　2つ目の要素として，象徴となる場所が挙げられる。音楽は他のアクティビティーを伴い，特定の場所などのような社会的脈略のなかで聴かれている（Konečni 1982：499-500）。たとえば，大阪アメリカ村のレゲエ・ミュージック専門店は，レゲエ好きの人々の情報交換や情報収集としてのサロン的な役割を果たしている[4]。これは，前述の共通の音楽嗜好をもつグループ内における交友関係の形成にもつながっており，特定の音楽を代表する場所に行き，同じ嗜好の他者と交流することがリスナーやファンのアイデンティティー強化に重要な役割を果たしているといえる。

　これに連動し，スマートフォンに代表される ICT の発達もまたその形成要素ということができる。音楽シーンの概念を提起したウィル・ストロー（Will Straw）は，インタビューで，IT 技術の進化は，世界同時多発的な音楽シーンを生成する可能性を広げ，その中でも，高速インターネットとソーシャルメディアの台頭が，特にポピュラー音楽の受容に多大に貢献していると主張している（Janotti 2012：4-7）。その具体例として，元来，特定の国や地域に根ざしたピア・グループなどが，特定の音楽スタイルなどへの忠誠心を共有するというアイデンティティーにおける音楽の形成方法に代わり，現代におけるその方法は，類似の音楽嗜好や興味を通して人々を世界のどこからでもつなげることを可能にした ICT などの新技術が牽引しているという考察が存在する（Auh & Walker 2017：803）。これを具現化したのが，本章冒頭で記述した BTS である。彼らは戦略として，著作権（特に彼ら自身の肖像権）を最初から緩和し，世界に点在しているコアファンが Youtube などの動画サイトで出演した番組やイベント動画の拡散を加速させ，さらなるファンを獲得している。また，彼らがソーシャルメディアで発信するメッセージが雇用悪化にあえぐ若者を含む社会的マイノリティーから共感を集め，そのファンコミュニティーを拡大させている（田中 2018）。

　この他にも，芸術や食文化などアイデンティティーにおける音楽の特性を形成する他の文化的要素は存在する。そして，今回は，事例となる青文字系 Kawaii Culture に最も関連していると考察できるファッション，場所，ICT

の3つを取り上げ，音楽を通したアイデンティティーの表現方法を見ていくことにする。その前に，Kawaii Culture とは一体何であるかを説明していこう。

2　現代日本の象徴「Kawaii Culture」

「Kawaii」という言葉は，1990年代後半に始まったハローキティの海外進出に端を発している。その後，2003年に発足した内閣府内の知的財産戦略本部にその起源を有する音楽・映画・アニメなどのコンテンツを主軸としたクリエイティブ産業の世界市場拡大の推進を目的とした国策としてのクールジャパンとの連動が着火点となり，現在では，他言語に変換できない意味をもつ日本発信の言葉として認知されている。事実，比較文化学者である四方田犬彦（2006：18）は，他の言語に変換できない未成熟なかわいらしさを表現する言葉である「Kawaii」を「21世紀の日本の美学」と提唱している。この唯一無二の言葉を具現化する Kawaii Culture は，国際的にも認識されている現代日本文化であり，日本文化の発信という観点から非常に注目を集めている。

　一口に Kawaii Culture といっても，「Kawaii」をキーワードにもつ異なる文化の総称に過ぎず，その特徴やターゲット層などの相違で大きく3つの系統に分類されている（小林 2014）。具体的には，アニメとマンガを非常に強い主軸とし，メイドカフェなどを文化的実践としている「おたく萌え系」と，ファッションを軸とする「赤文字系」と「青文字系」の3系統に分類される。「おたく萌え系」と他2つの相違は発信源であるコンテンツから見て明らかであるが，「赤文字系」と「青文字系」は，ファッションという同一コンテンツがその発信源である。しかしながら，この両者は対照的な位置にその立場を置いている。その理由を発信源コンテンツであるファッションを中心に紐解くことにする。

　最初に両者の名前の由来について紹介したい。「赤文字系」という言葉は，1975年に光文社より発刊されたファッション雑誌『JJ』の題字の色が赤であることから名づけられている（纓坂 2013：231）。その後創刊された『CanCam』（小学館）や『ViVi』（講談社）なども同色の題字を使っており，現在では上記3つに代表されるファッションスタイルが赤文字系ファッションとして一般に

認識されている。このキーワードに対するカウンターパンチとして「青文字系」という言葉が誕生した。その名付け親は，次節で詳細に述べる青文字系 Kawaii Culture の生みの親であるアソビシステム株式会社代表取締役の中川悠介である（中川 2016：79）。「赤文字系」とは違い，青文字系ファッション誌の代表である『CUTiE』（宝島社），『Zipper』（祥伝社）や『KERA』（ジャックメディア）の題字の色に統一感はないものの，赤文字系ファッションとの差別化を図るため，便宜的に赤の反対色である青を活用したといわれている。

　それを明確化しているのがファッションスタイルにおける相違「コンサバティブ対リベラル」である。創刊当初『ViVi』が読者に提案した日本の伝統的な女性の役割である母親業や家事などを見据えた「保守的なお嬢様ファッション」（纓坂 2013：231）から現在までその方向性にあまり変化がない赤文字系ファッションは，『「男性ウケ」のよい「コンサバ系」ともいわれるジャンルである』（辻 2013：182）。これに対し，異性に媚びることなく，ファッションにおいてそれぞれの個性を表現する（小林 2014）のが青文字系におけるファッションスタイルであり価値基準が各個人に内在している。

　再帰的に支えている文化的実践を見ても，東京ガールズコレクションというファッションショーを主軸にしたイベントに留まる「赤文字系」に対し，音楽が前面に出ているクラブイベント ASOBINITE!!! をその実践としている「青文字系」は，芸術と音楽を取り込み，多様なコンテンツを包含する文化に発展したといえる。その中で音楽は，文化形成要素として重要な役割を果たしている。事実，この現代日本文化のシンボリックパーソンであるきゃりーぱみゅぱみゅは，元々青文字系ファッション誌『KERA』の読者モデル兼 DJ としてそのキャリアをスタートさせている（ハイブリッド・オリエンタリズムの日本文化表象としてのきゃりーについては第11章を参照）。その後，すでに音楽プロデューサーとして Perfume のプロデュースで成功を収めていた中田ヤスタカと出会い，ワーナーミュージックジャパンよりメジャーデビューを果たす。この背景には，他にも芸術家増田セバスチャンと原宿を拠点にしファッションショーやクラブイベントを手掛け，現在は彼女のマネージメント会社の社長である中川が深く介在している。この４人のキーパーソンを通して，青文字系 Kawaii

Culture の歩みを振り返る。

3　青文字系 Kawaii Culture の歩み

　青文字系 Kawaii Culture を語るにあたり，必要不可欠な人物が 4 人存在する。1 人目は，アートディレクター兼アーティストの増田である。彼は，1995年当時，歩行者天国の完全廃止に伴い地価が底値をついていた裏原宿に着目し，アパレルから文房具まですべてのコンセプトを Sensational Kawaii に設定した 6 ％DOKIDOKI を原宿にオープンさせる。1998年より一大旋風を巻き起こしたユニクロのフリースに代表されるシンプル志向の影響で，彼自身の小宇宙であった「Kawaii」という概念が下火になるも2009年よりその世界観は一気に花開くことになる。

　それに目をつけ，のちに青文字系 Kawaii Culture の火付け役となる中川が 2 人目のキーパーソンである。大学在籍時代，三軒茶屋に居を構え，「創り出す街原宿」に着目し，歩行者天国完全廃止以降その表現と交流の場を失った原宿界隈の美容師・ファッション系専門学校生向けにファッションショーやクラブイベントを2002年より開始した。ベンチャー企業の株式上場に対する規制緩和もあいまって，2007年同社を設立する。その後，コンテンツを基礎とした世界への日本文化発信への貢献が日本政府の目に留まり，2015年クールジャパン戦略推進会議構成員に抜擢されるほどその権威は絶大である。

　第 3 の人物は，音楽ユニット CAPSULE のメンバー中田である。2001年に音楽活動を開始していた中田は，中川が原宿で主催していたクラブイベントで中川と知り合った。その後，2003年には Perfume の音楽プロデュースを開始し，その高い音楽センスが多くのリスナーの心を掴んだ。その結果，最後のキーパーソンであるきゃりーのプロデュースを手掛けることになる。

　2009年，高校在学時代にファッション誌の読者モデルとしてデビューし，増田が手掛ける 6 ％DOKIDOKI に足しげくかよっていたきゃりーは，同時進行で中川が手掛ける未成年でも楽しめるクラブイベントへも足を運んでいた。

2011年には，中川が主催するイベントで中田と出会い，同年アーティストとしてメジャーデビューを果たす。この4人のキーパーソンが原宿を拠点にし，文化を発信する体制が整ったのはきゃりーがメジャーデビューを果たした2011年である。

学生時代よりイベントの企画及び運営を行っていた中川は，当時から原宿界隈のアーティスト，モデルなどのクリエイターたちと広く交流し，ボトムアップ型の文化形成を模索していた。この文化形成のきっかけをつくったのが，中川が大学生時代に主催していたファッションショー「5iVESTAR（ファイブスター）」と「美容師ナイト」というクラブイベントである。中川へのインタビュー（屋代・山浦 2017）によると，美容学生や服飾学生の作品発表を目的としたファッションショーがほぼ皆無であった時代に，その発表の場を提供し，ショーの音楽やモデルの選考を中川が行い，ショーとショーの間に集客目的に芸能人を招いたコーナーを設けて開催していたのが前者である。また，後者はクラブのレンタル料が安い月曜日に着目し，火曜日が定休日であるお店が多い美容室に勤務する美容師をターゲットに開催したクラブイベントである。この月曜に開催されたイベントは，開始当初 DJ も来場者も美容師が大多数を占めていたが，お洒落で友人も多い彼らが，同業者やアパレル店員，スタイリスト，雑誌編集者などを誘うようになり，その様子が雑誌で取り上げられ，それをみた学生たちが集まりイベント自体がメジャーなものになったと話している。また，中川はこのイベント運営を通して，ちらしなどを作成するデザイナー，モデル，DJ などを含むイベントプロデュース集団を形成した。

このような経過を経て，中川は2010年にアソビシステムを設立する。その際には，一過性のブームでは終わらない原宿の固有性を活かしたカルチャーを作り上げることを明確に目的化している。つまり，音楽を最初から文化形成の要素に位置づけ，音楽が生成するコミュニティー単体に頼る音楽シーンを創るのではなく，芸術やファッションをも包含する日本の現代文化の創造を企てていたのである。

その狙い通り，すでに原宿にその根を下ろしていた芸術家増田と世界に通用する楽曲制作を行っていた中田に，青文字系 Kawaii Culture の発信源である

ファッションに強い関連をもつ読者モデルであったきゃりーをカルチャーアイコンとし，原宿という場所を巧みにリンクさせ一大ムーブメントを巻き起こしたのである。それを具現化したのがきゃりーの楽曲「PONPONPON[5]」である。

　第11章でも述べられているように，上記楽曲をきっかけに，きゃりーは世界進出を果たし，渋谷区と原宿神宮前商店会が任命した原宿カルチャーを世界に発信する原宿かわいい大使に就任した。そして，2014年より原宿への海外旅行客誘致のためのインバウンド戦略にも着手している。また，2017年には，日本文化への貢献が認められ，増田が日本文化の世界的理解の向上を目的とした文化庁の文化交流大使に着任し，ニューヨークにある大学での講義やオランダでの現地の芸術家との展覧会開催など，日本現代文化の象徴として名実ともに国内外で広く認知されている。

　音楽アイデンティティーという角度からこの4人をみると，音楽プロデューサーである中田と歌手のきゃりーは，「音楽におけるアイデンティティー」の色合いが濃いのに対し，芸術家である増田は，自身の小宇宙であった「Kawaii」という概念を音楽とのシンクロナイズで表現し，イベントオーガナイザーだった中川は，自分たちのやりたいことをやっていきたいという自身の信念を音楽を通して表現している。この観点から，後者2名は比較的「アイデンティティーにおける音楽」をその音楽アイデンティティーとしてもっているといえる。それでは，きゃりーの音楽を聴いたリスナーは「アイデンティティーにおける音楽」をどのように形成していったのだろうか。

4　形成要素①　ファッション

　前述したように，アイデンティティーにおける音楽の特性を形成する他の文化的要素として，ファッション，象徴的場所とICTの発達を取り上げる。最初に，ファッションについて考えていきたい。

音楽から派生したファッション

　音楽を起源にもつファッションスタイルとして，ヒップホップファッション

について述べる。45年ほど前に米国で始まり現在では国際的認知を獲得しているヒップホップ文化において，社会通念化しているのが，ユニフォームとしてのヒップホップファッションである（Romero & John 2012：xiii）。極太のパンツに，ハイカットスニーカー，MBL チームのキャップというようなファッションスタイルは，コーディネートそのものがその音楽を象徴する。

　このファッションは，カリグラフィーアーティストの作品のひとつとして洋服が選ばれたことが起源とされている（Romero & John 2012：xiii）。また，ヒップホップは公民権運動以降のアフリカ系アメリカ人の価値観を表現するものである（山下 2014：41）。つまり，ヒップホップそのものがライフスタイル（生き方）の一つとして組み込まれ，ファッションが芸術と連動し，生き方を音楽と共に象徴していたのである。そして現在では，その市場の国際化が定着し，Gucci などさまざまなブランドがそのファッションテイストを組み込んでいる。ここからわかるように，ファッションのカテゴリーとして音楽ジャンルであるヒップホップという名称がつけられるほど，このファッションスタイルは大衆化している。これを踏まえ，青文字系 Kawaii Culture における音楽とファッションについて考えていく。

ライフスタイルの語り手としてのアパレル

　青文字系 Kawaii Culture の起源は，増田が原宿で開店したアパレルショップであり，彼の世界観を自らの手で選択し，常連となったのがきゃりーである。デビュー後，彼女の衣装は，MV を通して世界中で視聴され，原宿を象徴するようになる。彼女の衣装を手掛け，元々青文字系ファッションやおもちゃ箱的世界観が好きであった飯島久美子は，インタビューで「一番カッコいいのは着る人にその服が似合っていて，世界観もオリジナルであること」と語っており（Sony Marketing Inc 2013），上記3名が「自分らしさ」を大切にするというライフスタイルを共通項にもっているといえる。

　そして，このライフスタイルは，カルチャーアイコンであるきゃりーがその衣装を身にまとい音楽と共に波及する。その突出した例が，西洋における彼女のファンたちである（図9-1）。

図9-1　きゃりーぱみゅぱみゅロンドン公演の参加者

出典：i-D staff（2016）．

　海外のファンたちは，彼女の色彩センスを含むファッションスタイルと類似した服を身にまとっている。[6]ヒップホップにおけるファッションスタイルが，ユニフォーム的な機能を果たすように，ファンたちのファッションスタイルが，音楽嗜好を一目で特定できるものになっている。

　さらに音楽嗜好から派生したファッションスタイルは，竹の子族のハーレムスーツにみる仲間意識（吉光 2015：5）同様，私たちらしさを象徴するものとなり，共通項でくくられたグループ内の「感情的一体感（affective alliance）」につながる。

国内における音楽を通したライフスタイルの波及

　日本国内への逆輸入という形で，きゃりーはその人気を博していく。彼女を通して，国内ではどのようにアイデンティティーにおける音楽が形成されたのかをみてみよう。海外のファンと同傾向のファッションスタイルをもつ日本人ファンも存在する。しかしながら，そのファッションスタイルが日本において大多数を占めることは，集団社会であるこの国家では，他者との調和が重要視されるがゆえ，非常に難しい。それでも，青文字系 Kawaii Culture の軸となる「自分らしさ」を大切にするライフスタイルは音楽を通して浸透していく。

　その理由は，きゃりーと類似したファッションではなく，「自分らしさ」を

基準にファッションを選択するという人たちが彼女のファンになっているからである。事実，Twitter におけるファンに好まれるトピックに，きゃりー自身が私服などで愛用する古着などのストリート系ファッションを含む原宿系（青文字系）ファッションが挙げられている（三村・牛尼 2017：7）。また，このファッションスタイルは，Kawaii Culture の分類でも説明したように個性を表現するためのファッションである。これを裏付けるように，青文字系ファッション誌の読者は，ファッションの選択に関するインタビューで，「ファッションがあっての私ではなく，私があってのファッション」という回答をしている（辻 2013：194）。これをみてわかるように，ユニフォームとしてのヒップホップファッションとは異なり，日本国内での青文字系 Kawaii Culture におけるファッションは，多様化するファッションを通して「自分らしさ」というライフスタイルそのものを音楽と共に表現しているといえる。そして，このライフスタイルをもつ親が子と共に彼女の MV 視聴やライブへ足を運ぶことにより，子への波及が進んでいる。

5　形成要素②　象徴的場所

　アイデンティティーにおける音楽と場所の関係を述べるにあたり，最も顕著な例としてビートルズとリバプールを挙げる。ビートルズファンはもとより音楽好きであれば一度は訪れたい街であろうリバプールには，彼らに所縁のある場所が存在する。2002年には空港の名前がリバプール・ジョン・レノン空港に変更され，ビートルズがその街を象徴し，都市空間を創造した。訪れた人々は，名曲「ペニーレーン」に登場する床屋跡や，ジョンとポールが出会ったセント・ピーターズ教会に足を運び，ビートルズと同じ空間を共有するという体験型観光を楽しむ。また，この街では毎年インターナショナル・ビートルズ・ウィークが開催され，バンドを通して，世界中から集まった人々が交流する。そして，この世界的にあまりにも有名なビートルズという物語をもつ都市は，国際的に観光客を魅了する。今まで見てきたように，青文字系 Kawaii Culture において原宿という場所は，名実ともに象徴的な場所である。以下で，原宿の

図 9 - 2　2018年 6 ％DOKIDOKI に来店した人々

出典：6 ％DOKIDOKI twitter 公式アカウント（2018）（一部抜粋）.

リバプール化現象を見ていくことにする。

原宿のサロン化

　きゃりーのデビューミニアルバム「もしもし原宿」や中田とダブルネームで
リリースされた「原宿でいやほい」など，彼女の曲には原宿という地名が入っ
ている。また，彼女の楽曲には「ファッションモンスター」や「ふりそでーし
ょん」などファッションに関連したタイトルがつけられてもいる。ここから
人々は，「きゃりー＋ファッション＝原宿」の方程式を描きやすい。実際，原
宿には MV「PONPONPON」に登場する部屋の美術装飾を担当した増田が店
を構え，彼女はデビュー前，この店の常連客であった。

　つまり，このお店はきゃりー所縁の店である。ビートルズ所縁の店をファン
が訪れるように，原宿にあるこの店にも大勢のファンが訪れており（図 9 - 2），
お店のサロン化が確立されている。2011年からは，中川が設立したアソビシス
テムが主催する HARAJUKU KAWAii!! FES が原宿地区一帯を会場に開催さ
れ，年に一度，きゃりーを中心とした青文字系 Kawaii Culture を好きなファ
ンたちが集まりその人脈を広げるようになる。これらにより音楽嗜好の類似を
通した感情的一体感（affective alliance）が生まれ，アイデンティティーにおけ
る音楽がさらに形成されていく。

行政の姿勢と原宿のテーマ化

　そして，そのサロン化は，行政の後押しによってさらに拡大する。2012年の
リバプール・ジョン・レノン空港誕生は，リバプールという街のビートルズ
（特にジョン・レノン）との関連性に対する行政の公式な姿勢である（Robert
2005：107）。これと同じように原宿がある渋谷区も青文字系 Kawaii Culture の
発展を行政として正式にサポートしている。そのきっかけとなったのが，前述
の HARAJUKU KAWAii!! FES である。このイベントに渋谷区が2013年から
正式に後援という形で参画し，翌年にはその名称を HARAJUKU KAWAii!!
WEEK と変え，青文字系 Kawaii Culture に端を発した原宿文化の祭典を街全
体で開催している。そして，2015年には，のべ2万9700人を動員する一大イベ
ントとなり（WWD JAPAN 2015），当初一つのアパレル店舗での出来事であっ
たサロン化が，原宿という街にまで発展した。

　この地域全体のサロン化は渋谷区という地域行政，クールジャパンという国
策と連携し，テーマ観光へと進化していく。近年，日本ではアニメなどの聖地
巡礼以外に，クールジャパンとしての日本酒文化と地方創生を基礎にした
「酒」をテーマとした酒蔵ツーリズムが脚光を浴びだしている（井出 2018：
16-17）。テーマとなりうる資源には，都市や国などの場所も含まれ，地域全体
のテーマ化，またはテーマ単体もしくはその複合で物語を形成し，観光へとつ
なげる（高山 2014：56）。サロン化以降の原宿を見てみると，2014年に原宿初の
観光案内所 MOSHI MOSHI BOX が渋谷区観光協会とアソビシステムが中心
となり設立され，その翌年には行政の後押しはないものの，KAWAII MON-
STER CAFÉ が増田プロデュースでオープンした。

　原宿に存在する上記2つの名所のアートワークは，増田により手掛けられ，
ポップな色を多用したつくりである。また，2011年に公開されたきゃりーの
MV「PONPONPON」の美術も増田が手掛けており，いうなれば，増田の中
にある「Kawaii」という世界観を原宿という街に浸透させるべく，色やアイ
テム，歌手を巧みにシンクロナイズさせているのである（図9-3）。この世界
観が原宿という街のテーマ化に多大な貢献をし，2017年には，東京都内におけ
る訪日外国人観光客の33.7％が原宿・表参道・青山エリアを訪れている（東京

MOSHI MOSHI BOX モニュメント拡大図

出典：増田セバスチャン公式サイト（2014）.

KAWAII MONSTER CAFÉ

出典：FASHION PRESS（2015）.

MV「PONPONPON」の美術

出典：増田セバスチャン公式サイト（2011）.

図 9-3　増田セバスチャンの世界観と原宿

都産業労働局観光部企画課 2017)。そして，音楽とファッションを中心にした青文字系 Kawaii Culture は，現在，世界の観光客から現代の日本文化として広く認識されている。一見すると，観光とアイデンティティーにおける音楽には関連性がないよう捉えることもできる。しかしながら，ビートルズはバンド解散後およびメンバー他界後でさえ，そのファンは増え続け，ファンたちの交流の場としてリバプールは存在する。これを見てわかるように象徴的な場所は，アイデンティティーにおける音楽の持続に寄与しながら，その音楽を知らずに訪れた人たちの窓口にもなり，さらなるアイデンティティーの波及へとつなげている。

6　形成要素③　ICT の発達

　ICT は，アイデンティティーにおける音楽の持続と波及の立役者として世界同時多発的にその形成を先導している。その技術のなかでも特に iPhone に代表される生活必需品としてのスマートフォンとソーシャルメディア（以下 SNS）がその形成方法の鍵となっている。

ICT 普及の実態

　iPhone 発売から10年経過した2017年に入り，スマートフォンの全世界での利用台数は40億台に達し，世界人口の約50％がそのユーザーである。青文字系 Kawaii Culture のメインターゲットである10代〜20代は，SNS へのアクセスにこの電子端末を最も利用し，動画投稿・共有サイトの閲覧時間も他年齢層より長い（総務省 2017）。この傾向は BBC（Chen, September 7, 2015）など複数の海外メディアで若年層のスマートフォン中毒の記事が取り上げられている状況から，日本に限らず世界でも見受けることができるといえる。

青文字系 Kawaii Culture における功績

　SNS の中でも若年層の間で圧倒的支持を集めるのが Instagram と YouTube であり，青文字系 Kawaii Culture の世界的波及に偉大な功績を残している。まず，Instagram との関連性を見ていくことにする。ニールセン デジタル株式会社の2016年から2017年の日本国内における SNS の利用状況に関する調査報告（2017）によると，Instagram は，そのユーザー数の増加率を43％までおしあげ，1位となっている。そのなかでも，29歳以下の利用率が最多で41％である。また，性別だけで見ると女性の利用率が58％と過半数を上回っている。この状況は世界的にも同じで，18歳から34歳が最もこのメディアにアクセスしており，全体の65％に上る。加え，全年齢層の女性比率は50.3％である（Statista GmbH 2019）。写真をコミュニケーションの主媒体とする Instagram は，Kawaii ファッションの一番のタッチポイントのひとつであるインターネット

上のコミュニティー機能をつかさどる。事実，日本のアニメを着火点とするゴスロリや制服ファッションのSNSでの拡散方法の影響を受け，海外の若者たちがKawaiiファッションを着用し，自ら発信者となり，それを見た他者が拡散またはファッション自体に興味をもつという循環を形成している（山田・森本 2015：137）。

　ファッション関連のSNSに加え，動画投稿サイトYouTubeは青文字系Kawaii Cultureの重要構成要素である音楽の世界的な認知拡大で最も影響力があるメディアといえる。日本国内での若年層の動画サイトの長時間利用（総務省 2017）に加え，米国10代の音楽視聴ツールとしてYouTubeが最も認知度が高い（Michaels 2012）。これらを裏付ける事実として，このサイトに公式投稿されたきゃりーの「PONPONPON」は，投稿当初話題を呼び世界中に拡散されている（山田・森本 2015：137-138）。また，動画ページのコメントは，日本語を見ることが珍しいほどにあらゆる言語で投稿されている。

　上記2つのメディアは観光でも活用され，原宿を訪れた人々が体験型観光を投稿し，瞬く間に世界中をその情報が駆けめぐる。それと同時に，他者へのタッチポイントが時差なく生成され，地理的・時間的距離を問わず個々に交流を深め仲間を増やす。このようなインターネット上での人間の相互作用が現代におけるアイデンティティーにおける音楽を形成している要素のひとつである。

　本章を通して，アイデンティティーにおける音楽の形成に，場所，ファッションや技術革新などの文化的構成要素が連動することを説明してきた。そして，この概念の核心は，本章冒頭で触れたサカナクションの楽曲「アイデンティティ」に隠されている。

　　映し鏡 ショーウインドー隣の人と自分を見比べる。そうそれが真っ当と思い込んで生きてた……どうして まだ見えない自分らしさってやつに朝は来るのか？

　アイデンティティーにおける音楽とは，個々の中に内在する「自分らしさ」を体現化する自己表現方法である。

注

1) 2011年に『音楽アイデンティティー――音楽心理学の新しいアプローチ』という和訳書が北大路書房より発刊されている。

2) 他の社会的機能は，「公と私の間で起こる恋愛感情をコントロールする機能」「時間の感覚を構成する一般的な記憶の構成支援機能」「所有者感覚機能」。

3) ここでいうサブカルチャーとは，社会の中にあるグループのことを指し，そのグループは特定のグループのことである。

4) 出典元：第 2 回都市文化研究フォーラム第 1 部「都市の音楽文化を考える―心斎橋アメリカ村とレゲエを事例に」。

5) この作品の作詞・作曲を中田が，Music Video の美術を増田が手掛けている。

6) この現象はニューヨークやシドニーでも見受けられる。

参考文献

6 ％DOKIDOKI twitter 公式アカウント，2018，（2019年 1 月10日取得，https://twitter.com/6dokidoki/status/1079316922611580929）.

Auh, M., & Walker, R., 2017, "Musical Identities in Australia and South Korea and New Identities Emerging Through Social Media and Digital Technology," MacDonald, R. et al. eds., 2017, *Handbook of Musical identities*, Oxford; New York: Oxford University Press, 789-805.

Chen, H., 2015, "Asia's smartphone addiction," *BBC NEWS*, (Retrieved May 8, 2018, http://www.bbc.com/news/world-asia-33130567).

Cook, N., 2000, *Music: A Very Short Introduction*, Oxford: Oxford University Press.

FASHION PRESS, 2015, 『原宿に「KAWAII MONSTER CAFE」オープン‐増田セバスチャンがプロデュース』，（2018年 5 月12日取得，https://www.fashion-press.net/news/gallery/18038/315082）.

Frith, S., 1987, "Towards an Aesthetic of Popular Music," Leppert, R., & McClary, S. eds., 1987, *Music and Society: The Politics of Composition, Performance and Reception*, Cambridge: Cambridge University Press, 133-149.

Frith, S., 1996, "Music and Identity," In Hall, S., & Du Gay, Paul, *Questions of Cultural Identity*, London: SAGE, 108-127.

Greenberg, D., & Rentfrow, P., 2017, "The Social Psychological Underpinnings of Musical Identities: A Study on how Personality Stereotypes are formed from Musical Cues," MacDonald, R. et al. ed., 2017, *Handbook of Musical identities*, Oxford;

New York: Oxford University Press, 304-321.

Hargreaves, David J. et al., 2002, "What Are Musical Identities, and Why Are They Important?" MacDonald, R. et al., 2002, *Musical identities*, Oxford; New York: Oxford University Press, 1-20.

Hargreaves, David J. et al., 2017, "The Changing Identity of Musical Identities," MacDonald, R. et al. ed., 2017, *Handbook of Musical identities*, Oxford; New York: Oxford University Press, 3-23.

i-D staff, 2016, 「きゃりーぱみゅぱみゅのスーパーファンたち」, i-D, (2019年1月8日取得, https://i-d.vice.com/jp/article/7xvn4x/kyary-pamyu-pamyu39s-superfans-straight-up)

井出文紀, 2018, 「日本酒蔵元の集積と海外展開——飛騨・信州の事例から」, 第77回日本国際経済学会全国大会原稿.

Janotti, J. J., 2012, "Interview- Will Straw and the importance of music scenes in music and communication studies," *E- compos Brasillia*, 15(2): 1-9.

小林敬幸, 2014, 『「ビジネスのホント」KAWAii 文化とは何か　3系統の分類ときゃりーの成功から, 海外ビジネス戦略を考察』, Business Journal, (2017年11月27日取得, http://biz-journal.jp/2014/12/post_8361.html).

Konečni, V. J., 1982, "Social interaction and musical preference," D. Deutsch ed., *The Psychology of Music*, New York: Academic Press, 497-516.

増田セバスチャン公式サイト, 2011, 「8/20（土）渋谷パルコ30周年×増田セバスチャン×きゃりーぱみゅぱみゅ スペシャルイベント開催決定！」(2018年5月12日取得, http://sebastianz.jugem.jp/?eid=575&guid=ON&view=mobile&tid=7).

増田セバスチャン公式サイト, 2014, 『原宿初の観光案内所「MOSHI MOSHI BOX」モニュメント制作』(2018年5月12日取得, http://m-sebas.asobisystem.com/post/106308260535).

Michaels, S, 2012, "YouTube is teens' first choice for music," *The Guardian* (Retrieved May 9, 2018, https://www.theguardian.com/music/2012/aug/16/youtube-teens-first-choice-music).

三村乃那・牛尼剛聡, 2017, 「3NS からファン層は見えるのか？——Twitter を利用した音楽アーティストのファン特性の抽出」, DEIM Forum 2017原稿.

中川悠介, 2016, 『#アソビ主義』マガジンハウス.

ニールセン デジタル株式会社, 2017, 「INSTAGRAM アプリの利用者数は前年から43％増加し1700万人を突破〜ニールセン　SNS の最新利用状況を発表〜」(2018

年 5 月 9 日 取 得, http://www.nielsen.com/jp/ja/insights/newswire-j/press-release-chart/nielsen-pressrelease-20170926-instagram-mobile-app.html）.

North, A. C., 2010, "Individual Differences in Musical Taste," *American Journal of Psychology*, 123（2）: 199-208, （Retrieved January, 2, 2019, JSTOR）.

North, A., & Hargreaves, David J., 2008, *The Social and Applied Psychology of Music*, Oxford: Oxford University Press.

櫻坂英子, 2013, 「女性誌にみる伝統的性役割」『駿河台大学論叢』47: 229-240.

Robert J. Kruse II, 2005, "The Beatles as Place Makers: Narrated Landscapes in Liverpool, England," *Journal of Cultural Geography*, 22（2）: 87-114.

Romero, E., & John, Daymond, 2012, *Free Stylin': How Hip Hop Changed the Fashion Industry*, Westport: ABC-CLIO, LLC.

Sony Marketing Inc, 2013, 「きゃりーぱみゅぱみゅの衣装も手掛けるスタイリスト, 飯嶋久美子の仕事術」, Sony Corporation, （2019年 1 月14日取得, http://myvaio.sony.jp/magazine/130530/）.

総務省, 2017, 『情報通信白書　第一部　スマートフォン経済の現在と将来』.

Statista GmbH, 2019, "Distribution of Instagram users worldwide as of January 2019, by age and gender", （Retrieved February 27, 2019, https://www.statista.com/statistics/248769/age-distribution-of-worldwide-instagram-users/）.

高山啓子, 2014, 「テーマ化される観光とまちづくり」, 『川村学園女子大学研究紀要』25（1）: 55-65.

田中秀臣, 2018, 『「田中秀臣の創造的破壊」第 7 回　BTS（防弾少年団), 世界的躍進の背景は？　グループが持つ経済的"強さ"と多様な価値観』Real Sound, （2019年 1 月 5 日取得, https://realsound.jp/2018/06/post-204910.html）.

東京都産業労働局観光部企画課, 2017, 『平成29年国別外国人旅行者行動特性調査の結果概要』, 東京都.

辻泉, 2013, 「女性ファッション誌の過去・現在・未来：内容分析を中心とする, マルチメソッド・アプローチによる実態把握に向けての試み」, 『人間関係学研究——社会学社会心理学人間福祉学：大妻女子大学人間関係学部紀要』15: 177-199.

WWD JAPAN, 2015, 『アソビシステムの青文字系モデルが勢ぞろい！　カワイイが集まった原宿カルチャーのお祭り「ハラカワ」2015開催』, INFAS PUBLICATIONS WWD JAPAN, （2019年 1 月12日 取 得, https://www.wwdjapan.com/10100）.

山下壮起, 2014, 「ヒップホップの宗教的機能——ヒップホップ世代の救済観」, 『基

督教研究』76: 2 39-60.

山田晋作・森本祥一, 2015, 「かわいい文化の普及過程と伝達手段に関する情報学的考察」, 経営情報学会 2015年秋季全国研究発表大会原稿.

屋代卓也・山浦正彦, 2017, 「リレーインタビュー第146回 中川悠介氏 アソビシステム株式会社 代表取締役社長」(2019年 1 月 5 日取得, https://www.musicman-net.com/relay/63297).

四方田犬彦, 2006, 『「かわいい」論』筑摩書房.

吉光正絵, 2015, 「ポピュラー音楽と日本の女性ファン」『国際情報学部研究紀要』15: 213-224.

（西村明美）

JASRAC 出1906711-901

第10章

表現行為としての
プラットフォーム形成

──ネットレーベルとサブスクリプション型音楽配信サービスの諸問題──

　　　　本章は,「ネットレーベル」と呼ばれる音楽の流通形態を事例として
　　　議論を進めていきたい。まず, 従来的な音楽レーベルとの差異に注目し
　　　ながらその特徴を概観し, 表現文化としての位置づけを確認する。次に,
　　　ネットレーベルのようなデジタル音楽流通の形態が成立した歴史過程に
　　　ついて, MP3技術の導入に目を向けながら説明する。さらに, デジタ
　　　ル化・ネットワーク化した表現文化としてのネットレーベルが直面して
　　　いる今日的な変容について検討する。これらを受け, 表現文化としての
　　　プラットフォーム形成が陥っている限界について考察したい。本章の目
　　　的は, ネットレーベルを事例として, デジタル化・ネットワーク化した
　　　表現文化の可能性と限界について検討することである。

1 デジタル化・ネットワーク化する音楽

　21世紀に入るころから急速に進行した日常生活におけるデジタル化・ネット
ワーク化は, 様々な産業における経済的構造を変質させつつあるだけでなく,
芸術表現などの文化的な領域での変容も促している。わたしたちが普段から耳
にする音楽のデジタル化も, 同様の変質を見せつつある表現領域のひとつであ
る。現在ほとんどの音楽制作はデジタル技術によって支援されており, 個人が
パソコン1台とその上で走るソフトウェアだけを使って音楽制作を行うことも,
もはや珍しいことではなくなった。その一方で, わたしたちの聴取環境もデジ

タル化によって大きく変わってきている。1980年代の CD の市場投入に始まる
デジタル化の波は，MP3に代表される音楽ファイルのダウンロード販売市場
の成立を経て，スマートフォンを中心に置いたネットワーク前提のデジタル聴
取環境を創り出している。こうしたデジタル化・ネットワーク化にともなう急
速な変化によって，音楽に関わる表現文化の領域も大きく変質しつつあるのだ。

　この音楽に関するダイナミックな変容のなかで目を向けるべきなのは，その
流通の形式における変化である。デジタル化・ネットワーク化の潮流は，わた
したちが聴く音楽の内容を変えつつあるだけでなく，コンテンツを流通させる
メディア自体を大きく変質させつつあるからだ。そこで前景化してきたのは，
表現の内容を流通させるための基盤をどのようにデザインし管理していくのか，
言い換えると，表現のためのプラットフォームをどのように形成するのか，と
いう問題である。たとえばデジタル技術を応用した日常的実践は，表現行為と
してのプラットフォーム形成，という遊びをも成立させている。もっとも，こ
のことはデジタル化・ネットワーク化が意味する本質を考えれば，ある程度は
自明のことである。なぜなら，デジタル化・ネットワーク化によって作り変え
られようとしているのは，デジタル化したコンテンツ自体というよりは，それ
にまつわる「通信」の形式だからである。ゆえに，今日的なデジタル化・ネッ
トワーク化はプラットフォーム形成の問題を前景化させるのだ。

　こうした観点から注目すべきなのが，「ネットレーベル」と呼ばれるデジタ
ル化・ネットワーク化したポピュラー音楽の表現文化である。ネットレーベル
という言葉は，インターネットを通じた音楽受容に関心のある若者たちを中心
に，2000年代後半になって広まっていった。既存のレコード産業と直接的には
接続関係のない，いわゆるインディーレーベルの一種であり，「MP3などの音
楽ファイルを無料で配信しているネット上で流通が完結した形態」（日高
2015：120）というところに大きな特徴がある。ネットレーベルとは，参加ミ
ュージシャンによるオリジナル楽曲の制作を支援し，それをほとんどの場合は
MP3ファイル形式によって無償で流通させる，オンラインでの活動に特化し
たヴァーチャルなインディーレーベルなのである。

　ネットレーベルのウェブサイトを訪問すると，ナンバリングされた「リリー

図10-1　TREKKIE TRAX の「リリース」ページ[1]　図10-2　Maltine Records からの「リリース」例[2]

ス」をまとめたページ（図10-1）を見つけることができるだろう。それは文字が並んだだけの単純なリストのこともあれば，レコードジャケットにあたるアートワークが並べられていることもある。

　各リリースのページ（図10-2）では，ストリーミング機能を利用した試聴ができる場合もあり，もし気に入った楽曲があれば，MP3とアートワークがまとめられた.zip ファイルをワンクリックでダウンロードすることができる。あとはそのファイルを解凍しさえすれば，一般的に販売されている音楽ファイルのように聴くことも，音楽編集ソフトウェアを使ってリミックスをすることも，リスナーの自由である。ネットレーベルが配信する楽曲にアクセスするためには，代金の支払いも，煩雑な会員登録も，不必要なのである。

2　2010年代前半までの日本のネットレーベル

ネットレーベルに関する先行研究

　すでに述べたように，ネットレーベルは楽曲のインターネット配信に特化したインディーレーベルである。音楽に関するインターネット配信事業は2000年代に入る頃から活発に市場形成が進められるようになり，2015年には CD やレコード等のフィジカルメディアでの売上額がデジタル配信によって完全に追い

抜かれるまでに拡大している。インターネットでの音楽配信という点では，ネットレーベルの運営もそれらと近いように見える。しかし，配信事業と比較した際の最大の違いは，ネットレーベルの楽曲が「無料」で配布されている点だ。それは既存の音楽レーベルが作り上げてきた経済的回路からは外れた DiY（Do it Yourself）な音楽流通の様式ということができる。たとえば社会学者の毛利嘉孝は，文化人類学の用語を用いてネットレーベルの「贈与経済」的な可能性を指摘している（毛利 2012：260）。ネットレーベルというプラットフォームは，既存の音楽レーベルのあり方を模倣しつつも，異なった技術的・制度的な文脈に位置することで，特徴的な音楽流通の領域を創り出してきたのである。

　早くからネットレーベルの重要性に目を向けてきたポーランドの社会学者，パトリック・ガルスカは，ネットレーベルを「クリエイティブ・コモンズや同様のライセンスによってリリースされた音楽を，オンラインで配信したり宣伝したりするプラットフォームとして定義できる」（Galuszka 2012）としている。彼は2008年から2011年にかけて世界中のネットレーベルを対象にアンケートとインタビューを行い，音楽のメディアシステムの「民主化」を示す典型的事例としてネットレーベルを位置づけた上で，既存の音楽産業におけるその新しい役割を論じた。ネットレーベルの運営はレーベルオーナーの個性を強く反映するため一般化することは難しいとしながらも，彼は以下の通りいくつかの特徴を挙げている。すなわち，MP3ブログと非営利レーベルの中間にあるようなもので，レーベルとの協働に参加してきたミュージシャンの楽曲を配信・宣伝し，個人あるいは少人数のレーベルオーナーがリリースを決定する。そのためネットレーベルが配信する楽曲は，オーナーの音楽的趣味や思想に依拠した音楽性をもつようになる。また一般的には無償での配信を行うことがネットレーベルの特徴だが，オンライン販売することがないわけではない。

　筆者も同様に，2010年から2012年にかけていくつかの日本のネットレーベルを対象とし，レーベルオーナーや参加ミュージシャンに対するインタビュー調査を中心としたフィールドワークを実施した（日高 2013）。興味深いのは，ガルスカによる調査では日本のネットレーベルがほとんどカウントされていなかったことである。彼が挙げた日本で活動するネットレーベルの数は３つだけだ

が，筆者が調査した時点ですでに100を超えるネットレーベルが日本で活動していた。日本語のみでウェブサイトを構築する日本のネットレーベルは，英語での調査をもとにしたガルスカの研究では不可視のものだったのだ。また，日本のネットレーベルを調査するなかで，それらが新しい音楽流通プラットフォームというだけでなく，特定の若者文化・都市文化的な音楽シーンとして成立していることがわかってきた。ガルスカが実施したような定量的な調査では，こういった文化的な部分は見えづらい。

日本のネットレーベルが配信するコンテンツ

　まず，筆者がこれまで行ってきた質的調査から得た知見をもとに，レーベルオーナーによる表現行為としてのレーベル運営の姿について，ある程度の定義付けをしておきたい。彼らが配信する主要なコンテンツはMP3などデジタルデータとしての楽曲であり，数曲がアルバム形式で関連付けられ，ジャケットカバーにあたる画像データとともに「リリース」される。ネットレーベルからのリリースは，オーナー自身が管理するサーバー，あるいはファイルストレージサービスを利用することで，ワンクリックでダウンロード可能にしていることが一般的である。まず，ネットレーベルからのリリースについて，大きく3つの特徴を整理しよう。

　1つは「無料でのMP3配信」である。オンラインで無料配信するファイルフォーマットとしては，MP3が一般的に採用されている。海賊行為による違法リッピングの結果物として1990年代末に一世を風靡し，続く著作権法改正や権利者による訴訟のかたちで社会問題化したMP3であるが，ここではポジティブな楽曲配信ツールとして活用されている。ネットレーベルは基本的にはオリジナル楽曲をリリースする流通形態であるため，MP3のもつそうしたネガティブな側面とは直接的には関連付けられない[3]。適度なファイルサイズで，一般的なパソコン環境で簡単に再生することのできる，使いやすいファイルフォーマットとして，MP3は採用されているのだ。対価を取ることなくそうした楽曲を配信する点は，CDやレコードの製造・販売が経済活動としての主目的となる既存の音楽レーベルとの，最も大きな差異である。

　2つめは「DAW の使用によるダンスミュージックへの偏向」である。多くのネットレーベルからのリリースは，DAW（Digital Audio Workstation）ソフトウェアを使用して制作された，音楽ジャンルとしてはテクノやハウスに分類されるダンスミュージックに偏ってきた。これには歴史的な理由もあるが，パソコンとインターネットの組み合わせに依拠したネットレーベル運営のあり方が，同じくパソコンと対峙しながら制作作業を行う DAW 利用と親和性が高いであろうことは想像に難くない。ダンスミュージックとパソコンでの打ち込み音楽制作には，1980年代以来のパソコン趣味の広がりの中で共有されてきた技術的基盤があるのだ。また，生楽器や歌曲は，それを録音するコストが比較して大きくなってしまうことも，このジャンル偏向の理由の1つである。ネットレーベルに参加するミュージシャンは，レーベル運営者と同じく個人または少人数のトラックメーカーであることが多い。こうした制作環境の特徴は，録音スタジオを所有し，多額のコストをかけて音源を制作してきた既存の音楽レーベルのやり方と，ネットレーベルの音楽性を大きく分けるものである。

　3つめは「クリエイティブ・コモンズ・ライセンス等の利用による二次流用の許容」である。これは楽曲の著作権管理における明確な特徴として挙げることができる。ガルスカによるネットレーベルの定義にも含まれていたように，彼らが配信する楽曲のライセンス処理はオープン／フリーな扱いができるようになっている。クリエイティブ・コモンズ・ライセンス（以下，CC ライセンスと表記）とは，一般的な著作権表示に多い「All rights reserved」に対して「Some rights reserved」と説明されるような，既存の著作権や関連法制度を遵守しながらも，著作者自らによって著作物の二次的な利用範囲についての意思表示が手軽に設定できるよう考案されたライセンスである[4]。アメリカの法学者ローレンス・レッシグらが提唱する概念で，2000年代半ばから数多くのオンライン著作物に採用されている。もっとも，日本のネットレーベルで CC ライセンスを採用しているレーベルは数が限られてしまうのだが，既存の音楽レーベルにとっては採用しづらい著作権処理という意味で，非常に特徴的である。また，CC ライセンスを採用していないネットレーベルであっても，楽曲のリミックスや再配布をほとんどの場合は許容してきた。重要なのは，ネットレー

ベルからの配信楽曲は，リミックスや再配布などの二次流用に対して，非常に
オープンなものとして位置づけられている，という点である。

　これらが，ネットレーベルが配信する楽曲についての特徴である。デジタル
技術を最大限に活用することによって，既存の音楽レーベルが行ってきた方法
論とは異なった楽曲のあり方が成立しているのだ。

日本のネットレーベルの戦略と構造

　さらに特徴的なのは，こうした楽曲配信を可能にするレーベルの運営手法で
ある。通常，レーベルオーナーは個人または少人数であり，オーナー自らもミ
ュージシャンであることが多い。またネットレーベルからリリースしているミ
ュージシャンは，活動への自発的な参加によって無償で楽曲を提供している。
ネットレーベル自体が営利活動をしていないため，レーベルとミュージシャン
の関係も同様に非営利で成り立っているのである。多くの場合，ネットレーベ
ル自らが参加ミュージシャンの公募を行う，あるいはレーベルオーナーが直接
的に参加を打診することによって，配信楽曲は用意される。こうしてレーベル
オーナーと参加ミュージシャンがネットレーベルのコア部分を構成するが，そ
の周辺に広がるリスナーとの境界線は常に曖昧である。参加する意思とオー
ナーの好みや思想に合致した楽曲さえあれば，誰でもネットレーベルの運営構
造に参加することが可能だからだ。[5]

　日本のネットレーベルの場合，この緩やかなレーベル構造は Twitter 等の
SNS を積極的に利用することによって，2000年代後半以降に成立していった。
日本で Twitter が流行を始めたのは2010年代に入ってからだが，ネットレーベ
ルのオーナーたちは2000年代後半にすでに Twitter の利用を開始していたアー
リーアダプター[6]が多かった。レーベルオーナーと参加ミュージシャン，そして
潜在的な参加者でもあるリスナーたちは，Twitter で相互にフォローし合い
「クラスタ」[7]を作りだした。彼らがレーベルやリリースについて書き込む投稿
は，SNS 上を巡回することでネットレーベルにとって格好の宣伝効果をもた
らす。日本のネットレーベルは Twitter の拡散効果を最大限に活用し，その緩
やかなレーベル構造を成立させ，同時に拡大させていったのである。

　また，ネットレーベルのオーナー同士がSNSでリンクし合うことにより，ともすればパソコンを前にした孤独な作業になってしまいそうなネットレーベル運営は，デジタル・ネットワークを介した人間関係構築の過程ともなった。2010年頃のTwitterを舞台にした複数のネットレーベルオーナー同士のコミュニケーションは，親密なやり取りを介することによって特定のネットレーベル・シーンの感覚を醸成することにつながっていた。

　こうしたコミュニケーション回路を再帰的に強化してきたのが，いくつかのネットレーベルが年に数回の頻度で開催するようになったクラブイベントである。主には東京や大阪といった大都市での開催に限られるが，個別のネットレーベルによるイベントだけでなく，複数のネットレーベルが合同で開催するフェスティバルも行われた。先述したレーベルオーナー間のSNS上での関係構築が，こうした大規模なフェスティバルの開催を実現したことは言うまでもない。イベント当日の様子は，画像や映像の形式でTwitter上を爆発的に拡散し，イベントを主催するネットレーベルの宣伝となる。またステージ上のパフォーマンスや会場の飾り付け，レーベルのグッズやファッションの販売なども行われた。ネットレーベルにとってのクラブイベントとは，ネットレーベルがオンラインに限定した活動だけでなく，都市の若者文化として認識されていくための契機として機能してきたのだ。

　こうして，新しい音楽流通形態としてのネットレーベルは，2010年代前半の日本に特定の文化を創り出した。従来的な音楽レーベルとは異なる領域を舞台に，彼らはオルタナティブな音楽流通プラットフォームをオンラインに実装したのである。そこではレーベルオーナーが中心に位置し，SNSを通じてミュージシャンやリスナーが自発的に関与することで，楽曲のリリースやイベントの開催が繰り広げられる。そうしたオープンかつフリーな音楽流通の方法論は，デジタルデータとしての楽曲が内包する技術的・制度的仕様に拠っている。ここまで述べたとおり，個々のネットレーベルがどういった音楽的嗜好を持つのか，どういった人間関係を構築するのかは，そのオーナーの好みや思想に大きく依拠している。ネットレーベルの構造や楽曲が緩やかなつながりによって成立しているということは，それをまとめ上げる存在であるレーベルオーナー

がボトルネックとして強力に機能していることを逆接的に意味している。つまり，ネットレーベルを運営すること自体が，そのオーナー固有の表現行為となっているのだ。デジタル化・ネットワーク化の進展は，音楽制作の個人化を進展させるだけでなく，プラットフォームを形成する行為自体を，特定の個人による表現行為として成立させたのである。

3　ネットレーベルの成立を可能にした条件

「新しいレコード」としてのMP3

　新しい表現文化としてオンラインでのプラットフォーム形成を行ってきたネットレーベルの諸活動であるが，これらはどういった技術や制度に依拠して可能となったものなのだろうか。ネットレーベルにとっての技術的条件の受容の経緯を文脈化することで，ネットレーベルのオーナーによる新しい表現行為を可能にした過程を確認したい。

　周知の通り正式名称をMPEG-1 Audio Layer3というMP3は，デジタルデータとして音楽を取り扱う際，1990年代末以降に広く使用されるようになったファイルフォーマットの名称でもある。iPodに代表されるMP3プレイヤーの市場投入や，オンラインを流通する「違法」MP3の社会問題化を通じて，デジタルデータとしての音楽＝「音楽ファイル」という認識と共にMP3への認知は広がった。しかし，MP3という技術は，その当初から楽曲のオンライン流通に利用することだけを目的としていたわけではない。MP3の本質的な要件とは音声圧縮のための技術であり，決して音楽という表現行為の配信にのみ焦点を当てて開発されてきたわけではないのだ。ジョナサン・スターンはこの点を明快に指摘し，MP3技術の本質的特徴を通信における情報圧縮技術とした上で，その出自を20世紀初頭の音響心理学に見出している（Sterne 2012）。スターンが明らかにしたMP3の歴史からわかる通り，その技術には近代における情報圧縮技法の全体が含まれるということができるだろう。

　だが一方で，先述した通りMP3は1990年代末というタイミングに，音楽表現を流通させるための技術として受け取られ，急速に形を与えられたのもまた

事実である。ジャーナリストのスティーヴン・ウィットは，MP3とヒップホップが結びついたことによって生じた海賊行為の実践が，そうしたMP3受容の過程を生み出したものであることを詳細に明らかにしている（ウィット 2016）。ウィットによる記述からわかることは，音楽ファイルとして使用されるMP3の姿が成立するための諸条件である。技術開発における政治的展開，音楽産業内部における新たなジャンルの市場化，そして技術を使いこなしたいという欲望に駆動された海賊行為的慣習が組み合わさった偶然の産物として，デジタルデータで音楽を聴く，という日常的な行為は形成されてきたのだ。

　こうしてMP3が音楽流通の枠組みを組み替えていく過程は，日本でも1990年代末の同時期に進行した事態であった。MP3を含む「音楽ファイル」とは，CDを音源としてデジタル録音物として作成され，音声圧縮技術によってエンコードされた「圧縮フォーマット」のことを事実上指すようになっている。この過程には，既存の音楽メディアの管理者を自認してきたレコード産業が深く関わっているが，言い換えると「新しいレコード」としてのMP3像の成立過程[8]として捉えることができるだろう。スターンが指摘するようにMP3自体は通信の領域にある技術だが，その受容の局面では音楽表現の流通に限定した捉え方がなされたのである。こうしてMP3という新技術を流用することで，21世紀的な音楽聴取環境は次第に成立してきた。つまり，デジタル・ネットワークは音楽メディアのための流通空間として急速に再編成され，MP3はレコードやCDに続く音楽のニューメディアとして受け入れられたのである。

ネットレーベルの歴史とオンラインの共有地

　すでに述べたように，ネットレーベルの特徴はMP3の利用にかなりの程度で依拠している。しかし，デジタルデータ化した音楽をフリーで流通させる実践自体は，実はMP3の登場以前からすでにオンラインの一部領域において発生していた。そこで発達したプラットフォーム形成の慣習こそが，ネットレーベルというアイディアを生み出したのだ。

　その原点は1980年代にまで遡る。パソコンを使用してどのように音を鳴らし，音楽を制作し，データをやり取りするのか。パソコンとデジタル・ネットワー

クの黎明期から試みられてきた表現への欲望は，さまざまな技術開発と実験的試行をもたらした。1980年代から1990年代にかけて，パソコンゲームのクラックから始まったハッカーたちのデジタルデータ制作文化は，MOD と名付けられた音楽ファイルフォーマットを創り出した（日高 2017）。MP3などの圧縮フォーマットと比べると，よりプログラミング行為と接続した技術的仕様を持つMOD は，アーカイブサイトをハブとしたオンライン相互共有のサブカルチャーである「MOD シーン」の構築を引き起こしたのだ。

　だが，1990年代半ばから爆発的に広まったMP3は，ここでの流通形態もまた急速に変容させることになった。仕様上，楽曲構造に対するある種のリバースエンジニアリングが可能だった MOD とは異なり，MP3は完結した録音物として受容される。ここに，プログラミング行為の延長線上で MOD を共有するのではなく，「パッケージされた音楽」である MP3をリリースする空間として MOD シーンを再解釈し，参入するミュージシャンたちが現われたのだ。彼らは音楽ファイルの共有アーカイブではなく，従来的な意味でのリリースを行うヴァーチャルな音楽レーベルとして意識的に活動し始めた（日高 2015：123）。レーベルオーナーが楽曲・参加ミュージシャン選定のボトルネックとして強力に機能する，個人の音楽的好みと思想に依拠したウェブサイト運営のスタイルが成立したのだ。これがネットレーベルという呼び名が広がる端緒であった。

　ここで興味深いのが，2000年代に入ってから提唱された CC ライセンスに対して，新しく生まれ始めたネットレーベル群が積極的な採用をみせてきたことである。先述した CC ライセンスは，オンラインのデジタル表現行為に関する知的財産権の取り扱い方への批判的実践として，インターネットの市場的編成に対するオルタナティブな共有地の確保を目的に実装されてきたコンセプトである[9]。ネットレーベルが CC ライセンスを採用してきた明確な理由を特定することは難しいが，オンラインの公共性に依拠して成立してきたネットレーベルは，同じくオンラインの共有地を担保しようとする思想と活動に対して，一定の共感を示してきたといえるのかもしれない。ある種の「流行り」であったことを考慮しても，ガルスカがネットレーベルの定義に CC ライセンスを含めていたことが示すように，楽曲への CC ライセンスの採用が多くみられたことは

事実である。そしてそれは，ネットレーベルからの楽曲が二次流用に開かれていることを表明するタグとして機能してきたのだ。

　この新しい流通の形態と慣習が日本でも広がり始めたのは，2000年代の半ばになってからのことである。MOD シーン以来に形をなしていたネットレーベルの方法論，すなわち CC ライセンスでタグ付けられた無料の MP3ファイル群をヴァーチャル音楽レーベルとしてリリースする流通回路の形成は，すでにみたように SNS とクラブイベントを媒介としながら日本でも定着していったのである。

オンラインのレコードレーベル

　このように，ネットレーベルの成立条件をその歴史展開を踏まえて考えてみると，MP3の存在が徹底的に重要なものであったことが明確になる。たしかに，オンラインでのデジタル音楽の制作と共有自体は，パソコンとネットワークが広がり始めた当初から，相互共有をキーコンセプトとした豊かな文化を生み出し始めていた。しかし，そうしたデジタルデータの共有文化が，ネットレーベルという名の下に明確な形をなし，流通プラットフォーム形成の実践として理解され広がっていくためには，そこでやり取りされるパッケージとしての MP3の導入が契機として働く必要があったのだ。ネットレーベルは徹底的に MP3に依拠しているのである。

　この事実はまた，「新しいレコード」として受容されてきた MP3の歴史それ自体を，ネットレーベルが存在条件として内包していることをも同時に意味する。デジタル化・ネットワーク化した新しい流通形態とはいえども，ネットレーベルは従来的なレコードレーベルの延長線上に振る舞ってしまう，ということである。たとえば，日本で最も活動的なネットレーベルである Maltine Records が2010年にフィジカルリリースした唯一の CD アルバム《MP3 Killed The CD Star?[10]》は象徴的だ。販売されたパッケージの中には，収録曲のミックス・ヴァージョンを録音した CD と，ウェブサイトにアップロードされた収録曲のダウンロード・コード，そしてそれを購入者が「焼く」ための空の CD-R が含まれている。MP3に依拠したネットレーベルらしい作品だといえる

が，そのタイトルが端的に示しているように，ここでのMP3は「従来のCD」を代替するものとして措かれている。つまり，既存のレコードレーベルをオンラインで模したもの，としてネットレーベルは自らをとらえているのである。

　こうして，「新しいレコードとしてのMP3をリリースするオンラインのレコードレーベル」という形態を創り出したことで，ネットレーベルは音楽文化の一角に位置することが可能になった。ただし，ここで重要なのは，音楽表現活動として捉えることのできるそうした姿の一方で，デジタル化・ネットワーク化が支援する「通信」の領域における新しさを，ネットレーベルが保有していることである。MP3にタグ付けられたCCライセンスが示すように，新しい形式における新しい流通の作法を，彼らは保有している。いまだ市場化が徹底していなかったオンラインの新天地に，これまで存在していなかった音楽流通のプラットフォームを個々のネットレーベルが独自に創り出してきたことは，やはり重要な過程であった。レーベルオーナー個人によって創造される自律した音楽流通のプラットフォームは，オンラインの公共的な空間を形成しながら，新しい音楽をリリースし始めたのだ。

4　分水嶺としての2015年とネットレーベルの限界

2010年代後半の日本のネットレーベル・シーン

　2000年代後半から，ネットレーベルは表現行為としてのプラットフォーム形成のあり方を，日本のインターネット上に打ち立ててきた。また彼らの活動はオンラインに限定されたものではなく，大都市のクラブカルチャーと密着しながら，音楽のサブカルチャーに特定の領域を創り出すことに成功した。たとえば，2011年にGoogleのCMで一世を風靡したkzや，クラブミュージックの領域で人気を誇るtofubeatsは，それぞれキャリアの初期にはネットレーベルに深く関わっていたミュージシャンたちである。ネットレーベルは，従来的な音楽レーベルにとってのプロト市場としても機能しているのだ。

　しかし，そうした状態は2010年代の後半に入って次第に変わっていった。日本で活動するネットレーベル——少なくとも本稿前半で定義づけたような意味

でのもの——は数を減少させているのだ。2010年頃にリリースを繰り返していたレーベルのなかには，新しく楽曲を投入することを止めてしまうか，ひっそりとウェブサイトを閉鎖してしまったところも少なくない。もちろん，現在でも新規に活動を開始するネットレーベルは存在するのだが，一時期に共有されていたような特定の音楽シーンとしてのまとまりは，現在のネットレーベル群からは見出しづらくなっている。そもそも，ネットレーベル運営のスタートは，オーナーとなる人物の個人的な意思さえあれば簡単に可能であり，これは逆にいうとストップすることも同程度に容易ということでもある。しかし，いったいどのような契機から，日本のネットレーベル現象における流行の分解は生じているのだろうか。

サブスクリプション元年としての2015年とオンライン空間の包摂

　この変化は，音楽に関するデジタル・ネットワーク領域の市場編成過程が進行したことにより，ネットレーベルとそのオーナーが表現行為として実行してきたプラットフォーム形成のための空間が失われつつあることで引き起こされた，と考えることができる。つまり，インターネット文化全体と産業資本との関係が変容しつつある中で生じた事態として考えるべきなのだ。このことを示唆するのが，2015年になって日本で相次いでスタートしたサブスクリプション型音楽配信サービス群の商業的な好調である。2015年をインターネット上における技術・市場・制度が急速に再編成された分水嶺と見ることによって，表現行為としてのネットレーベル運営がやりづらくなっていった状況を俯瞰することができるのだ。

　国際レコード連盟は2016年に提出した年次レポートにおいて，音楽受容の形式が「所有」から「アクセス」へと転換しつつあることを指摘し，フィジカル（レコードや CD 等）売上額がデジタル（ダウンロードやサブスクリプション等）売上額に追い越されたことを明らかにした。[11]世界的な音楽産業の傾向として，20世紀を支えてきたレコード音楽の製造・販売の回路は，インターネットを介した配信による収益へと移り変わりつつあるのだ。さらに，ここでいうデジタル売上の内実の変化こそが，本章においては重要である。IFPI による

2018年のレポートでは初めてデジタル売上が全体の半分を超えたことが報告されているが，ダウンロード売上は大幅に減少しており，その代わりにストリーミングによる収益が全体の38.4%にまで拡大していることが報告されている。[12]すなわち，Spotify や Apple Music といったサブスクリプション型音楽配信の商業的好調が，今日的な音楽聴取環境のなかで急拡大しつつあるのだ。

　サブスクリプション型音楽配信とは，パソコンやスマートフォンのアプリを利用してインターネット上の楽曲リストにアクセスする，定額制の音楽ストリーミングサービスのことである。多くの場合は月額の定額料金を支払うことで，数千万曲を超えるデータベースの中から再生する権利を獲得することができる。端末での再生は音楽ファイルのストリーミング処理によって実行されるため，サービスを利用するためにはインターネット接続の成立が前提である。所有からアクセスへ，というキーワードは，サブスクリプション型音楽配信のこの特徴による。つまり，音楽ファイルのダウンロード配信によって楽曲の「売り切り」を行う既存のダウンロード型音楽配信とは異なり，リスナーによる支払いの対価は，所有ではなくアクセスする権利なのである。

　またサブスクリプション型音楽配信サービスの特徴として，スマートフォン上のアプリでの利用が重要視されていることが挙げられる。先述したようにインターネット接続が前提条件となっていることに加え，モバイル環境がサブスクリプション型音楽配信サービスの前提条件となっていることは，今日的なインターネット環境の変化を示す好例であるといえる。ダウンロード型が自宅のパソコンでの操作を想定したものだったことと比べると，サブスクリプション型はスマートフォンを持ち歩きながらの聴取を想定しているのだ。これは，音楽聴取環境のモバイル化が進行した事態であるという意味以上に，わたしたちのインターネット接続環境自体がモバイル化していることを示している。

　さらに，音楽ファイルのダウンロードによって楽曲を所有するのではなく，音楽ファイルのストリーミング処理によっていることは，すなわち「聴いている音楽ファイルのフォーマットは何か」という認識のレイヤーを無効化することを意味する。サブスクリプション型音楽配信サービスのリスナーは，アプリのインターフェイス上で聴きたい楽曲をリストのなかからクリック再生するだ

けだ。楽曲を選択し，音楽ファイルをダウンロードし，プレイヤーソフト上の
リストから再生する，そうしたダウンロード型音楽配信で必要とされた作業は
（実際は同様の処理が端末内で行われていたとしても）もはや認識されない。
つまり，音楽聴取に介在している音楽ファイルの存在は，リスナーにとっては
ほとんど意味の無い情報なのだ。それが .mp3 なのか .aac なのか .wav なのか，
ファイルフォーマットに関する情報は後景化しているのである。

　サブスクリプション型音楽配信サービスにおいては，インターネット上の音
楽聴取の回路は，スマートフォンによるモバイル聴取環境，そして音楽ファイ
ルの存在を後景化させる操作環境という 2 つの特徴に支えられている。これを
実現しているのは，各種サービスごとにデザインされたアプリであり，そのア
プリが明示する楽曲流通のプラットフォームである。つまり，サブスクリプシ
ョン型音楽配信サービスの要点とは，特定のプラットフォームの提示によるイ
ンターネット空間の囲い込みなのだ。

ネットレーベルにおけるサブスクリプション時代以降の変化

　商業的な見地から明らかになるデジタル音楽聴取環境の変質は，ネットレー
ベルが依って立っている技術的・文化的基盤においても，同様に変化として現
われている。それによって，2010年代後半に入ってからのネットレーベル現象
の分解は引き起こされつつあると考えられるのだ。つまり，スマートフォン的
なモバイル化したインターネット接続環境の日常化と，音楽流通プラットフ
ォームのダウンロード型からストリーミング型への変質は，それまでネット
レーベルが依拠してきた諸条件をも変質させているのである。

　ネットレーベルの形式がもつ特徴であった MP3 のダウンロード配信では，
レーベルオーナーが管理する自前のサーバーであれオンラインのファイルスト
レージサービスであれ，MP3 のアップロードとダウンロードが前提条件とし
て行われてきた。そこには，ネットレーベルの歴史展開のなかで培われてきた
プラットフォームへの捉え方が反映していた。つまり，MP3流通の自律した
プラットフォームを自らが形成する，という表現行為としてのとらえ方である。
しかし，サブスクリプション型音楽配信サービスを支えているストリーミング

型聴取の手法は，彼ら自身によるリリースのあり方も変えつつある。

　たとえばそれは，SoundCloud や Bandcamp といったグローバルな投稿型ストリーミングサービスの利用である。これらのサービスは，無料アカウントを作成することで音楽ファイルを投稿することができ，スマートフォン上のアプリを経由した音楽聴取にも最適化されている。そして，日本のネットレーベルの多くは，従来的なやり方で自らのウェブサイトに MP3をアップロードすると同時に，各レーベルの SoundCloud アカウントへの投稿も併用するようになっているのだ。モバイル化・ストリーミング化に慣れたリスナーにとって，この変化は歓迎すべきものだろう。しかし，ネットレーベルからのリリースに接触する場がそうしたプラットフォーム・サービスに移行するということは，彼らの拠点であるウェブサイトをリスナーが訪問しなくなることを意味する。ネットレーベル自らが構築したプラットフォーム（ウェブサイト＋ファイルサーバー）は，その必要性が薄れていくのである。

　また，こうした事態は，ネットレーベルの CC ライセンス離れを引き起こしてもいる。そもそも日本のネットレーベルは，ガルスカが定義づけたほどにはCC を適用してこなかった。だが，現在のネットレーベルで CC に関連付けているところは，全くといってよいほど存在しない状態にまで変化している。[13]手動での MP3のダウンロードを前提としないストリーミングでのアクセスは，CC が可能にする二次流用・配布の慣習を，もはや必要とすらしないのである。そして，ストリーミング型プラットフォームの特徴で挙げたように，ネットレーベルが MP3を配信していることは，スマートフォンのアプリを介したリスナーの聴取のレベルからするとほとんど意味をなさなくなった。端末内で行われる MP3ファイルのデコードと音響再生は，リスナーにとってのブラックボックスになってしまったのである。

　これらの変化が意味するところとはつまり，ネットレーベルの運営が自律した固有のプラットフォーム形成の実践であることを離れ，特定の企業が提供するプラットフォームの利用へと包摂されつつある，ということである。Sound-Cloud というプラットフォームで音楽を聴くリスナーにとって，ネットレーベルがリリースする楽曲は，もはや従来的なレコード会社が Spotify などを介し

て提供する楽曲リストと経験上はほとんど区別できない。プラットフォームの
レベルでネットレーベルとメジャーレーベルの間に差異が生じ得ないというこ
とは，音楽流通の自律的な空間を創造するというネットレーベルの特徴が相対
的に縮小していることを意味する。表現行為としてのプラットフォーム形成は，
ストリーミング型プラットフォームの拡大のなかで確実に存在感を縮小しつつ
あるのだ。

5　商用プラットフォームによるインターネット空間の再編成

　こうしたネットレーベルをめぐる聴取環境の変化はいったい何を意味してい
るのだろうか。これは，音楽流通における変化というだけではなく，オンライ
ン空間が企業によって徹底的に再編成されつつある事態を示す，より大きな問
題系として考えることができる。象徴的なのが，CC ライセンスの利用が減少
しつつあることだ。CC ライセンスがオンラインに創り出そうとしてきた共有
地のアイディアは，よりグローバルでよりモバイルでより便利な商用プラット
フォームの魅力によって，少なくとも日本のネットレーベルにおいては失われ
つつある。インターネット上の音楽聴取の回路は，ストリーミング型商用プラ
ットフォームの成立によって急速に再編成されており，その過程でオンライン
の自律した空間は過去のものとされつつあるのだ。
　インターネット接続環境に対するこうした危機感の提示は，WIRED 誌編集
長だったクリス・アンダーソンが2010年に論じた「The Web Is Dead. Long
Live the Internet[14]」を挙げるまでもなく，これまで幾度となく繰り返されてき
た論点である。HTML に依拠したオープンなアーキテクチャであるワール
ド・ワイド・ウェブに対して，iPhone などの端末や Facebook などの SNS が
提供する半クローズドなプラットフォームによる囲い込みの戦略は，ユーザー
の自由な活動を管理しようとするものとしてそこでは捉えられてきた。ネット
レーベルそれぞれの拠点が，各自のウェブサイトと MP3サーバーから，企業
の提供するストリーミング型プラットフォームに移行しつつあるとするならば，
予測されてきた通りの道筋をそれらは辿りつつあるといえるだろう。

　より大きな枠組みからとらえるならば，ネットレーベルが依拠してきたオープンかつフリーなデジタル・ネットワークの仕組み自体が，そもそもそうした囲い込みと制御の方法論を内包していたということができる。メディア研究者の水嶋一憲が端的に解説しているように，デジタル・ネットワークに依拠したポスト産業資本主義における価値生産のモデルとは，まず無数のユーザーによる自発的フリー労働の実践が生み出す公共的な価値を捕獲するシステムであり，さらにはそうした実践が展開する場所を貸し出し使用させる対価としてレント（地代）的に利潤をあげるシステムだからだ（水嶋 2014）。ネットレーベルの構造と戦略を成り立たせてきた Google の検索ランクにしろ Twitter 等の SNS にしろ，実際のところはこうしたモデルに従って作り上げられてきたものなのである。

　しかしそれでも，2010年代前半までのネットレーベルオーナーたちが自律した表現のプラットフォームを個別に形成しようとしてきたことが，デジタル・ネットワークの領域における多種多様性の可能性を示してきたことは強調しておくべきだ。楽曲の制作と流通という点でいえば，それらは既存の音楽文化に対して確実に新しい領域を提示し，ミュージシャンやリスナーにとっての新しい表現の空間を見せてきたからだ。日本のネットレーベルの展開をもとに拡大したミュージシャンの活動や新しい音楽ジャンル，大都市でのクラブカルチャーの広がりは，音楽文化という文脈のなかで一定の意義を示したのだ。

　だが，デジタル化・ネットワーク化した聴取環境の再編成のなかで，商用プラットフォームの拡大とともに MP3 が不可視化していったことは，ネットレーベルの存在条件を変質させ，レーベルオーナーやミュージシャンたちによる能動的な介入の空間を見えにくいものに作り変えてきた。2015年を象徴的な分水嶺としておいた場合に明確になるネットレーベルに関連するプラットフォームの諸問題は，音楽と通信の混ざり合った表現文化の領域に対してどのような意味を投げかけるものとして考えるべきだろうか。オンラインの共有地において培われてきた表現行為としてのプラットフォーム形成は，今後も成立し得るのだろうか。ネットレーベルのような表現文化の事例は，そうしたより大きな問題系へとわたしたちの目を向けさせるのである。

注

1）TREKKIE TRAX, 2019,「release」,（2019/02/24取得, http://www.trekkie-trax. com/ep/）

2）Maltine Records, 2017,「［MARU-168］長谷川白紙 - アイフォーン・シックス・プラス」,（2019/02/24取得, http://maltinerecords.cs8.biz/168.html）

3）とはいえ,「既存の著作物をリミックスして制作した楽曲」がリリースされることも少なくないため, 著作権侵害がないわけではない。

4）詳細はクリエイティブ・コモンズのウェブサイトで確認できる。クリエイティブ・コモンズ・ジャパン, 2019,「クリエイティブ・コモンズ・ライセンスとは」,（2019/01/31取得, https://creativecommons.jp/licenses/）。

5）たとえば日本のネットレーベル「Vol.4 Records」は, SNS 上での冗談のやり取りをきっかけとしてコンピレーション・アルバムを制作・リリースしている（日高 2013）。

6）むしろ, 2ch や mixi といった初期のオンラインコミュニティでの人間関係が, 日本のネットレーベルの成立には深く関わってきた（日高 2015）。

7）浅野裕貴はクラブカルチャーでの文化的小集団について議論するなかで, 本稿が対象とするネットレーベルとも関係の深い「アニソンクラブイベント」を取り上げ, ソーシャルメディア以降の集団性を示す用語としての「クラスタ」について検討している（浅野 2017）。

8）井手口彰典は CD が初めて市場投入された際に「便利なレコード」と表現された点に着目し, 異なる技術的基盤に依拠していたとしても, 既存の音楽商品に対する想像力の延長線上に CD への認識が置かれていたことを指摘している。MP3に対しても同様の認識の仕方が働いたといえるだろう（井手口 2009）。

9）詳細はローレンス・レッシグによるフリーカルチャー関連の書籍（レッシグ 2001, 2002, 2004）を参照してほしい。

10）もちろん The Buggles の《Video Killed The Radio Star》をもじったタイトルである。Maltine Records, 2010,「［MARU-050］V.A. - MP3 killed The CD star ?」,（2019/01/31取得, http://maltinerecords.cs8.biz/50l.html）.

11）IFPI, 2016,「IFPI Global Music Report 2016」,（2019/01/31取得, https://www. ifpi.org/downloads/GMR2016.pdf）.

12）IFPI, 2018,「IFPI Global Music Report 2018」,（2019/01/31取得, https://www. ifpi.org/downloads/GMR2018.pdf）.

13）たとえば注 1 で示した TREKKIE TRAX の状況を見ると, この変化はわかりや

すい。SoundCloud では簡単な操作によって楽曲ごとの CC ライセンスを選択・表示することができるが，彼らは従来的なネットレーベル・マナーに準じて CC ライセンスを自身のウェブサイト上に表記しているにもかかわらず，SoundCloud 上でライセンス適用をしているのは初期の数年間のリリースに限られてしまう。CC ライセンスの適用が実質的には意味をなさなくなっていった状況として見て取ることができるだろう。

14) WIRED, 2010,「The Web Is Dead. Long Live the Internet」，（2019/01/31取得，https://www.wired.com/2010/08/ff-webrip/）.

参考文献

浅野裕貴，2017,「アニソンクラブイベントの集団性——SNS 時代における〈界隈〉」毛利嘉孝編著『アフターミュージッキング——実践する音楽』東京藝術大学出版会，185-213.

Galuszka, Patryk, 2012, "Netlabels and democratization of the recording industry," *First Monday*, 17(7),（Retrieved February 25, 2019, https://firstmonday.org/ojs/index.php/fm/article/view/3770/3278）

日高良祐，2013,「ネットレーベルの構造——楽曲の流動性とコミュニケーションへの依存」『音楽文化学論集』3：167-177.

————，2015,「日本ネットレーベル史」『SWITCH 特別編集号 Maltine Book Maltine Records 2005 – 2015 10th Anniversary Issue』スイッチ・パブリッシング，120-128.

————，2017,「『ネット文化』としての MOD の受容——1990年代における音楽ファイルフォーマットの伝送実践」毛利嘉孝編著『アフターミュージッキング——実践する音楽』東京藝術大学出版会，121-151.

井手口彰典，2009,『ネットワーク・ミュージッキング——「参照の時代」の音楽文化』勁草書房.

水嶋一憲，2014,「ネットワーク文化の政治経済学——ポストメディア時代における〈共〉のエコロジーに向けて」伊藤守・毛利嘉孝編著『アフター・テレビジョン・スタディーズ』せりか書房，18-41.

毛利嘉孝，2012,『増補ポピュラー音楽と資本主義』せりか書房.

ローレンス・レッシグ，2001, 山形浩生・柏木亮二訳『CODE ——インターネットの合法・違法・プライバシー』翔泳社.

————，2002, 山形浩生訳『コモンズ——ネット上の所有権強化は技術革新を殺

す』翔泳社.

───, 2004, 山形浩生・守岡桜訳『Free Culture ──いかに巨大メディアが法を
つかって創造性や文化をコントロールするか』翔泳社.

Sterne, Jonathan, 2012, *MP3: The Meaning of a Format*, Durham: Duke University
Press.

スティーヴン・ウィット, 関美和訳, 2016, 『誰が音楽をタダにした？──巨大産業
をぶっ潰した男たち』早川書房.

（日高良祐）

第11章

コンテンツ産業と
〈日本（人）〉イメージ
──ポピュラー音楽文化を事例に──

　「クールジャパン」というキャッチフレーズのもと，外国人が「クール」（かっこいい）ととらえる日本の文化が注目され，海外展開やインバウンド消費に結びつけようとする取り組みが顕著になっている。

　海外からのイメージを通して，日本や日本人自ら，セルフイメージや自意識を形成することは新しいことではない。ここでは，〈日本（人）[1]〉イメージのあり様の変化を，主にポピュラー音楽文化を事例に，エドワード・サイードの「オリエンタリズム」というメカニズムから再検討したい。

1 「クールジャパン」と「日本ぼめ」

「かっこいい日本」

　ユニバーサル・スタジオ・ジャパンでは，2015年から「ユニバーサル・クールジャパン」と題して日本のアニメやマンガといったポピュラーコンテンツに関する期間限定のイベントを開催してきた。同年「ニッポンのマンガ＊アニメ＊ゲーム」という展覧会を企画した国立新美術館館長の青木保は「日本のマンガ，アニメ，ゲームが世界中の関心を集め，多くの熱烈なファンを持つことはいまさら言を俟ちません」（メディア・アート国際化推進委員会 2015）という。さらに埼玉県所沢市では2016年から「COOL JAPAN FOREST 構想」なるまちづくりが進められる一方，2019年2月には大阪城公園に劇場型文化集客施設

「COOL JAPAN PARK OSAKA[2]」がオープンした。

　海外で人気のある日本のポピュラー文化の海外展開を支援するために政府が推進する「クールジャパン」戦略においてとりわけ重視されてきたのは，マンガやアニメといったコンテンツ産業だった。宮崎駿監督のアニメ映画『千と千尋の神隠し』が2002年第52回ベルリン国際映画祭最優秀作品賞（金熊賞）をアニメ作品として初めて受賞し，翌2003年第75回アカデミー賞長編アニメ賞も受賞したことはよく知られている。鳥山明原作の『ドラゴンボール』は，そのアニメが海外70か国以上で放映され，2019年1月16日にアメリカで公開された映画『ドラゴンボール超　ブロリー』は「ポケモン」の映画に並ぶほどの全米興行成績を記録している。このようにマンガやアニメはグローバルに受容されるコンテンツとみなされるようになっている。

　しかしながら，政府主導の戦略は必ずしも成功をおさめてきたわけではなかった。日本動画協会（2018）によれば，2000年代半ばまではアニメの海外売り上げは順調に伸びたものの，2006年以降は減少し，2010年代半ばまで低迷状態が続いていた。2015年以降，中国市場の成長やオンデマンド映像配信によって劇的に増加するが，その「実感」は伴っていないという[3]（図11-1）。

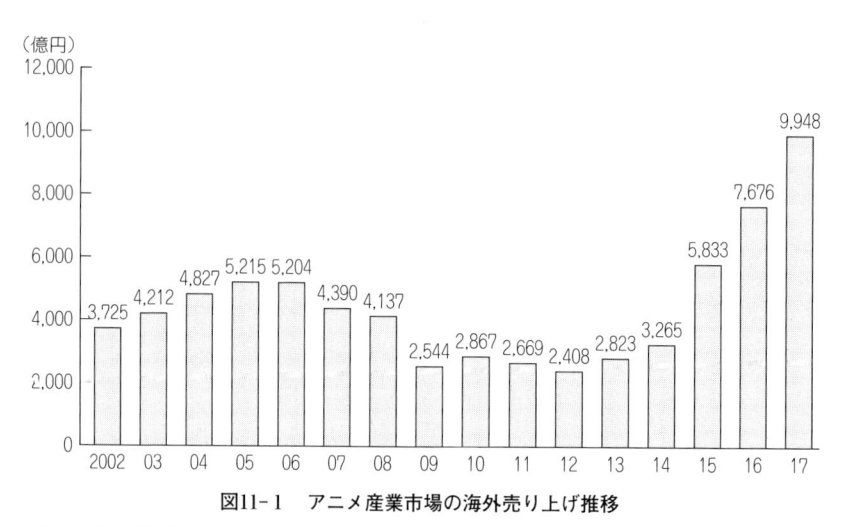

図11-1　アニメ産業市場の海外売り上げ推移

出典：日本動画協会 HP より．

〈日本（人）〉のイメージ

　コンテンツ産業に対する期待が実感を伴う成果を挙げていない状況でも「クールジャパン」は継続されてきた。そのなかで浮上してきたのは，海外の評価を通して，〈日本（人）〉自らを礼賛するような傾向である。たとえば，2000年代末頃から，テレビ東京系列では『和風総本家』（2008.4〜現在）や『You は何しに日本へ？』（2013.1〜現在），テレビ朝日系列では『世界が驚いたニッポン！スゴ〜イデスネ!! 視察団』（前身番組『これぞ！ニッポン流！』2014.4〜現在），TBS 系列でも『アメージパング！』（2014.4〜現在）など，上述の傾向が見られるテレビ番組は増えていく。出版においても，雑誌『JAPAN CLASS』は2014年12月発売の第１弾で表紙最上部に「外国人から見たニッポンは素敵だ！」というキャッチコピーが躍り，〈日本（人）〉礼賛的な傾向の紙面内容で，2019年２月までに第22弾が発売された。

　もちろん，日本人が考える〈日本（人）〉のイメージと，海外がとらえるそれとの間には齟齬がある。2006年から NHK で放送されている『cool japan』というテレビ番組で司会を務める鴻上尚史は次のように指摘している。

　　　現在，（番組ではなく，一般的な意味での）「クール・ジャパン」は，いつのまにか，「官主導の『マンガ・アニメ』を中心とした売り込み戦略」みたいに思われ始めました。国が「クール・ジャパン」と名付けて，なんでもかんでも売り出そうとしている，そんなイメージです。

（鴻上 2015：10-11）

　実態と違っていても，自分の心地よいものを信じようとする「日本ぼめ」とでもいえる傾向は，オックスフォード英語辞典が「2016 Word of The Year」として選んだ「ポスト・トゥルース（post truth）」にも通じる部分がある。本章では，〈日本（人）〉イメージのあり様の変化を，主にポピュラー音楽文化を事例に，「オリエンタリズム（Orientalism）」というメカニズムから再検討する。

2　〈日本（人）〉とオリエンタリズム

オリエンタリズム

　「オリエンタリズム」とは，そもそもエキゾティシズム（異国情緒）のひとつであり，東洋に対する憧れを醸す東洋趣味を意味する。これをエドワード・サイード（Edward W. Said）は，「オクシデント（西洋）」を「合理的，平和的，自由主義的，論理的で，真の価値を見分ける能力をもち，生来の猜疑心はもたない」と肯定的に自己認識するために，その反対の属性をもつものとして「オリエント（東洋）」を他者として規定するメカニズムとしてとらえ返した（Said 1978=1993上：118-119）。いわば，「オリエント（東洋）」を鏡として優越的な自己を認識するメカニズムであり，その結果，「オクシデント（西洋）」による「オリエント（東洋）」の植民地化が推進されたのである。

　このオリエンタリズムというメカニズムが，もっとも効果を発揮したのが20世紀である。ジョン・W・ダワー（1986＝2001）によれば，このメカニズムによって〈日本（人）〉は非人間（inhuman）や人間以下（subhuman），劣等人（lesser-human）としてイメージされてきたという。たとえば，日本がサルや子ども，小人として表象されたのは，「オクシデント（西洋）」こそヒトであり，大人であるという自己認識を裏付けるためである。太平洋戦争がはじまると，真珠湾攻撃の背信性や「バターン死の行進」における捕虜虐待，玉砕や神風という要素が重なり，「オクシデント（西洋）」にとって，相容れない憎悪と恐怖の対象として〈日本（人）〉イメージが形成されていった。[4]

テクノ・オリエンタリズム

　敗戦後の日本が1960年代に高度経済成長を遂げてもなおオリエンタリズムは影響を及ぼしていた。デヴィット・モーレイ（David Morley）らは，日本が「経済大国」としての地位に就いた1980年代半ばにおいて立ちあらわれるものは，これまでのオリエンタリズムの変形としての「テクノ・オリエンタリズム」だと指摘する。

　もし未来がテクノロジーに満ちたもので，テクノロジーが「日本化」している とすれば，この三段論法では，未来もまた今や日本的なものになる ということが示唆される。ポストモダンの時代は環太平洋の時代となるだ ろう。日本は未来であり，それは西洋近代を乗り越え，取って代わるよう に思えるような未来である。　　　　　　　　　　（Morley and Robins 1995：168）

　確かに，SONYのポータブル・カセットテーププレーヤー「Walkman」を はじめ，タイトーのビデオゲーム「スペースインベーダー」や任天堂の「ファ ミコン」など，「メイド・イン・ジャパン」のハイテク製品が世界的に人気を 博す一方，産業用ロボットを導入したオートメーションも日本では急速に推し 進められた。そこで〈日本（人）〉イメージが，「オクシデント（西洋）」に優 越する例外的な存在として賞賛されるように一変したというわけではない。従 来のように，「オクシデント（西洋）」にとって鏡としての他者の位置づけは変 わらないままであった。すなわち，〈日本（人）〉は「オクシデント（西洋）」 の幻想のなかで賞賛と畏怖，憧憬と侮蔑を同時に受けながら，オリエンタルな 伝統的イメージに加え，経済成長を背景とした技術革新のイメージを混淆した 「テクノ・オリエンタリズム」を通して表象されたのである。
　小暮修三は次のように述べる。

　テクノ・オリエンタリズムでは，西洋人が科学的な能力・技術をもって いるという特性に「東洋」人に対する優越性を見出すわけではなく，また 日本の近代化の際におこなわれたように，日本のテクノロジーを「西洋」 の模倣にすぎないとして優越性を確保しようとするわけでもない。むしろ， 「東洋」人にサイボーグ的・機械的な「非人間性」という意味を付与し， それに「西洋」の「人間性」を対比して見下すことによって，自らの優位 性と「西洋（＝自己）」を確立しようとしている。　　　（小暮 2008：26）

　これを踏まえ，あらためてモーレイら（1995）がいう「未来」という言葉を 考えてみると，それが決して肯定的なニュアンスではないことがわかる。つま

り，「日本的な未来」はユートピア的なものではなく，その対極のディストピア的な未来イメージに近い。それは欧米で発祥したサイバーパンクとの親和性を有する。ジョン・G・ラッセルは次のように述べる。

　　80年代，サイバーパンクは暗く，退廃的な「テクノワール（tech-noir）」オリエンタリズムを生み出した。それは，40年代のハードボイルドなフィルム・ノワールの肖像と，オリエンタルなエキゾチシズムやデカダンスといった不変のステレオタイプとを，日本そのものを通して融合させたものであった。しばしば，日本は，ただエキゾチックで異世界的な雰囲気だけを搾取された。サイバーパンク・ムーヴメントは，環太平洋の世紀におけるアメリカの陰鬱な描写とともに，未来的な日本風の仮構をつくり出していった。ブルース・スターリングの『スキズマトリックス』（1985）やウィリアム・ギブスンの「スプロール・シリーズ」[5]――「記憶屋ジョニィ」（1980），『ニューロマンサー』（1982），『カウント・ゼロ』（1986），『モナリザ・オーヴァドライヴ』（1988），『ヴァーチャル・ライト』（1993），『あいどる』（1996）――で描かれたヤクザ企業やハイテク忍者，財閥支配のグローバル経済から，リドリー・スコット監督によるカルト・クラシック『ブレードランナー』（1982）の背景を構成する21世紀LAのニヒリズム的な「テクノワール」オリエンタリズムまで，日本的な空想未来世界は及んでいる。
　　　　　　　　　　　　　　　　　　　　　　　　　　（Russell 1998：102）

　米ソ冷戦構造下の1980年代，ディストピア的な未来イメージのひとつが核戦争による人類滅亡だった。人類の滅亡を午前零時にたとえ，それまでの残り時間を「あと何分」と示す「世界終末時計」が，ことあるごとに引き合いに出されたのもこの頃である[6]。1988年に制作された大友克洋原作・監督のアニメ映画『AKIRA』の冒頭では，核戦争を彷彿させるような爆発で東京が壊滅し，その後の「ネオ東京」を舞台に物語が展開する。奇しくも，この作品は「オクシデント（西洋）」でカルト的な人気を博する。このように，「テクノ・オリエンタリズム」というメカニズムによって，ディストピア的イメージが〈日本（人）〉

に付与されていく。

キメラのイメージ

　このメカニズムのなかで〈日本（人）〉は自らをどのように認識していたのだろうか。メアリー・ルイーズ・プラット（Mary Louise Pratt）（1992）の「トランスカルチュレーション」という概念，すなわち「被支配者が支配者の文化を流用し，自らの文化を創造する行為」（太田 1999）に近い状態が生じていたのではないだろうか。カルチュラル・スタディーズの研究者である上野俊哉は次のように述べている。

　　それ（筆者注「テクノ・オリエンタリズム」）は「日本人」が自らを誤認し，「西欧人」が他者を誤認する文化装置，インターフェースであるが，「アジア（人）」と「アジア的」風景はこの二つの錯視のなかでもうひとつの幻想として生産されている。押井守が原作にない香港を『攻殻機動隊』の舞台として選択し，情報ネットの視覚化を水没した香港の運河と街並みに託し，さらにそこに「日本的」なモノ，身ぶり，音楽，習慣をちりばめる時，そこには情報資本主義による「表徴の準帝国」が浮き彫りにされているのである。こうして半西欧，半アジアのキメラ，サイボーグ的な境界侵犯を逆に固定化し，ナショナルなものとするところに「ジャパノイド・オートマトン」が現われる。　　　　　　　　　　　　　　　（上野 1998：176）

　上野（1998）が指摘するのは，〈日本（人）〉イメージの複雑さである。ここで取り上げられる押井守監督のアニメ映画『GHOST IN THE SHELL 攻殻機動隊』は，身体をサイボーグ化（義体化）する近未来の世界が描かれ，人間でも機械でもない存在が登場する。「西洋に追いつけ，追い越せ」というスローガンのもと，東アジア国家のなかでいち早く近代化を達成した〈日本（人）〉は，「オクシデント（西洋）」とも「オリエント（東洋）」とも異なる無国籍で越境的な「キメラ（複数の合成生物）」のようなものであり，人間を模したオートマトン（自動人形）のようなイメージを紡ぎ出している。

　テクノ・オリエンタリズム，あるいはそこで利用されるイメージは，1990年代末より様相を変えていく。米クリントン政権下において国家情報会議議長や国務次官補を歴任した国際政治学者のジョセフ・ナイ（Joseph S. Nye Jr.）によって「ソフトパワー」という概念が提唱されたのもこの頃である。「ソフトパワー」とは，ナイ（2004）によれば，軍事力や経済力といった「ハードパワー」に対し，文化，政治的な価値観，外交政策を源泉として，相手の自発的な同調や支持，共感を獲得する影響力だという。いわば，コンテンツによる国際的な影響力のことである。

　さらに2002年には，米外交誌『フォーリン・ポリシー』に，ジャーナリストのダグラス・マッグレイによって「Japan's Gross National Cool」という記事が掲載される。

　　　日本は，また新たな超大国として再生しつつある。政治，経済上の落ち込みに打ちのめされることなく，日本のグローバルな文化的勢力は衰えを知らない。実際，ポピュラー・ミュージックから一般用電子機器，建築からファッション，食べ物から芸術にいたるまで今日の日本は，経済大国だった1980年代よりも，はるかに大きい文化的勢力を持っている。

（McGray 2002＝2003：134）

　GNP（国民総生産）をもじった「GNC（Gross National Cool）」（文化的なかっこよさ）というキーワードは，1990年代末期，英国（ブレア政権下）で推し進められた「クール・ブリタニア」と呼ばれるポピュラー文化への国家的支援の成功と相まって，現在の「クールジャパン」へとつながっていく。

　2003年に施行された知的財産基本法に基づいて，優れたコンテンツの創造，保護，活用に関する施策を推進するため，知的財産戦略本部が内閣に設置され，内閣総理大臣を本部長，関係大臣と民間有識者をメンバーとし，各年度の「知的財産戦略」を策定することとなった。翌2004年には，知的財産戦略本部コンテンツ専門調査会が『コンテンツビジネス振興政策──ソフトパワー時代の国家戦略』を取りまとめる一方，「コンテンツの創造，保護及び活用の促進に関

する法律」が成立する。こうした流れは，政権交代した民主党政権の下で策定された「新成長戦略」(2010) でも継承され，「クールジャパン」の海外展開という言葉が用いられる。さらに，自民党が政権を奪還した2013年には「日本再興戦略」が策定され，あらためて「クールジャパン」の推進を明言し，さらに「クールジャパン推進会議」も発足する。2000年代以降，日本のマンガやアニメといったコンテンツは，オタク向けのニッチな文化ではなく，アメリカのハリウッドのような「競争力ある輸出産業」として注目されていったのだった。

　このようにオリエンタリズムとは，「オリエント（東洋）」という鏡を通して「オクシデント（西洋）」が自己認識するメカニズムであり，その結果，誇張された〈日本（人）〉イメージが作り上げられていった。同時に，近代化した日本が，オリエンタリズムというメカニズムそのものを内面化し，テクノ・オリエンタリズムとして「オリエント（東洋）」でも「オクシデント（西洋）」でもない越境的な「キメラ」としての自己像を結んでいった。伝統的でオリエンタルなイメージと近未来的でハイテクなイメージとの奇妙な融合である。その変容を，次章からポピュラー音楽文化を事例に見ていきたい。

3　オリエンタリズムとポピュラー音楽

日本らしい音楽の変化

　ポピュラー音楽文化において，オリエンタリズムはどのように展開していくのだろうか。

　明治以降，脱亜入欧を急速に推進するなか，西洋音楽の影響が増大し，翻ってその影響を排除したところに「本来」の〈日本（人）〉の音楽的ルーツがあるという見方が強くあった。それは，「オリエント（東洋）」に対する「オクシデント（西洋）」のオリエンタリズム的な視線と重なる。たとえば，音楽評論家中村とうようが「進駐軍ソング」[7]と呼ぶ楽曲は，第二次世界大戦後の占領期から米軍地上部隊が日本本土から撤退する1958年にわたって，日本のエキゾチシズムを反映しながら米軍将兵によって作り上げられたものである。こうしたオリエンタリズム的な視線を内面化しながら，〈日本（人）〉的な楽曲が「再発

見」され，リフレクティヴに創造されていく。たとえば，ジャズトランペット
の日野皓正も参加した白木秀雄クインテット＆スリー琴ガールズのアルバム
『さくらさくら』(1965) は，日本の伝統的な音楽（タイトル曲や「よさこい
節」「山中節」）を西洋的なジャズアレンジするだけでなく，あえて伝統楽器の
琴を取り入れている。

テクノ・ポップ

　そして80年代，YMO（イエロー・マジック・オーケストラ）にはテクノ・
オリエンタリズムの典型が見て取れる。細野晴臣，高橋幸宏，坂本龍一をメン
バーに結成されたYMO は，シンセサイザーとコンピューターを駆使したサウ
ンドが特徴で「テクノ・ポップ」と呼ばれた。また，楽曲の構成要素の多くを
コンピューター制御のシーケンサーで自動演奏し，バンドという形態でありな
がら，肉体性を排除するオートマトンのようなイメージが戦略的に流用された。
　1978年，YMO のファースト・アルバム『イエロー・マジック・オーケスト
ラ』がリリースされる。それをアメリカ向けにリミックスした米国盤のジャケ
ットはルー・ビーチによってデザインされ，扇子を胸元で開いた和服女性の頭
部に電気ケーブルのようなものがウネウネと生えている，いわば「電脳芸者」
が描かれている (図11-2)。まさに，[8]
伝統的な〈日本（人）〉表象にハイ
テクのイメージが混淆された「テク
ノ・オリエンタリズム」の典型であ
る。この米国盤のリリースにあわせ，
YMO はロサンゼルスでライブを行
うなど，アメリカでの高い評価を受
けて日本国内で大ヒットするが，こ
のような「逆輸入」のプロセスもま
たオリエンタリズムというメカニズ
ムを内面化したものと考えられる。[9]

図11-2　YMO『Yellow Magic Orchestra』

テクノ・オリエンタリズムと海外の音楽

　テクノ・オリエンタリズム的なイメージの事例はこれだけにとどまらない。ブリティシュ・ニューウェーヴ，イタロ・ディスコのアーティストナンシー・ノバ（Nancy Nova）が1982年にリリースしたシングル「Made in Japan」では，「経済大国」としての日本を牽引する企業名が歌詞に並び，ジャケットは工業製品のように彼女が梱包されている姿が写し出されている（図11-3）。とりわけミュージック・ビデオでの彼女の動作やしぐさは，ロボットやオートマトンを彷彿させる。

　また，在英日本人を中心に結成されたフランク・チキンズ（Frank Chickens）は1983年にシングル「We Are Ninja」をリリースし，英国NME誌のインディペンデント・チャートで9位を記録する。シンセ・ポップのサウンドにラップ調の歌詞で「あんたもニンジャ，私もニンジャ，目つぶし投げてドロンドロン」と繰り返し，エキゾチックでオリエンタルなイメージを諧謔的に流用していたり，ミュージック・ビデオやアルバムのジャケットでは，ゴジラやモスラのような怪獣やサラリーマンのイメージを流用している（図11-4）。これらも，80年代のテクノ・オリエンタリズムが生み出した典型的な〈日本（人）〉イメージの事例といえる。

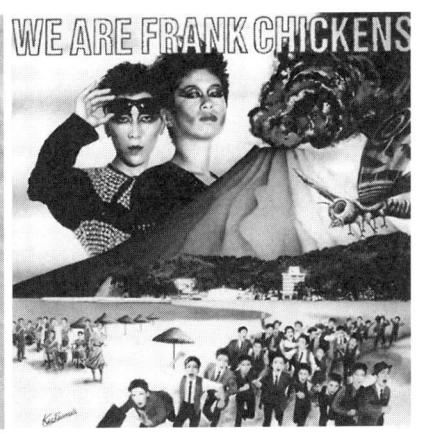

図11-3　Nancy Nova『Made in Japan』　　図11-4　Frank Chickens
　　　　　　　　　　　　　　　　　　　　　　　　　　　　『We Are Frank Chickens』

「クールジャパン」とテクノ

　1996年，米ビルボード誌ビデオセールス・チャートで押井守監督のアニメ映画『GHOST IN THE SHELL 攻殻機動隊』が週間売り上げ第1位を記録する。1997年3月26日付『毎日新聞』で，「文化産業で日本は圧倒的な入超国。音楽や映画ではハリウッドなど海外の版権元に巨額の金を払い続けてきた。その中で唯一，日本が国際競争力を持ち，輸出超過を維持しているのが「ジャパニメーション」と呼ばれるまんが，アニメーション群だ」とあるように，〈日本（人）〉イメージを構成する要素にマンガやアニメといったものが浮上してくるのが1990年代末であり，この頃から「クールジャパン」がはじまる。

　では，「クールジャパン」と音楽とはどのような関わりがあるのだろう。1990年代の日本の音楽産業は世界第2位の規模を有する国内市場だけで満足していたところがあったため，海外展開する事例はごくまれであった。そのなかで1996年にリリースされた日本人DJ／アーティストであるケン・イシイによるシングル「Extra」のミュージック・ビデオでは，『AKIRA』の作画監督補でもあったアニメーター森本晃司が監督し，「ジャパニメーション」を想起させる映像と「テクノ」というダンスミュージックを融合し，英「MTV DANCE VIDEO OF THE YEAR」を受賞する（図11-5）。このビデオで描かれるイメージも，いわゆるサイバーパンクのディストピア的なものであり，その意味ではテクノ・オリエンタリズムを継承して，「トランスカルチュレーション」の果てに形成された「クールジャパン」イメージだといえる。

　その後，2001年にフランスのテクノ・ポップユニットダフト・パンク（Daft Punk）がリリースしたアルバム『Discovery』は，マンガ家松本零士が手掛けたミュージック・ビデオ[10]が注目を集め，大ヒットする（図11-6）。マンガやアニメという〈日本（人）〉イメージが結び付けられたのは，電子的なサウンドだけでなく，フルフェイスのマスクを常に被りサイボーグとしてふるまうダフト・パンクというアーティストのイメージでもあった。いわば，テクノロジーを想起させる電子的なサウンドやオートマトンのような装いやしぐさが，日本のマンガやアニメと結びついた「クールジャパン」イメージの事例といえる。

　このような結びつきは，現在でもその効力を失ってはいない。日本の「ポッ

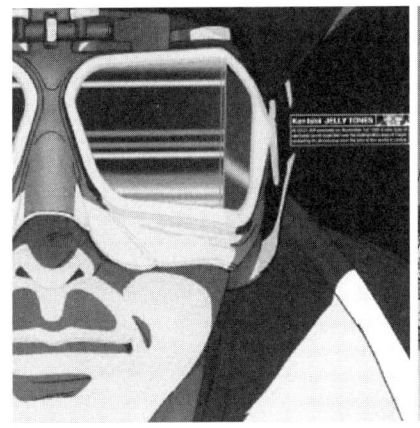 

図11-5　ケン・イシイ『Jelly Tones』　　　図11-6　Daft Punk『Discovery』

プカルチャー」を発信するイベントとして，2018年で10回目を迎えるサンフラ
ンシスコの「J-POP サミット2015」で，上述のケン・イシイのテクノ音楽と
アニメ監督の森本晃司の映像によるコラボレーションが上演されたのだった。
およそ20年経っても，その結びつきは対外的に発信されるイメージとなってい
るのである。

ハイブリッド・オリエンタリズム

　オリエンタリズムというメカニズムをもとに，そのときどきによって，混淆
される要素が加わり変化する。たとえば，1980年代「経済大国」としての〈日
本〉イメージが確立されたときは，ビジネスマンとサムライの表象がハイブリ
ッドされ，ハイテクな〈日本〉イメージにおいては，ロボットやオートマトン
がゲイシャの表象とハイブリッドされた。その後，90年代にはマンガやアニメ
といった表象が，ハイブリッドされる要素に加わる。テクノ・オリエンタリズ
ムを継承発展したこのメカニズムは「ハイブリッド・オリエンタリズム」とで
もいえよう。

　現在，ハイブリッドされる要素として台頭しているのが「カワイイ
(Kawaii)」と呼びうるものであり，そのアイコンのひとつが，きゃりーぱみゅ

ぱみゅだろう（Kawaii Culture の日本文化表象としてのきゃりーぱみゅぱみゅについては第9章を参照）。2011年，デビュー曲「PONPONPON」を iTunes Store より世界23か国でリリースし，フィンランドとベルギーのエレクトロチャートにおいて日本人初の1位を記録する。さらに翌2012年シングル「つけまつける」は日本人アーティスト最多の世界73か国で先行配信し，iTunes Store のエレクトロニックソングチャートにおいて，フィンランドで1位，ベルギーで3位，米国の同エレクトロニックアルバムチャートで日本人アーティスト最高位の2位を記録した。さらに同年，パリで開催された日本文化の総合博覧会「Japan Expo」のイベント「HARAJUKU KAWAII」に出演したり，2015年のミラノ国際博覧会の「JAPAN DAY スペシャルライブ2015」では，津軽三味線の吉田兄弟や和太鼓グループの打打打団，能舞台の宝生和英などと並んで出演したりするなど，日本の「カワイイ」カルチャーのアイコンとして，国内外で活躍する。米放送局 ABC（2014年3月25日）は，YouTube の再生回数が6,200万回を超えることに触れつつ，きゃりーぱみゅぱみゅを「日本のポップスター」と紹介するほどである。なかでも興味深いのは，2013年のシングル「にんじゃりばんばん」である。サウンドもオリエンタルなエレクトロ・ポップスで，ミュージック・ビデオではニンジャやお姫様のような衣装をきゃりーぱみゅぱみゅがまといながら歌う（図11-7）。オリエンタルでいわゆる伝統的なイメージだけでなく，ポップでファンシーな色使いや振付とい

図11-7　「にんじゃりばんばん」のきゃりーぱみゅぱみゅ[11]

ったさまざまな「カワイイ」要素が、〈日本（人）〉イメージのハイブリットされるものとして並列化されていることがうかがえる。

図11-8　「メギツネ」の BABYMETAL

きゃりーぱみゅぱみゅも「逆輸入」的なプロセスによって日本国内で人気を博したが、アイドルユニット BABYMETAL も同じようなプロセスをたどっている。アイドル的な「カワイイ」カルチャーの要素を継承しながらも、「ヘヴィメタル」という音楽ジャンルでパフォーマンスするという特徴は、賛否両論ありながらも大きな話題となった。日本的なグループアイドルがあまり定着していない「オクシデント（西洋）」において、英国最大級の野外フェスティバル「Reading and Leads Festival 2015」のメインステージに史上最年少アーティストとして BABYMETAL が出演したことは異例だったし、2016年に世界同時発売されたセカンドアルバム『METAL RESISTANCE』は全米アルバムチャート（Billboard 200）で39位を記録し、日本人としては坂本九以来の快挙となった。

BABYMETAL もまた、さまざまな要素をハイブリットしている。たとえば、BABYMETAL が頻繁に行う片手の指で結ぶ「キツネサイン」は、ハードロックやヘヴィメタルにおいてポジティブな意味で使用される、いわゆる「メロゥイック・サイン」がルーツであるだけでなく、オリエンタルな〈日本（人）〉イメージと結びついているキツネが流用されている（図11-8）。そうした伝統的なイメージに、アイドル的な「カワイイ」要素、さらにそれらとは縁遠いヘヴィメタル[12]という音楽をハイブリッドしたことが大きな魅力となっている。

4 〈日本（人）〉イメージを形成するもの

セルフイメージの齟齬

　最後に，なぜ現在「日本ぼめ」という傾向があらわれているのだろうか，あらためて考えてみたい。バブル崩壊以降，2000年代初頭まで「失われた10年」と呼ばれた不況や，2008年リーマンショック後の世界的金融危機によって日本は「自信」を失い，その反動で「日本ぼめ」のような現象が起こっているのだという分析も多い。しかし，果たしてそうなのだろうか。変容しつつも機能し続けているオリエンタリズムというメカニズムを鍵として考察してみよう。

　少し古いデータだが，内閣府の「平成25年度 我が国と諸外国の若者の意識に関する調査」（内閣府 2014）によれば，日本の若者の70.4％が「自国人であることに誇りを持っている」と回答しており，日本，韓国，アメリカ，英国，ドイツ，フランス，スウェーデンの7か国比較からみると，アメリカ（76.2％），スウェーデン（75.0％）についで3番目に高い（図11- 9 ）。

　直接比較することはできないが，同様の質問項目でこれまで調査されてきた「世界青年意識調査」（内閣府 2009）を参考にすれば，この30年余りで日本の若

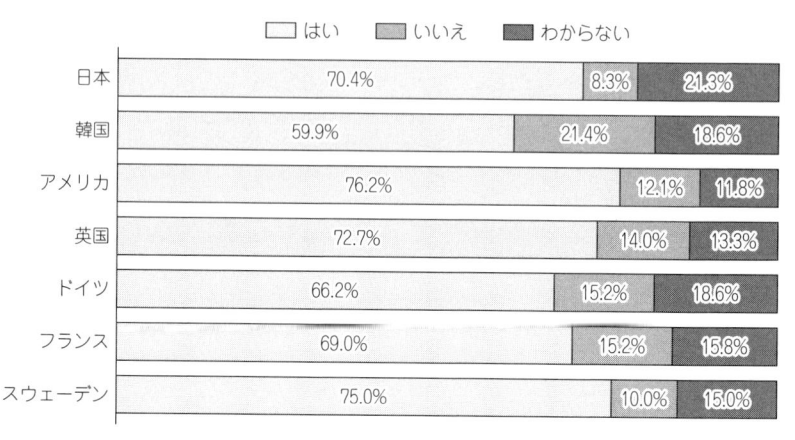

図11- 9　自国人の誇り

出典：「平成25年度 我が国と諸外国の若者の意識に関する調査」より．

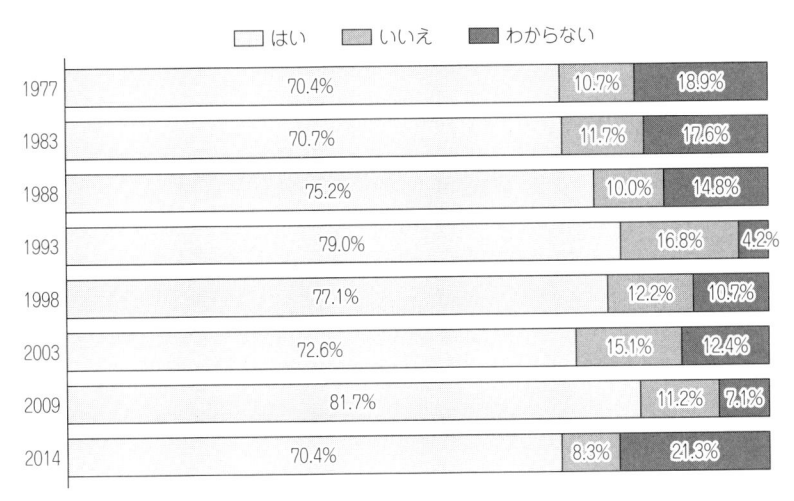

図11-10　日本の青年の自国人の誇り

出典：「第8回 世界青年意識調査」と「平成25年度 我が国と諸外国の若者の意識に関する調査」より.

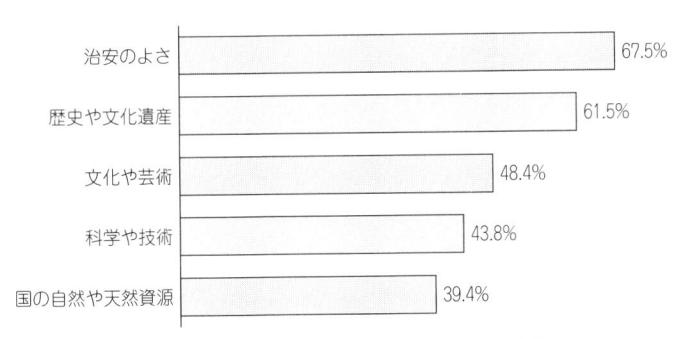

図11-11　日本の若者の自国人であることの内容

出典：「平成25年度 我が国と諸外国の若者の意識に関する調査」より.

者の「自国人の誇り」が必ずしも高まったわけではないことがわかる（図[13)] 11-10）。バブル景気に沸いた80年代後半から90年代前半に比べれば，日本の若者の「自国人の誇り」はむしろ低下したといえる。つまり，日本は「自信」を失っていっていることを裏付ける。

　では，今何を誇りに思っているのだろうか。「平成25年度 我が国と諸外国の若者の意識に関する調査」（内閣府 2014）によれば，「自国人であることに誇り

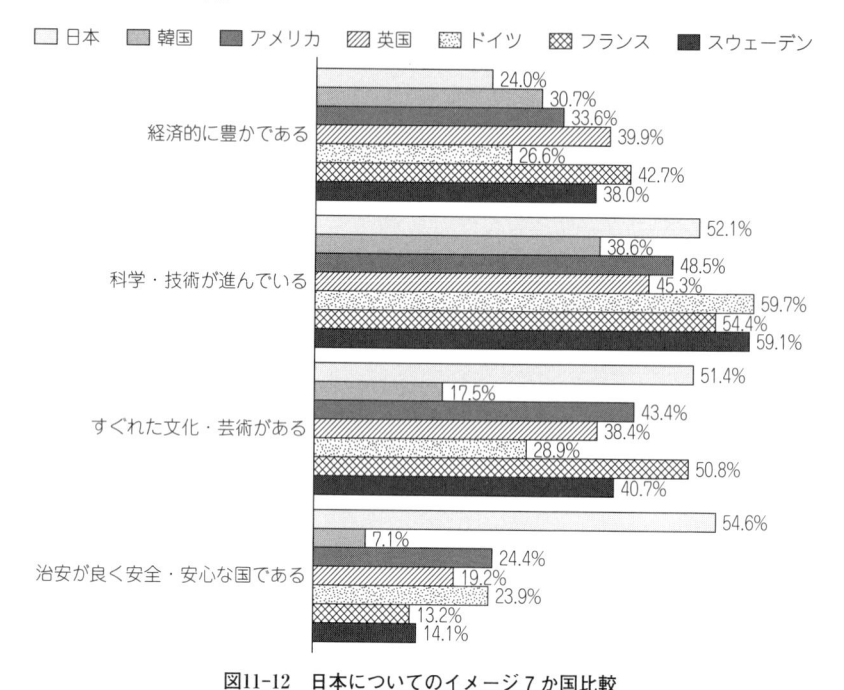

図11-12　日本についてのイメージ 7 か国比較

出典：「平成25年度 我が国と諸外国の若者の意識に関する調査」より.

を持っている」日本の若者は「自国で誇れるもの」として，「治安のよさ」
（67.5％），「歴史や文化遺産」（61.5％），「文化や芸術」（48.4％），「科学や技
術」（43.8％）をあげる割合が高い（図11-11）。同様に，「日本についてのイ
メージ」を日本の若者は，「治安が良く安全・安心な国である」（54.6％），「科
学・技術が進んでいる」（52.1％），「すぐれた文化・芸術がある」（51.4％）を
挙げる傾向がある（図11-12）。

　しかし，7 か国比較でみると，「科学・技術が進んでいる」を挙げる割合が
最も高い（ドイツ59.7％，スウェーデン59.1％，フランス54.4％，アメリカ
48.5％，英国45.3％，韓国38.6％）。注目すべきは，日本の若者は，「治安のよ
さ」を挙げる割合が最も高いが，海外からはその半分の割合に満たないこと，
そして海外では「経済的に豊かである」が上位に挙げられるのに対し，日本で
は相対的にみて低いことである。バブル崩壊以降，日本は経済的な「自信」を

失い，とりわけ「オリエント（東洋）」（韓国）とイメージに大きな離齬があることがわかる。

鏡としての他者の変化

　イメージの離齬は，長らく続いてきた不況の影響とも考えられるが，むしろイメージを形成するための比較対象が変容しているためと考えるべきだろう。これまで鏡として想定してきた「オクシデント（西洋）」からは，テクノ・オリエンタリズムが機能していた1980年と変わらず，いまだ「科学・技術が進んでいる」「経済的に豊かである」といったイメージが残っているが，もはや「オリエント（東洋）」からのイメージはそうではないことがわかる。

　このように，〈日本（人）〉が内面化してきたオリエンタリズムというメカニズムは，「オリエント（東洋）」と「オクシデント（西洋）」という二者関係の相互作用ではなく，鏡としての他者を複数化（欧米だけでなく，中国や韓国），あるいは遷移しつつ，さらに複雑化していきながら，今なお機能しているといえるのではないだろうか。大きな影響力を及ぼしつつある中国を対象とする調査はまだ少なく，〈日本（人）〉イメージにどのような影響を与えているのか，今後の課題となるだろう。

注

1) 〈日本（人）〉とは，実在する国や人ではなく，ここではそのイメージとしての意味で用いる。

2) COOL JAPAN PARK OSAKA の WW ホールでは，「日本総狂宴ステージ KEREN」と題し，「日本独自の芸能やアニメ，忍者，サムライ，フジヤマ，妖怪，日本の四季，巨大マグロなどの NIPPON の世界観をテーマに，（中略）世界最先端のマルチメディアが融合した，大阪から世界に発信するオリジナルレビュー」（公式ホームページより）を公演している。

3) アニメ制作に携わる人びとの状況については，NPO 法人「若年層のアニメ制作者を応援する会（AEYAC）」の調査に詳しい。

4) 日本人から見た欧米人のイメージも「鬼畜米英」に象徴されるように，同じ人間とは異なる「鬼」としてイメージされていた（Dower 1986=2001）。

5）「スプロール・シリーズ」は，日本では「電脳空間三部作」と呼ばれ，『ニューロマンサー』，『カウント・ゼロ』，『モナリザ・オーヴァドライヴ』を指す。

6）1984年，米ソの軍拡競争が激化し，終末まで「あと3分」と示され，1953年に次ぐ短い残り時間となった。

7）たとえば，軍曹の Johnny Watson 率いる進駐軍の楽団は，「荒城の月」など日本の代表的な歌曲を演奏したり，「パチンコ・マンボ」など日本をモチーフにしたオリジナルの楽曲も制作した。

8）星野源は4th アルバム『YELLOW DANCER』（2015）のジャケットは，この「電脳芸者」をモチーフにしており，彼が提唱する「イエローミュージック」は〈日本（人）〉的音楽を意識したものになっている。

9）同じ1978年，日本国内で人気絶頂だったピンク・レディーは，翌79年にシングル「Kiss in the Dark」で全米デビューするが，その時にテクノ・オリエンタリズム的なイメージは流用されず，二人のバストアップの写真がジャケットとなっている。この曲は米ビルボード誌シングルチャートで最高37位を記録し，日本人アーティストによる楽曲のなかで，1963年に1位を記録した坂本九の「Sukiyaki（邦題：上を向いて歩こう）」に次ぐ快挙となる。

10）「One More Time」「Aerodynamic」「Digital Love」「Harder, Better, Faster, Stronger」といったミュージック・ビデオは，2003年に『インターステラ5555: The 5tory of the 5ecret 5tar 5ystem』としてアニメーション映画化された。

11）Warner Music Japan「きゃりーぱみゅぱみゅ - にんじゃりばんばん, Kyary Pamyu Pamyu - Ninja Re Bang Bang」（https://www.youtube.com/watch?v=teMdjJ3w9iM）サムネイルより。

12）ハードロックやヘヴィメタルという音楽ジャンルは，〈日本（人）〉イメージからかけ離れているというよりも，むしろ近しい面もある。たとえば，1980年代からLOUDNESS など海外でも評価されている。

13）2009年の結果をどうとらえるかについては議論の余地はあるが，外れ値として扱った方がいいだろう。

参考文献

Dower, John W., 1986, *War without Mercy: Race and Power in the Pacific War*, Pantheon Book.（＝斎藤元一訳，2001，『容赦なき戦争——太平洋戦争における人種差別』平凡社.）

小暮修三，2008，『アメリカ雑誌に移る〈日本人〉』青弓社.

鴻上尚史，2015，『クール・ジャパン!?──外国人が見たニッポン』講談社.

国立国会図書館（鈴木絢子），2013，「クールジャパン戦略の概要と調査」『調査と情報』No.804.

国立青少年教育振興機構，2015，「高校生の生活と意識に関する調査報告書」.

McGray, Douglas, 2002, "Japan's Gross National Cool," *Foreign Policy*, 130（May/June 2002）.（＝神山京子訳，2003「世界を闊歩する日本のカッコよさ」『中央公論』2003.5: 130-140.）

メディア・アート国際化推進委員会編，2015，『ニッポンのマンガ＊アニメ＊ゲーム from 1989』国書刊行会.

Morley, David and Kevin Robins, 1995, *Spaces of Identity: Global Media, Electronic Landscapes and Cultural Boundaries*, London: Routledge.

Nye Jr., Joseph S., 2004, *Soft Power: The Means to Succession in World Politics*, Public Affairs.（＝山岡洋一訳，2004，『ソフト・パワー──21世紀国際政治を制する見えざる力』日本経済新聞社.）

内閣府，2009，「第8回 世界青年意識調査」.

───，2014，「平成25年度 我が国と諸外国の若者の意識に関する調査」.

日本動画協会，2018，「アニメ産業レポート2018」.

太田好信，1999，『トランスポジションの思想──文化人類学の再想像』世界思想社.

PIE BOOKS編，2012，『クールジャパンデザイン──マンガ・アニメ・ライトノベル・ゲームのデザイン特集』パイインターナショナル.

Pratt, Mary Louise, 1992, *Imperial Eyes: Travel Writing and Transculturation*, New York: Routledge.

Russell, John G., 1998, "Jurassic Japanese and Silicon Samurai: Rising Sun, Tech-noir Orientalism and the Japanese Other in American Popular Culture," 『岐阜大学地域科学部研究報告』2: 89-126.

Said, Edward W., 1978, *Orientalism*, New York: Georges Borchardt Inc.（＝今沢紀子訳，1993，『オリエンタリズム　上・下』平凡社.）

上野俊哉，1998，『紅のメタルスーツ』紀伊國屋書店.

（太田健二）

第12章

大阪万博をめぐる表現文化

　本章では，1970年大阪における日本万国博覧会（大阪万博）をめぐる表現文化の問題を取り上げる。ここではいくつかのパビリオンから，その芸術展示の制作やプランニングに関わった芸術家の作品とともに，万博というイベントについて考えていきたい。大阪万博において，芸術家が多く参加していたことは知られているが，本章ではパビリオンにおける空間展示と表象に関わる音楽表現を中心に取り上げる。

　ここで音楽表現を中心に考察することで，聴覚芸術としての音楽が表象するものが考察される。そして，視覚が優位の現代における視覚以外の感覚による芸術表現の可能性について考える。このような表現が，万国博のような国際的なイベントにおいていかなる意義を示すものであるのか，またこのような空間展示がどのような社会環境の中で存在していたのか，それがどのように考えられるのかということについて見ていきたい。そこで一つのテーマとしてあるのが，パビリオンにおける芸術展示で表象される「日本的なもの」についてである。

　大阪万博では，多くの芸術家，文化人，建築家たちによって大阪千里という空間・場所を舞台として文化芸術表現が展開された。そして，同時に万博に反対する反博の運動も行われていた。それは，反博の集会，雑誌や書籍という領域において万博についての議題が戦わされていたのである。万博をめぐる状況は，芸術と表現が文化において交差する事例となっている。同時に，博覧会というイベントとして，万博はその後の戦後日本における観光の問題ともつながるものでもあり，観光（社会）学におけるテーマの一つであるといえるだろう[1]。

1　日本の現代音楽とミュージック・コンクレート，電子音楽，大阪万博における音楽

電子音楽，ミュージック・コンクレート

　大阪万博における音楽表現は，戦後日本の電子音楽とも関係する。電子音楽の始まりは，1954年に作曲家，評論家の諸井誠が雑誌に紹介したことに端を発するといわれている（諸井 1965：254）[2]。諸井は，武満徹と彼が関係する吉田秀和を所長とする「二十世紀音楽研究所」を，日本において12音技法の音楽の紹介者である，入野義朗，柴田南雄，黛敏郎らと1957年に結成している（メンバーは，吉田秀和（所長），入野義朗，柴田南雄，黛敏郎，森正，岩淵龍太郎，諸井誠）[3]。この12音技法音楽[4]が，無調音楽とも言われる現代音楽を特徴付けるものであった。これが，電子音楽というテクノロジーを媒介とした音楽とも関係していたのである。

　そして，本章との関連では，武満徹が参加していた「実験工房」が万博につながる創作活動の前史として挙げられる[5]。「実験工房」は瀧口修造を中心として結成されたインターメディア的で総合芸術的なグループであった[6]。参加者は，瀧口，武満の他に音楽では，湯浅譲二，造形芸術では，山口勝弘，評論家の秋山邦晴などがいた。

　「実験工房」では，ミュージック・コンクレートや電子音楽による作品製作が行われていた。これらは，「テープ音楽」とも称されるが，それはつまり演奏されるというよりはテープに録音することによって作品が作られるものであった。

　ミュージック・コンクレート[7]とは，「具体音楽」とも訳され，フランスの放送技師ピエール・シェフェール（Pierre Schaeffer）によって始められた，録音された音の素材によって音楽を作ることであり，「従来の音楽のような演奏家という仲介者を必然的に排除するということ」（酒井 1998：97）である。そして電子音楽については，酒井諄によって次のようにいわれている。

　　　実践上の手続きに於いてミュージック・コンクレートと全く相異するもの
　　　であり，その前史が，ミュージック・コンクレートに比べて，従来の音楽
　　　の謂わば音組織的なアンティテーゼ〔アンチテーゼ〕として起ってきた十
　　　二音音楽からさらに発展的に展開されてきたものとしてそれらと一層緊密
　　　な接合関係にあること，（言い換えれば断絶の程度の少ないこと），併し乍
　　　ら又，幾多の点でミュージック・コンクレートと併せ考え得るしまた考え
　　　られるべきものであること。　　　　　　（同：98，〔　〕は引用者の補足）

　本章ではこの酒井の指摘のように，ミュージック・コンクレートと電子音楽
が重なり合いながら併せて実践されていたということと，とりあえずは認識し
ておきたい[8]。
　そして，日本における「電子音楽」については，柴田南雄や諸井誠などの記
述がある。
　柴田によると，1954年の春頃にNHKにおいて諸井誠が参加することで電子
音楽の実験が行われていた。そして1955年の秋にNHKは電子音楽のスタジオ
を開設する。最初の電子音楽の作品は，その後大阪万博にも関係した黛敏郎[9]の
3つの楽章であった（柴田 1974=2015：498）[10]。NHKのスタジオでは，湯浅譲二
の電気通信館で流されたテープ音楽作品である「ヴォイセス・カミング
（Voices Coming）」なども録音されている。
　ここで注目しておきたいのは，まず第一に「ミュージック・コンクレート」
や「電子音楽」が演奏家を必要とせず，録音というテクノロジーによって製作
される音楽作品であるということである。そして，日本における「電子音楽」
にはNHKのスタジオと音響の実験が制作に関わっていたということが指摘で
きる。この音楽実践は，必ずしも演奏家によるパフォーマンスがなくても音楽
がテープによって演奏することができるということである。このような「電子
音楽」が万博におけるパビリオン内部でテープを使って流されるということは，
パビリオンが作り出す空間と展示，あるいは表現の領域が拡げられていったと
いうことなのである。

大阪万博の電子音楽

　これから大阪万博の音楽表現について見ていきたい。そのなかでも企業パビ[11]
リオンである「鉄鋼館」と「せんい館」を例に，空間における芸術展示の諸問
題を音楽表象との関係から取り上げる。「鉄鋼館」と「せんい館」は，大阪万
博と芸術（特に前衛芸術）を語るときに言及されることが多いパビリオンであ
るということもあるが，むしろ音楽やアートを中心とした表現文化を広報とし[12]
て展示することに関わる特徴的な表現が見られるのである。すなわち，「鉄鋼
館」では武満徹を中心としながら音楽空間の構築が行われており，「せんい館」
では横尾忠則と湯浅譲二による環境芸術が展開されていたのである。

　鉄鋼館においては，武満徹，高橋悠治，ヤニス・クセナキス（Iannis
Xenakis），日本の伝統音楽の演奏，「今日の音楽」，せんい館（や電気通信館）
においては湯浅譲二が作品を提供している。以下では，武満，湯浅の活動を中
心に，作品が流され，上演されたパビリオンの空間について見ていきたい。

2　鉄鋼館とスペース・シアター

　大阪万博については，音楽に関する展示に至る構想がいくつかあった。その
一つが，「大原立体音楽堂」である。それは「電子音楽」や「テープ音楽」を[13]
中心とした演奏を展示することが前提とされていた（暮沢・江藤 2014：120-122）。
これは構想で終わったものであったが，鉄鋼館は，この構想に関わった建築家，
前川國男が日本鉄鋼連盟から依頼を受けて設計されたものである。これは前川
や武満徹らの構想によって音楽を演奏，あるいは展示するホールとして実現し
たのである。[14]

鉄 鋼 館

　鉄鋼館は，日本鉄鋼連盟のパビリオンであり「鉄の歌」がテーマとなってい
た。基本方針は「鉄の未来」が掲げられていた（丸之内リサーチセンター編
1968：464）。鉄鋼館は他のパビリオンとは異なり，万博終了後に大阪府に寄贈
される公共施設として設計された。そして，鉄鋼館の出展構想には安部公房，

柴田南雄らの名前が見られ，設計のプランニングには武満や画家の宇佐美圭司らが関わっていた。万博における芸術表現のひとつとして音楽がクローズアップされた空間であった。

　では，「鉄鋼館」は何が表象されていたのか。そのことを日本鉄鋼連盟はどのように考えていたのかについて，日本鉄鋼連盟万国博参加準備委員会委員長の外島健吉（神戸製鋼所社長）は，武満らと行った座談会で「鉄鋼館」としての参加の意義を語っている。

　　　こんな偉大な鉄鋼業という感じと同時に，鉄というものを身近かなものだという気持をだしてもらうような鉄鋼パビリオンをつくっていただきたいということでスタートしたわけなんです。　　　　　（外島ほか 1968：15）

　これが「鉄鋼館」というパビリオンを広報する意義であろう。実際は，以下に見ていくように，鉄鋼館のスペース・シアターでは音楽ホールとしてさまざまな催しが見られたのであった。例えば，テープに録音した音楽が流されるのみではなく，日本の伝統音楽や「MUSIC TODAY」と題されたイベントが，8月21日から24日の間に開かれていたのである。

鉄鋼館のプランとスペース・シアター

　「スペース・シアター」と呼ばれた実験的な円形劇場は，音楽プロデューサーに武満，光の演出を宇佐美が担当した。会場では武満の「クロッシング」[15]，クセナキス「ヒビキ・ハナ・マ」，高橋悠治「エゲン」，テープ・モンタージュの「YEARS OF EAR〈What is music?〉」が流された（宇佐見 1970：12）。会期中には，「今日の音楽 MUSIC TODAY」において武満の「四季」が初演された[16]。この「四季」で用いられた楽器はフランソワ・バシェ（François Baschet）とベルナール・バシェ（Bernard Baschet）の制作によるものであった[17]。

　武満は「スペース・シアター」という空間をそれまでのコンサートホールとは異なる「重層している」「可動な状態」として構想していた（武満 2000）。それは，武満が1950年代から「実験工房」でのミュージック・コンクレートや

テープ音楽，あるいは映画音楽などによる録音作品によって培われてきたものである。

　武満は，「スペース・シアターに関する基本理念」において述べているが，前川からの依頼を長らく拒んでいたという。というのも，武満は芸術家として「国家体制によってコントロールされる行事に妄りに協力すべきではないという考えをもっていた」（武満 2000：331）からであった。たしかに武満の活動はそのように収斂されるようなものではなかった。[18]それが，鉄鋼館が万博終了後にも公共の施設として残るというものであるということ，そして武満の考える「基本理念」による「音楽の授受の関係を根本的に革める新しい場になるという確信をもったから」参加することになったということである（同：331）。

　武満は，「スペース・シアターに関する基本理念」において，「新しい音楽（具体音楽，電子音楽）のアイデアは，器楽的に演奏される音楽（live music）に多くの影響をもたらした。従来の楽器のスタンダードな配置からは自由な音楽の設定がなされ，情報の供給は多元になった。」（同：328）と述べ，「固定された客席の空間は，Realize（現実化）された多元な音響空間を Earlize する自由――運動性――をもちえない。」（同：329）との観点から，「磁気テープの発明とスピーカー・システムの開発により，音像の空間的移動，また，前記のように，複数の異質の音像，質的の時間構造を同時に演奏することは容易である。」（同）と，テープ音楽というテクノロジーの利用による自由な音楽空間の構想とともに，「固定された客席という観念を，コンサート・ホールの構造から」（同）なくすことが構想された（以上，武満 2000：328-330）。

　宇佐美も鉄鋼館について「万国博・発想から完成まで－鉄鋼館」の中で詳細にレポートを行っている。それによると，「前川氏の基本設計に，音響，舞台，光学等の諸設計を組み込みながら討論が重ねられ，細部が決定された。」（宇佐見 1970：15）ということである。しかし結果として，鉄鋼館に関しては，宇佐美圭司，武満の思い通りにはいかなかった。

　　武満氏にとって，そして私にとってもいちばん残念な妥協点は，客席という固定観念を打ちやぶるような，よりフレキシブルなシート構造と，実

　　際にそれが相互にエレベイションのズレをおこす設計にできなかったこと
　　であろう。　　　　　　　　　　　　　　　　　　　　　　　　（同：15）

　宇佐美によると前川は鉄鋼連盟の窓口として対応したということだが，武満，
宇佐美とは「予算並びに前川氏の基本設計と矛盾した」（同：15）ということで
ある。

　スペース・シアターとはどういう建物であったのかについて，確認しておき
たい[19]。鉄鋼館は，フランスの彫刻家，フランソワ・バシェの楽器彫刻，ペンシ
ュラムが展示されているホワイエを通ってからホールに続く廊下に入る[20]。ホー
ルのスピーカー・システムは「ホールの空間を四つのブロックに分け（東・
西・南・北）各ブロックが　同じ音響空間となるように同数・同位置に　ス
ピーカー群を各ブロックに配置」している。音源と制御システムは，「音源と
して　6　12　24の入力チャンネルが必要なので　6チャンネル・テープレ
コーダー4台が整備されて」いた。音響調整は，1　子制御卓，2　親制御卓，
3　生演奏用制御卓，4　司令卓によって制御されていた。

　ここまでの議論で，実際には設計において建築家の間のズレや矛盾により，
武満，宇佐美らの芸術家たちの理念というのは十分には実現されなかったとい
うことをプランの経過の中から見てきた。それでも，武満の「クロッシング」
という作品は，ウィトゲンシュタイン（Lndwig Wittgenstein）の『論理哲学論
考』の一節がテキストとして用いられ，

　　作曲者は2群のオーケストラを分離し，その中央に独奏楽器群と女声を
　　置くことによって，個々の音の分布，個々の音が群をなしてゆくさま，ま
　　た，音群と音群の間の多様な運動が明らかになるように意図している。
　　（略）我々は「音」の内部の多様な時間構造を，全身で「聴く」ことが出
　　来る。それはまた我々が自身の感覚を「開かれた」状態にしておく，とい
　　うことにほかならない。　　　（小学館出版局武満徹全集編集室編 2002：71）

というように，音楽の表現を空間と共に構築しようとする試みであったとと

らえられるだろう。

音楽表現と展示

　では，このような鉄鋼館における空間の展示の問題はどのように考えること
ができるのか。

　吉田光邦は万博について，技術との関係の中で考察している（吉田 1985）。
大阪万博における記述は少ないが，大阪万博が展示において伝統と前衛を提示
していて，特に企業は前衛が好みであるという指摘を鉄鋼館などを例に行って
いる。また，吉田は万博の展示での映像と音響についても言及しており，これ
は大阪万博の企業パビリオンにおけるテクノロジー表象の特徴の一つとして，
映像と音響が重要であるということが確認できる。このような指摘は，鉄鋼館
という空間において音響を展示することとして考える上でも有用であろう。
1967年のモントリオール万博においては芸術展示がなされていて，大阪万博関
係者も視察に訪れていたが，国際技術協力協会編『万博70出展のために』
(1968) では，カナダのメディア学者，マーシャル・マクルーハンの理論が応
用されながら，テクノロジーと芸術文化が結びついた万博のひとつの雛形のよ
うなものが提示されていた。

　万博において音楽を展示するという考えは，すでに1867年の第二回パリ万博
で見られるものである（井上 2009）。また，鉄鋼館に曲を提供したクセナキス
は，それまでの万博において設計と音楽を担当していた（加藤 2009）。このよ
うなプランニングは，大阪万博における，武満，宇佐美らによる鉄鋼館での芸
術展示の中でも音楽を展示するという考えにも含まれるものであろう。空間の
中での展示を音楽表現からとらえてみれば，前川（建築），武満（音楽），宇佐
美（レーザー光線）らの三者の考えと現実の中で，それは理念を充分に実現し
たものではなかったにせよ，「テープ音楽」という戦後現代音楽におけるテク
ノロジー使用と関わる表現と技術が拮抗した空間が構築されていたのである。

展示における「表象」

　それでは，このような音楽や映像の展示から何が表象されていたのか。まず

は「表象」のメディア理論によって展開されてきた議論から考察する。ここでは、「表象」の問題として「表象」が「意味」を作り出す問題について取り上げる。

　スチュアート・ホールは「表象」の理論について、そこに「反映的アプローチ」「意図的アプローチ」「構築主義的アプローチ」の3つを挙げている。「反映的アプローチ」は、意味は鏡に反映するように物事を映し出すというものであり、「意図的アプローチ」は、意味は話者や作者が保持している。「構築主義的アプローチ」は、事物はそれだけで意味するのではなく、私たちが表象のシステムによってそれを構築しているというものである (Hall 1997 : 24-26)。ホールは、表象の「構築主義的アプローチ」を取り上げて、そして「表象」の「構築主義」についてフェルディナンド・ソシュール (Ferdinand de Saussure) とロラン・バルト (Roland Barthes) 以降の記号学とミシェル・フーコー (Michel Foucault) の言説実践の二つのバージョンがあると述べている (同：62)。「表象」の「構築主義的」なアプローチからは、「表象」は「反映」するのではなく「構築」されていくのである。

　また、記号が「意味」へと「構築」される時に、さまざまな要素が言説として決定されるプロセス（この場合は「日本的なもの」の表象の構築）が記述される。

　以上のような予備的な考察から、以下では万博における展示が「表象」したものについて見てみたい。

「日本的なもの」の問題

　音楽批評家の遠山一行は、戦後日本の音楽を概観するなかで、前衛たちの作品やそのパフォーマンスのあり方などから、レコード音楽、聴衆との関係、作曲家たちが日本的なものを作品のなかに織り込んでいることについて言及している。遠山は、日本の現代音楽の作曲家がタイトルに日本を想像させるようなモチーフを使用していることを指摘していた（遠山 1986）。また、武満の音楽表現も「ノヴェンバー・ステップス」のように邦楽器を取り入れたものであった。たしかに武満は「ノヴェンバー・ステップス」以降、コスモポリタンな音

楽制作という方向に向かったといわれる[21]が，1979年には雅楽の作曲も行なっている。それ以降は，「伝統楽器を使った作品はほとんど描かなくなった」（ハード 2000：92）といわれるが，「日本的なもの」が音楽活動において表象されなくなったというわけでは[22]。

　また，伊藤制子は武満における「日本的なるもの」についての仮説を提出している。それによると，武満が1950年代に受容した，ドビュッシー（Debussy）とメシアン（Messiaen）の作曲や音楽のなかに「非＝西洋的なもの」を感じ取り，それが武満の「日本的なるもの」を認識するものとなったというのである（伊藤 2000：42）。それは，「メシアン，ドビュッシーを評価する武満にとっての日本とは，別に日本的な素材に固執することではなく，日本を見据えつつも，そこから自在になるような可能性を見出すことだったのである。」（同：42）という。

　このような考え方から，万博開催中に流された「YEARS OF EAR〈What is music?〉」について見ていきたい[23]。この「YEARS OF EAR〈What is music?〉」は，現在でもテープが発見されておらず船山隆の記述（船山 1998：129以下）から推測されるのみではあるが，武満，谷川俊太郎，大岡信，武田明倫，船山隆の共同作品として万博の期間中に１日２回会場で流され，

　　　ジョンケージやマリス・コンスタンやヴィンコ・グロボーカルなどの世界の二十四人の作曲家，一柳慧，石井眞木，林光，黛敏郎，村松禎三などの日本の作曲家に，「音楽とは何か」という問いを発し，その回答の言葉を世界各国語でテープの各所に散りばめ，さらにマックス・ピカートの「音楽は夢みながら響きはじめる沈黙なのだ」といった哲学者たちの言葉も挿入し，その合間に，小泉文夫の提供するエスキモーの喉笛，ポリネシアの掛け声，シリアのバラード，ナイのソロなどの民族音楽の断片が次々に出現する。

　　　　　　　　　　　　　　　　　　　　　　　　（船山 1998：132）

　そして，

　「沈黙」を意味する言葉が，日本語，英語，フランス語，ドイツ語，イタリア語，ロシア語，トルコ語，インド語，イスラエル語，コンゴ・ボガン語で静かに語られ，それぞれの国の音楽の断片が出現すると同時に，音楽の最も原初の風景ともいうべきエスキモーの喉笛が始まり，さらに各国の民族音楽が続いていく。

（同：135）

というものであったということである。

　ここで表象されていることは，言葉として語られた国のアイデンティティが並列に並べられながら提示されているということであり，そして，この作品の中に日本語が使われることで，日本語を理解する者には意味のある作品として表象され，そうでない者にとっては並列に拡散した母国語を多言語のなかで重層的に聞き取ることで理解されるものとして現れているのである[24]。また，民族音楽から取られた音の断片が現代音楽のテープ音楽という作品のなかに「拡散と収斂を繰り返しながら」（船山 1998：135）組み込まれることで，エスニックなものに対する「エキゾチシズム」のみではないまなざしというものも見えてくるのではないか[25]。ここでは，「日本的なもの」とは西洋に対する「日本」というオリエンタルな響きのあるものという表象には留まらないのである。

3　せんい館——環境芸術と音楽の展示

せんい館

　ここからは，せんい館における空間表現について見ていく。せんい館は横尾忠則が設計に関わり，映像には松本俊夫が作品を提供している。せんい館の展示は，「環境芸術」として4つの展示が行われており湯浅譲二が音楽制作を行っている。

　　1　マルチ・スペース　プロジェクション "アコ"
　　2　展示回廊（セクションA，B，C，D）
　　3　ロビー人形と空間ディスプレイ

4　ショウ・エリア　プラザ "U"

　せんい館のスタッフは，コーディネーターには，倉敷敏治（協和広告株式会社），プロデューサーに工藤充（藤プロダクション），総合ディレクターが松本俊夫，映像ディレクターに鈴木達夫，音響ディレクターに秋山邦晴，作曲が湯浅譲二，照明ディレクターは今井直次，造形ディレクターに横尾忠則，展示ディレクターに植松国臣，吉村益信，音響技師の塩谷宏，ドームのスライド映像担当が遠藤正，そして四谷シモンが参加した。[26]

　それでは，せんい館のプランとその後の経過はどうであったのか。

　1967年8月26日，「せんい館」第1回企画・制作プラン説明会が広告代理店など6社に対して行われた。その時には，A案からE案までの5種類のプランがあった。

　1967年10月21日，「せんい館」第2回企画・制作プラン説明会がおこなわれ，対象が2社に絞られる。最終的に受注した協和広告（株）が提出した企画案は，「エアバック　リビング」と呼ばれるものであった。そして，1967年11月6日にせんい館の企画と制作は協和広告（株）に委託されることが決定する。協和広告（株）とせんい館常任理事会により企画案の立案，制作スタッフが編成される。第一次「せんい館」企画案がまとめられるが，再検討と修正がおこなわれた第二次「せんい館」企画案が，1968年9月に立案された。それから再度，検討や修正が加えられた「せんい館」企画決定案が完成する。[27]

　おそらく第一次から第二次の企画案のなかで，横尾忠則が回想しているようなプランニングの変更があったものと思われる。横尾は，「ぼくは万博の仕事を引き受けたものの，どこか常に後ろめたいもの感じていた。」（横尾 2015：192-193）という。横尾の「反万博」を標榜したアイデアは，「『せんい館』は死を象徴して，なんと不気味で美しいことだろう」（同：193）といわれる。そして横尾は当時，日本繊維産業連盟会長であった谷口豊三郎に直談判に行っている。谷口は，「あなたのおっしゃる芸術論は私には難しくてよくわかりませんが，あなたのこの仕事に対する情熱は十分伝わりました。どうかあなたのおやりになりたいようにして下さるのが協会としても望むところです。」（同：193）

図12-1　せんい館の Plan and Revisions
出典：日本繊維協力会編（1970a: 70）.

と述べたという。

　総合ディレクターの松本俊夫には，せんい館について書いているエッセイがある（松本 1972）。エッセイによると松本は，協和広告から1967年12月に依頼を受けたという。そして，せんい館を「実験のチャンス」（同：187）ととらえ，それは「映像を主体としながらも，他のメディアと渾然一体となったインターメディア・プロジェクトを，いつかはしてみたいという衝動」（同：187）としてあったものだった。松本はこのプロセスにおいて「集団創作の原則」（同：188）によりパビリオンの制作をおこなっていったということである。そして，せんい館という「容器じたいがすでに作品内容の一部であり，映像，彫像，照明，音響が分かちがたく構造的に一体化されている」（同：192）というインターメディア的な展示，『スペース・プロジェクション・アコ』という作品が作られたのである（同：192-194）。湯浅譲二は，この作品と同時演奏するための6チャンネルのテープ音楽「スペース・プロジェクションのための音楽」（1969年）を制作した。[28]湯浅は松本の製作した映画『薔薇の葬列』（1969年）の音楽も担当している。ここからも横尾をはじめとする万博への関わりと，せんい館における実験の試みという意図が見られるのである。

　ところで，パビリオンでは展示することによって，その館の広報コンセプトやメッセージが表象される。それでは，せんい館では何が広報されていたのか。その広報のテーマは，「繊維は人間生活を豊かにする」というものである。

　建築・映像・展示にいたるまで，すべてを環境芸術とした一貫構成にな

っています。

　1970年代の時代感覚，新しい衣環境の世界を，新鮮・強烈に展開し，しかも繊維のもつソフトな感触，時代的共感があとあとまで印象に残ることでしょう。
　　　　　　　　　　　　　　　　　（日本繊維館協力会 1970b: ページ番号なし）

　このように，せんい館は，横尾，松本，湯浅ら前衛的な芸術家たちによるメッセージと企業パビリオンの広報が収斂しながら浮かび上がるように仕掛けられた，インターメディア的な空間として誕生したのである。

せんい館の音楽と環境空間

　湯浅は，せんい館における環境音楽も制作している。それは音源として残されていて，『日本の電子音楽 vol.14 ——大阪万博・せんい館の音楽』（2015年）で聴くことができる。そこには次の作品が収録されている。

1　パターン・スライド“紋様”の音楽
2　カラフル・ワールドの音楽
3　ホワイト・ワールドの音楽
4　「ロビー人形」の声（日本語訳，英語訳，ポルトガル語訳のミックス）
5　オブジェ「大ガラス」の声
6　映像ドーム内のBGM

　ここで，音源が使用されていた展示がどういうものであったのか，日本繊維館協力会の資料から見ていこう。[29] 協力会が編集した『せんい館』によると，このパビリオンの展示のコンセプトは以下のようである。

　　せんい館は，ありふれた展示方法を避け，環境芸術として４つの回廊部を構成しました。
　　繊維の歴史と未来と心を暗示する A.B.C.C' の展示セクションは，建物外周部の壁の中におさめられて，観客を包みこむように配置・設計。

観客はロビーから展示セクションへ，展示セクションからロビーへ，空間の移動に伴って，繊維の歴史や未来・意義・役割そしてせんいの心を体験していきます。

（日本繊維館協力会編 1970a: 15）

「環境芸術」は，日本においては66年に美術批評の東野芳明が企画した「空間から環境へ」展[30]が知られているが，ここではパビリオンの内部の空間を環境として芸術作品を展示する方法として用いられている。

そして，この展示セクションのAに当たるのが「パターン・スライド」であった。「パターン・スライド」は，次のように説明されている。

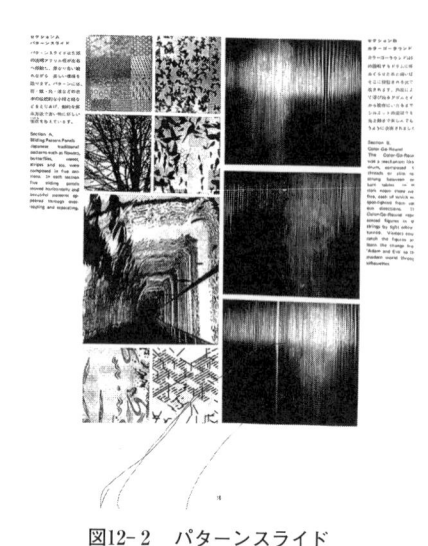

図12-2　パターンスライド

出典：日本繊維協力会編（1970a: 16）.

> 5組の透明アクリル板が左右へ移動し，重なり合い離れながら，美しい紋様を造ります。パターンには，花・蝶・鳥・波などの日本の伝統的な小紋と縞などをとりあげ，動的な展示方法で古い物に新しい生命（いのち）を与えています。
>
> （日本繊維館協力会編 1970a: 16）

湯浅の「パターン・スライド“紋様”の音楽」は，小鳥の鳴き声や日本人の子供たちの声を中心としてサンプリングしたテープ音楽であった。これが「花・蝶・鳥・波などの」の動くアクリル版のパネルの展示の環境の中で流れることで，それを動的なものにしている。そして，そのパターンが「日本の伝統的な小紋と縞など」ではあっても「古い物に新しい生命（いのち）を与え」る効果があったのである。

セクションＣの「ホワイト・ワールド」とセクションＣ'「カラフル・ワールド」は，

　　家具調度を含めインテリアの全てを全く相似，対象的に作られた２つの
　　展示室ＣとＣ'……片方は白一色に仕上げられています。この対象の妙
　　――無味乾燥な無彩色の世界と，色のもつ意味を強く訴えた極彩色の世界
　　を，全身で感じてもらおうという訳です。人間生活と色彩，そして繊維と
　　人間とのかかわりをあらためて考えさせられる演出です。特にカラフル
　　ワールドは，国内ジャーナリズムはもちろん，ニューズウィークやＣＢＳ
　　テレビ，西独など海外にも高く評価され，とりあげられました。又予想以
　　上の観客を迎えたためにカラフルワールドは，２回にわたり改装された位
　　に大混雑でした。　　　　　　　　　　　　（日本繊維館協力会編 1970a: 17）

　このセクションに限らずせんい館の展示は，マクルーハンの「メディア論」
のいうような感覚変容に関する問題とも重ね合わせることができるだろう（→
第５章）。

音楽と言葉による「日本的なるもの」の表象

　『日本の電子音楽 vol.14 ――大阪万博・せんい館の音楽』の解説にもあるが，
「ホワイト・ワールドの音楽」は，「湯浅氏の代表的な初期電子音楽作品「プロ
ジェクション・エセムプラスティック」のピッチを下げ，かつ「イコン」の素
材も使ってこのスペースのために作られた」（湯浅ほか 2015）という。このよう
に，電子音楽においては，音響についてのさまざまな調整（ピッチを下げる，
素材を使うなど）によって作品が作られているのである。
　「カラフル・ワールドの音楽」ではエレキギターのほか，邦楽器の尺八のよ
うな音も聴くことができる。そして「「ロビー人形」の声」の日本語版は次に
述べる「ヴォイセス・カミング」の声が使われていた。
　湯浅は，電気通信館においても「テープ音楽」を提供している。これは「ヴ
ォイセス・カミング（Voices Coming）」という声をコラージュしたものであり，

そこでは，これも日本語がコラージュとしてサンプリングされていた。もちろん，ここでは日本語のみがサンプリングされているわけではないが，前半部分では世界につながる電話のコールを中心としたものであった。「『もしもし』とか『ハロー』，『センダさ〜ん』というようなコラージュで使った素材の電話での呼びかけ声が，日本語であったということが関係していると思う。」(柳田 2010：19) といわれているように，日本語というものが記憶に残るものとしてコラージュされていたということであった。

4　音楽と言葉による表象と万博をめぐる表現文化の動向

　これまでの議論をまとめておきたい。

　船山隆によると，例えば武満の「YEARS OF EAR〈What is music?〉」は，「人間のコミュニケーションの象徴としての国際電話」(船山 1998：135) が使われていたということだが，それはたとえば，湯浅譲二により電気通信館で流された「ヴォイセス・カミング」(NHK の電子音楽スタジオで録音された) でも日本語を中心とした言葉で作品が構成されていたのである[31]。湯浅のこの曲が収録された『湯浅譲二ピアノ音楽集／テープ音楽集』では，「人間の音声言語のなかに音楽的意味を見出そうとして」[32]いると解説されているが，それが「日本語」を中心としたものであるということが聴衆に理解されていることからも，「日本的なるもの」は伝統楽器によらずに表象されるときのメディアとなっていたということである。それは，同じく湯浅の「せんい館」での「テープ音楽」である「パターン・スライド"紋様"の音楽」での，日本人の子供たちの声を中心としてサンプリングされていることからも読み取れるだろう。湯浅の作品からは，「日本語」という「言葉」が表象することから浮かび上がる「日本的なるもの」が音楽として表現されていたと考えられる。もちろん，日本語のみがサンプリングされているわけではない。しかし，日本語の言葉が日本語を母語とする者においては，それがアクセントとして聞かれるものであったということである。ここでは声や音という，展示においては見えないメディアとしてパビリオンという空間の中で「メッセージ」が表象されていたのである。

　また，日本政府館の柴田南雄の「ディスプレイ '70」では邦楽器である龍笛が使用されていたが，柴田が指摘しているように，戦後の現代音楽のなかで「日本的なもの」は発見されたのであった。つまり，笙や琴などの邦楽器をテープ音楽の中に組み込むことは，それが却って戦後世界の現代音楽の中で最先端担っていたという考えである（柴田 1998=2013）[33]。これは，湯浅の「カラフル・ワールドの音楽」についてもいえるだろう。この曲はエレキ・ギターと尺八が使われたものであり，この音の断片が組み合わさったような作品は，邦楽器を調和的に曲の中に組み込むというよりも，むしろ柴田のように尺八の邦楽器としてのコンテクストからはみ出したような音の使い方の作品であった。

　これらの音楽は前衛ともいわれる音楽家たちが関わっていたが，彼らの表現は，音・音楽をメインに建築空間やディスプレイ（展示）空間，映像などと重ね合わせられ，それらはメタファーが織り込まれた読解が必要とされる入り組んだ構造になっていたのである。また，この時期はちょうどマクルーハンが「グローバル・ヴィレッジ（地球村）」という概念を提唱し，そこでは聴覚を中心とした部族の時代の復権を予言していたことも記憶されるだろう。武満の「YEARS OF EAR〈What is music?〉」という耳をメタファーとした作品も，本論においてキーとなるような表現芸術であったというのも示唆的である。

　そもそも，この「日本的なもの」の表象は，万国博やオリンピックといった国家が関係する行事のときにはメタファーやシンボルとして登場するものであるが，それは大阪万博においてはさまざまな要素が複合的に絡まった形で表象されていることがわかる。そしてこのことを，展示における音・音楽を中心に見ていけば，「邦楽器」の場合は柴田の言及からもわかるように，「電子音楽」というコンテンポラリーな音楽表現のなかで「日本的なるもの」が世界の現代音楽の中で最先端なものとして表象されていたということである。また，武満や湯浅のパビリオンでの「テープ音楽」においては，作品が同じようなものではないにせよ「声」や「言葉」の契機が「日本的なもの」の表象として機能していたということも指摘出来るだろう[34]。

　もちろん，これらの事例から「邦楽器」や「日本語」が単体として用いられていたわけではないということにも注意が必要だろう。つまり，それは西洋音

楽や多国籍な言語とともに表象されていたということである。そしてこのような「日本的なもの」のモチーフは，戦後日本の前衛音楽や文化をめぐる問題圏として議論されてきたものであると考えられるのである。このことは，本章の例においては，湯浅の場合は「言葉」をフューチャーした作品であるだろうし，あるいは武満であれば「YEARS OF EAR 〈What is music?〉」のように世界各国の音や声といったものの「拡散と収斂」によって浮かび上がってくるものなのである。

大阪万博と表現文化を取り巻く状況

　最後に，大阪万博をめぐる表現文化を取り巻く状況について考えてみたい。武満や横尾が万博に対する紆余曲折ののちに参加するという経緯があったように，万博の内と外においてこのプロジェクトにはさまざまな反応があった。ここで，万博の基本構想にも関わったグラフィックデザイナーの粟津潔を例に見ておきたい。

　椹木野衣が指摘するように，粟津は万博の「人類の進歩と調和」による「前衛芸術の最終形態が，じっさいには日本人の郷土を破壊し，環境を切り裂くことで実現された，「復興」に由来する貧しさに端を発しているということ」（椹木 2005：126）に敏感でありながら，矛盾のなかでこのプロジェクトに参加していた。たしかに粟津は，ベトナム反戦運動や安保と関わる『週刊アンポ』の表紙のデザインを担当，あるいは社会状況へ対する批評活動も行なっており，武満や横尾と同じように万博に対しては複雑な状況のなかで参加していた。粟津が関わった『デザイン批評』の第 6 号には，1968年に「万博と安保・EXPOSE・1968全記録収録」という70年を前にした特集が編集されていた。ここでは，前半で1968年 4 月に草月会館ホールで行われた「EXPOSE・1968シンポジュウム」の記録と論考が掲載されており，「EXPOSE とは，むろんEXPO70を意識して名付けられた。」（『デザイン批評』季刊第 6 号：17）ということであった。後半では「万博と安保」という特集で美術批評家の針生一郎が万博の問題について書きながら，岡本太郎らとの対談も収録されている。

　また1969年には，「反博（反戦のための万国博）」という反戦運動から立ち上

げられた動きが湧き上がってきていた。これは時代状況のなかで，ベトナム反
戦運動や表現・文化・芸術を含むさまざまな運動と並行するものとしてとらえ
られる。「反博」についての論考で，針生は複数の運動が交差していることを
とらえながら，表現文化が反戦運動，万博に対する批判と関わっていく状況を，
運動への課題も含めて記述していたのである（針生 1969）。

　このような状況のなかで，粟津は針生が編集した『われわれにとって万博と
は何か』（針生編著 1969）という万博に反対する議論の多いなかで，その博覧会
のコンセプトを担う存在として自身の立場を座談会で語っている。粟津の表現
活動は，反戦運動や万博の問題と交差して矛盾を含みながら実践されていたの
である。

　大阪万博における音楽や芸術展示をめぐる状況は，「インターメディア」「環
境芸術」として，60年代後半のメディアと芸術表現が結びついた観客が体験す
るものとしてのアトラクションの側面があった。これは，その後の観光へのま
なざしとして，万博への参加者（オーディエンス，ツーリストたち）とその空
間の消費の問題とも関わるものであろう。

　そして，万博に参加した芸術家たちはある部分で矛盾も抱えつつも，万博と
いう開催期間が限られた時間と空間の中で自身の芸術を表現したのである。そ
れは，さまざまな表現が重層的に折り重なる芸術の実験だったのである。

　　[謝辞] 本章の作成にあたり JSPS 科研費 JP18K00224，公益財団法人吉田秀雄記念
　　事業財団（平成27年度，28年度　飯田豊（代表），馬場伸彦，粟谷佳司）の助成を
　　受けた。

注

1）博覧会，万博の社会学研究としては，吉見（2010，2011）が挙げられる。そして，
　　観光社会学からは，万博に代表される博覧会と観光について複数の領域からのア
　　プローチが必要であるといわれている（多田（2010）を参照）。博覧会と観光につ
　　いては，桑田（2017）。大阪万博につては，暮沢・江藤（2014）。

2）日本で最初の電子音楽は黛敏郎の作品であり，1955年11月27日に NHK ラジオ第

2 放送で流された（柴田 1974=2015：498）。

3) 田中（2001：63）あるいは，楢崎（2005：47）。

4) 12音技法は，1オクターブの12の半音を平等に価値を与えながら作曲する方法（坂本監修 2013：13参照，音源が収録されている）。

5) 「実験工房」から万博への関連については，椹木野衣によっても指摘されている（椹木 2005）。

6) 以下の記述は，日本戦後音楽史研究会（2007），小野（2016），『実験工房展』読売新聞社，2013年，を要約したものである。

7) このミュージック・コンクレートと電子音楽については，日本戦後音楽史研究会（2007），酒井（1998）を参照しながら要約した。ミュージック・コンクレートは酒井諄の説明によると，

> その制作の手段としては，それらの音を様々に結合，接合，複合，変形（総括的に言ってモンタージュ）して一つの作品に録音してまとめ上げるということ，従ってその完成は一つの録音物として，その録音以外にはその作品というべきものは存在しない。　　　　　　　　　　　　　（酒井 1998：97）

8) 日本戦後音楽史研究会（2007：257）によると，黛敏郎も両者を「工学技術上の違い」であると認識していたということである。

9) 黛は，実現されなかった「大原立体音楽堂」の調査委員でもあった。「日本万国博覧会公式資料集」第15回常任委員会の資料より。

10) 諸井（1965）にも同様の記述がある。

11) 田中雄二の「日本万国博覧会における「電子音楽（および現代音楽）の使用状況［抜粋］」（田中 2001：38-40）による，万博における電子音楽の使用については以下のようである。

> 開会式／「万国博はやってきた」／「音と光のファンタジア」／「環境音楽」／「夜のイベント」／「読売日本交響楽団」／タイム・センター／虹ノ塔／ワコール・リッカーミシン館（一柳慧）／地方自治体館／三菱未来館（伊福部昭）／クボタ館（三木稔）／フジパン・ロボット館（「FUJI SYNPHONYTORON」）／鉄鋼館／日本館／サントリー館（間宮芳生）／テーマ館（太陽の塔）／松下館（松村禎二）／二井グループ館（一柳慧）／タカラ・ビューティリオン（一柳慧）／富士グループ・パビリオン（黛敏郎）／みどり館（黛敏郎「アストロラマ」）／三井グループ館（佐藤慶次郎）／自動車館（佐藤優，石井真木）／東芝 IHI 館（冨田勲，ミッキー吉野，小室等，大野雄二）／アイ・ビー・エム館（IBM コンピュータの合成音）／古河パビリオン（江崎健次郎）／アメリカ館

　　　／イギリス館／ドイツ館／イラン館

12）たとえば，暮沢・江藤（2014：149-150），平野（2016：124-125）など。

13）大阪万博の芸術関係の計画当時（大原立体音楽堂）に，柴田南雄は「新しい音楽
　　堂に関する調査研究」における「音楽」の委員を吉田秀和らと共に務めている。
　　「日本万国博覧会公式記録資料集」第15回常任理事会の「「新しい音楽会場（立体
　　音楽)」調査の中間報告」。柴田は日本政府館（2号館）において作品を提供して
　　いる。ちなみに，日本館は入野義朗（4，5号館），三善晃（3号館），石井歓
　　（1号館）が担当し，それらはNHKで制作された電子音楽であったということで
　　ある（田中 2001：39）。

14）『建築家　前川國男の設計』美術出版社，2006年

15）『武満徹全集　第1巻　管弦楽曲』小学館，2002年，小澤征爾『スペース・シア
　　ター：EXPO'70鉄鋼館の記録』ソニー・ミュージック。

16）「四季」の初演は，ロビン・エンゲルマンとジョン・ワイアーの入国審査に手間
　　取ったために4人では演奏されなかったという。『武満徹全集　第2館　器楽曲・
　　合唱曲』小学館，2003年，74ページ。

17）同75ページのツトム・ヤマシタの記述。

18）武満は反戦歌である谷川俊太郎作詞の「死んだ男の残したものは」の作曲，また
　　勅使河原宏監督のベトナム脱走兵を描いた『サマー・ソルジャー』，あるいは大島
　　渚監督の『東京戦争戦後秘話』などの映画音楽を担当していた。

19）以下の記述は，三精エンジニアリング「鉄鋼館の音響設備」から要約した。

20）『装置空間 EXPO'70』170ページ。

21）バード（2006），立花（2016）を参照。

22）音楽学的な分析においては，ピーター・バードは武満における「日本的なもの」
　　は「抽象的なもの」であるとも述べられている（バード 2006：12章）。

23）『武満徹全集　第5巻　うた，テープ音楽，舞台・TV・ラジオ作品，補遺』小学
　　館，2004年，船山（1998）。

24）船山隆が述べているところであるが，武満は「エクリプス」「ノヴェンバー・ス
　　テップス」に続く「ユーカリプス」という曲を，最初は，ユダヤ民族の離散を意
　　味する「ディアスポラ」とつけていたという。これは，船山によれば「[ユダヤ民
　　族が] 各所に分散すればするほど，彼らの間の紐帯がつよくなる」という「同一
　　の要素の拡散と離散」を表している。「ディアスポラ」という離散しながらも想像
　　によって紐帯として結びついていく「アイデンティティ」がそこに表象されてい
　　るということである（船山 1998：115-116）。

25）鉄鋼館で流された，クセナキスの「ヒビキ・ハナ・マ」（響，花，間）というタイトルからは，確かに，音それ自体としては邦楽器が使われているということではないのだが，そのタイトルが表象するのは「日本的なもの」という「意味」が構築されたものであると見ることもできる。

26）日本繊維館協力会編（1970b: ページ番号なし）と松本（1972 : 187-188）より要約。

27）この経過については，日本繊維館協力会編（1970a: 70）を要約した。

28）『湯浅譲二ピアノ音楽集／テープ音楽集』コロンビアミュージックエンタテイメント。

29）その他，せんい館の英語文書である EXPO TEXTILES ASSOCIATION'OUTLINE OF PAVILION "TEXTILES" も参照した。

30）『美術手帖』1966年11月号増刊「空間から環境へ」。

31）この曲の構成は次のようであるが，電気通信館では1の〈テレ・フォノ・パシィ Tele-phono-pathy〉が流された。
　　1.〈テレ・フォノ・パシィ Tele-phono-pathy〉2.〈インタビュー Interview〉
　　3.〈殺された二人の平和戦士を記念して A Memorial for Two Men of Peace, Murdered.〉（中辻 2014）より。

32）佐野光司による解説。

33）もちろん邦楽器を使うことがそのまま日本を表象するものではないということも言えるかもしれないが（たとえば，吉田秀和は吉田（2008）のなかで，小泉文夫を引用しながら「邦楽器」が日本固有のものではないということを指摘している），ここではそれをインデックスとして「日本的なもの」という「意味」へ構築されていくプロセスが問題となるのである。

34）もちろん，湯浅は言葉というものを記号としてコミュニケーションのツールとして認識しているので，日本語というのが即「日本的なるもの」であるという訳では必ずしもないが，本人も述べているように，日本語が話されているテープ音楽は日本人に認識されるということを考え合わせれば，記号が「日本的なもの」に接合されるというコミュニケーションの機能としても考えられるのではないかと思われる。

参考文献

ジュディス・アン・ハード，2000，「武満徹と日本の伝統音楽」『武満徹——音の河のゆくえ』平凡社.

ピーター・バード，小野光子訳，2006，『武満徹の音楽』音楽之友社.

〈デザイン批評編集委員会〉『デザイン批評』季刊第6号，風土社.

Hall, Stuart, 1997, "The Work of Representation," Stuart Hall ed., *Representation*, Sage.

針生一郎，1969，「反博」『現代の眼』1969年10月号.

針生一郎編著，1969，『われわれにとって万博とはなにか』田畑書店.

平野暁臣，2016，『万博の歴史——大阪万博はなぜ最強たり得たのか』小学館クリエイティブビジュアル.

船山隆，1998，『武満徹　響きの海へ』音楽之友社.

井上さつき，2009，『音楽を展示する——パリ万博1855-1900』法政大学出版局.

伊藤制子，2000，「武満徹におけるフランス音楽の受容——ドビュッシー，メシアンを中心に」『季刊エクスムジカ』2号.

加藤伸昭，2009，「ヤニス・クセナキス研究——建築と音楽をつなぐパラメータ設定についての考察」九州大学大学院修士論文．http://www.hues.kyushu-u.ac.jp/education/student/pdf/2009/2HE08075N.pdf

国際技術協力協会編，1968，『万博70出展のために』国際技術協力協会.

ヤニス・クセナキス，高橋悠治訳，1989，『音楽と建築』全音楽譜出版社.

暮沢剛巳・江藤光紀，2014，『大阪万博が演出した未来』青弓社.

桑田政美，2017，『博覧会と観光』日本評論社.

松本俊夫，1972，「狂気とエロス」『映画の変革——芸術的ラジカリズムとは何か』三一書房.

丸之内リサーチセンター編，1968，『日本万国博事典』丸之内リサーチセンター.

McLuhan, Marshall, 1964, *Understanding Media: The Extensions of Man*. McGraw Hill.（＝栗原裕・河本仲聖訳，1987，『メディア論』みすず書房.）

諸井誠，1965，「電子音楽」『20世紀の音楽』音楽之友社.

水野みか子，2010，「1970年大阪万博のシュトックハウゼン——音楽における空間性理念の側面から」『先端芸術音楽創作学会　会報』2巻3号.

中辻小百合，2014，「湯浅譲二の創作における声の新しい役割と可能性——言語コミュニケーションを主題化した作品群の分析研究」国立音楽大学博士論文.

楢崎洋子，2005，『武満徹』音楽之友社.

日本繊維館協力会編，1970a，『せんい館』日本繊維館協力会.

日本繊維館協力会編，1970b，『せんい館——繊維は人間生活を豊かにする』日本繊維館協力会.

日本戦後音楽史研究会，2007，『日本戦後音楽史，上，戦後から前衛の時代へ――1945-1973』平凡社.

西澤晴美ほか編，2013，『実験工房展――戦後芸術を切り拓く』読売新聞社.

酒井諄，1998，『音楽の体験と思索』音楽之友社.

坂本龍一総合監修，2013，『commons: schola vol.12 -Ryuichi Sakamoto Selections: Music of the 20th century I』エイベックス・マーケティング.

椹木野衣，2005，『戦争と万博』美術出版社.

柴田南雄，1988＝2013，「今日世界の音楽創造における東西の遭遇」『声のイメージ』岩波書店.

柴田南雄，1974＝2015，「日本の電子音楽の歴史と現状」『柴田南雄著作集』国書刊行会.

小野光子，2016，『武満徹――ある作曲家の肖像』音楽之友社.

外島健吉ほか，1968，「座談会 EXPO '70と鉄鋼館」『鉄鋼界』1968年7月号.

多田治，2010，「観光を社会学的にとらえるエッセンス」遠藤英樹，堀野正人編著『観光社会学のアクチュアリティ』晃洋書房.

田中雄二，2001，『電子音楽 in JAPAN』アスペクト.

武満徹，1975＝2000，「スペース・シアターに関する基本理念」武満徹『武満徹著作集1』新潮社.

立花隆，2016，『武満徹――音楽創造の旅』文藝春秋.

遠山一行，1986，「武満徹と「戦後」」『遠山一行著作集1』新潮社

宇佐見圭司，1970，「万国博・発想から完成まで――鉄鋼館」『美術手帖』1970年6月号.

柳田益造，2010，「1970年大阪万博のシュトックハウゼン――西ドイツ館スナップショット」『先端芸術音楽創作学会 会報』2巻3号.

横尾忠則，2015，『ぼくなりの遊び方，行き方――横尾忠則自伝』ちくま文庫.

吉田光邦，1985，『万国博覧会――技術文明史的に』NHKブックス.

吉田秀和，2008，「二つの道――広瀬と武満」『吉田秀和全集第12巻』白水社.

吉見俊哉，2010，『博覧会の政治学』講談社学術文庫.

――，2011，『万博と戦後日本』講談社学術文庫.

音源

小学館出版局武満徹全集編集室編，2002，『武満徹全集 第1巻――管弦楽曲』小学館.

小学館出版局武満徹全集編集室編，2003，『武満徹全集 第2巻――器楽曲・合唱曲』

小学館.

小学館出版局武満徹全集編集室編，2004，『武満徹全集　第5巻——うた，テープ音楽，舞台・TV・ラジオ作品，補遺』小学館.

小澤征爾，1970＝2015，『スペース・シアター——EXPO '70 鉄鋼館の記録』ソニー・ミュージック.

湯浅譲二，1995＝2009，『湯浅譲二ピアノ音楽集／テープ音楽集』コロンビアミュージックエンタテイメント.

湯浅譲二ほか，2015，『日本の電子音楽 vol.14——大阪万博・せんい館の音楽』オメガポイント.

（粟谷佳司）

人名・グループ・団体名索引

事項索引

作品・著作索引

表現文化の社会学入門

2019年9月30日　初版第1刷発行　　　　　〈検印省略〉

定価はカバーに
表示しています

編 著 者	栗太	谷田	佳健	司二
発 行 者	杉	田	啓	三
印 刷 者	中	村	勝	弘

発行所　株式会社　ミネルヴァ書房

607-8494　京都市山科区日ノ岡堤谷町1
電話(075)581-5191／振替01020-0-8076

© 栗谷，太田ほか，2019　　　　　中村印刷・藤沢製本

ISBN978-4-623-08661-0

Printed in Japan

新キーワード辞典──文化と社会を読み解くための語彙集

── T・ベネット／L・グロスバーグ／M・モリス 編著, 河野真太郎・秦　邦生・大貫隆史 訳
A5判　692頁　本体4500円

●レイモンド・ウィリアムズの『キーワード辞典』(1976年) の精神を現代によみがえらせる。現代の『文化と社会』のキーワードとは何か。カルチュラル・スタディーズを主導する編者に加え, 文学者, 社会学者, 歴史学者, 文化人類学者, 心理学者など各分野で活躍の執筆陣による最新の視点を盛り込んだ現代社会を理解するための読む〈辞典〉。

グローバル・コミュニケーションキーワードで読み解く生命・文化・社会

── 伊藤陽一・浅野智彦・赤堀三郎・浜日出夫・高田義久・粟谷佳司 編
A5判　216頁　本体2800円

●環境, 都市, 地域, 開発, 文化や生物の多様性にかかわって社会学理論はどのように応答することができるのか。世俗化の中で, 脱埋め込み (社会関係を相互行為の脈絡から引き離す) された個人が, ポスト近代においてどのような集合現象あるいは集団に再埋め込み (社会関係の再構築) されるのかを, 新語を中心に, グローバライゼーション, 生命, サステ (イ) ナビリティの観点から読み解く。

現代文化論──社会理論で読み解くポップカルチャー

── 遠藤英樹 著 A5判　162頁　本体2400円

●映画, テレビドラマ, ポピュラーミュージック, マンガ, アニメ, 文学, パーソナル・コンピュータ (ウェブ), ファッション, 観光, お笑いといった10の領域を通して, 現代におけるポップカルチャーの現象を扱う。現代文化を考察するための視点や論点について解説し, その視点や理論を用いて文化現象を分析, 現代文化の本質を分かりやすく解説した一冊。

文化社会学入門──テーマとツール

── 井上　俊・長谷正人 編著 B5判　244頁　本体2600円

●本書では, 近年の文化変容の基本的トレンドを大きく押えたうえで, 現代の消費社会・メディア社会の文化の諸相, 身近な暮らしに関わる生活文化の諸相を, 具体的なテーマに即して扱う。近代国民国家を支えてきた文化装置, 国家的な枠を超えてグローバル化する文化の動きにも目を向け, 文化社会学的研究を進める際に役立つさまざまなツールや考え方を紹介する。

ミネルヴァ書房